全国博物馆重要展览解析与汇编
（2018）

《全国博物馆重要展览解析与汇编》编委会　编

学苑出版社

图书在版编目（CIP）数据

全国博物馆重要展览解析与汇编.2018/《全国博物馆重要展览解析与汇编》编委会编.-- 北京：学苑出版社，2020.11
ISBN 978-7-5077-5998-3
Ⅰ.①全… Ⅱ.①全… Ⅲ.①博物馆—陈列设计—中国 Ⅳ.① G265
中国版本图书馆 CIP 数据核字 (2020) 第 166595 号

责任编辑：洪文雄　张佳乐
封面设计：罗家洋
出版发行：学苑出版社
社　　址：北京市丰台区南方庄 2 号院 1 号楼
邮政编码：100079
网　　址：www.book001.com
电子邮箱：xueyuanpress@163.com
联系电话：010-67601101（营销部）、010-67603091（总编室）
印　刷　厂：北京捷迅佳彩印刷有限公司
开本尺寸：880 mm×1230 mm　1/16
印　　张：18
字　　数：398 千字
版　　次：2020 年 11 月第 1 版
印　　次：2020 年 11 月第 1 次印刷
定　　价：260.00 元

编委会

主　任： 柳士发

副主任： 李学良　张文立

主　编： 李学良

副主编： 李文昌　何　薇

编　辑： 李文昌　何　薇　游　敏　何文娟　程雪阳

目 录

2018年度全国博物馆展览评述 ································· 张文立　唐晓轩　001

历史篇

古蜀华章——四川古代文物菁华	006
礼出东方——山东焦家遗址考古发现展	008
旷世宏编　文献大成——国家图书馆藏《永乐大典》文献展	010
天路文华——西藏历史文化展	012
来自盛京——清代宫廷生活用品展	014
唤醒历史记忆　塑造科学精神——北疆博物院旧址（南楼）复原陈列	016
尘外千年	018
碰撞·融合——长城文化展	020
融合之路——拓跋鲜卑迁徙与发展历程	022
"表里山河"历史陈列展	024
天骄蒙古——蒙古族历史文化陈列	026
大漠明珠·丝路古韵——阿拉善通史陈列展	028
"乾隆在盛京"文物特展	030
鸾凤和鸣——汉文化传统婚俗展	032
点亮中国——马克思主义在中国早期传播文物史料展	034
上海市历史博物馆（上海革命历史博物馆）基本陈列	036
天国春秋——太平天国历史陈列	038
通·融——中国大运河文化特展	040
万里江海通——江南与海上丝绸之路特展	042
越地宝藏——100件文物讲述浙江故事	044
良渚遗址是实证中华五千年文明史的圣地——良渚博物院基本陈列	046
华侨旗帜　民族光辉——百国百侨百物展	048
红土山汉墓出土文物展	050
周风虢韵——虢国历史文化陈列	052
八朝古都　千载京华——开封古代历史文化展	054

展览名称	页码
"不忘初心　牢记使命"主题教育展览	056
文明之光——天门石家河文化陈列	058
湘水流过——湖南地区出土简牍展	059
城标·城史——广州历史陈列	061
大潮起珠江——广东改革开放40周年展览	063
煌煌·巨唐——七至九世纪的唐代物质与器用	065
心仪广西　六十国宝——广西壮族自治区成立60周年文物博物馆事业成果展	067
瓯骆传承　壮家欢歌——壮族历史文化展	069
南海人文历史陈列	071
琼州民风——海南民族历史文化展	073
盛筵——见证《史记》中的大西南	075
千秋红岩——中共中央南方局历史陈列	077
国共合作　共御日寇——国民政府军事委员会在重庆图片展	079
"忠义之魂·大地史书"基本陈列	081
人与神——古代南方丝绸之路文物精华展	083
秦蜀之路——青铜文明特展	085
西南联大历史展	087
车尘马迹——丝绸之路的交通与交流	089
陕西古代文明	091
金光璀璨　世代昌明——金昌古代文明展	093
唐蕃古道——七省区精品文物联展	095
朔色长天——宁夏通史陈列	097
尼雅·考古·故事——中日尼雅考古30周年成果展	099
令行天山　印证统一——汉朝颁授西域印章展	101

艺术篇

展览名称	页码
铁笔生花——故宫博物院藏吴昌硕书画篆刻特展	104
故宫博物院南大库家具馆	106
行山——中国传统文化的当代形塑	108
海派巨擘——任伯年绘画作品展	110
达斡尔族服饰展	112
丹青宝筏——董其昌书画艺术大展	114
衷藏雅尚　海上流晖——王水衷捐赠服饰展	116
攀古奕世——清代苏州潘氏的收藏	118

梁溪折桂——无锡博物院开放10周年特展 ... 120
古俑焕彩——徐州博物馆馆藏历代陶俑特展 ... 122
久远的记忆——宁夏岩画展 ... 124
潘多拉的盒子——两依藏20世纪欧洲化妆盒手袋艺术展 ... 126
国之祀典——清代宁波府孔庙祭祀礼乐器展 ... 128
金钩玉带入梦来——中国古代带钩展 ... 130
清风隽永——明清江南扇面精品展 ... 132
幽香氤氲——香具·香品·香文化 ... 134
笔墨传承——新安画派、黄宾虹、赖少其艺术渊源研究展 ... 136
潍坊地区出土青铜器特展 ... 138
天下无双品　人间第一花——故宫博物院藏牡丹题材文物特展 ... 140
天涯咫尺——武汉博物馆藏明清书画手卷精品展 ... 142
风·尚——18至20世纪中国外销扇 ... 144
扇子上的东方与西方：18—19世纪的中西成扇 ... 146
广东名片——清代通草水彩画精品展 ... 148
金色记忆——中国14世纪前出土金器特展 ... 150
妙香秘境——云南佛教艺术展 ... 152
书写的温度——从古代文献到书籍艺术 ... 154

人物纪念篇

伟大抗战　伟大精神——纪念全民族抗战爆发81周年主题展览 ... 157
抗日烽火在京津冀燃烧——纪念冀东抗日大暴动80周年专题展 ... 159
周恩来邓颖超的家风 ... 161
智启津沽——严修与天津近代文化教育 ... 163
黑土英魂——东北抗日战争和解放战争时期烈士事迹陈列 ... 165
不忘历史　为了和平——中国劳工血泪史特别展 ... 167
吾行——抗联遗迹的故事 ... 169
陈毅与上海——陈毅同志生平图片史料展 ... 171
一个人的电影史——纪念郑君里特展 ... 173
顾维钧陈列室——中国近代外交家顾维钧生平陈列 ... 175
我家四十年——庆祝改革开放40周年特展 ... 177
人民总理周恩来 ... 179
信仰的力量——雨花英烈生平事迹展 ... 181
与时代同行——庆祝改革开放40周年湖州文物助推生态发展成果特展 ... 183

向往——"我"与安徽改革开放四十年 ... 185

放飞梦想·快乐成长·助力冬奥——回顾北京奥运会10周年主题展览 ... 187

恒在济宁——金石学大家黄易访碑济宁240周年纪念展 ... 189

五色交辉——馆藏共和纪念文物展 ... 191

共和国主席刘少奇 ... 193

碧血千秋——滇军60军出滇抗战纪念特展 ... 195

平山郁夫的丝路世界——平山郁夫的丝绸之路美术馆文物展 ... 197

自然科技篇

中国重要农业文化遗产主题展 ... 200

中国民航空中交通管理专题陈列 ... 202

生态天津 ... 204

内蒙古自然博物馆陈列展览 ... 206

大国重器——"品牌鞍钢"主题展 ... 208

风好正扬帆：中国古代航海科技展 ... 210

叱咤风云——中国风云气象卫星四十载的壮丽征程 ... 212

来自星星的你——陨石特展 ... 214

家在钱塘——杭州市农村历史建筑综合保护工程九年成果展 ... 216

"龙出巢湖——安徽巢湖龙动物群"专题展 ... 218

长渠缀珍——南水北调中线工程河南段文物保护成果展 ... 220

变天了——灾害防治教育展 ... 222

大河之旅　生命之歌 ... 224

春花秋水——柳州生态宜居馆陈列 ... 226

附录

一、2018年度特色陈列展览名录 ... 229

二、2018年度特色青少年教育项目名录 ... 256

三、2018年度特色文创产品名录 ... 269

四、2018年度"弘扬中华优秀传统文化、培育社会主义核心价值观"重点推介展览名录 ... 276

五、第十六届（2018年度）全国博物馆十大陈列展览精品推介项目名录 ... 277

后记

... 279

2018年度全国博物馆展览评述

张文立　唐晓轩[*]

回顾我国博物馆2018年度的陈列展览，一方面是诸多方面正在发生积极的变化，总体呈现欣欣向荣的态势，另一方面也面临着问题和挑战。

2018年，陈列展览领域的积极变化主要集中在以下几个方面：

首先，精品展异彩纷呈，整体水平提升明显。2018年度全国博物馆十大陈列展览精品推介，共评出特别奖2项，精品奖10项，优胜奖13项，国际及港澳台合作奖2项，国际及港澳台合作入围奖2项。总体上看，获奖展览题材丰富、主题突出、特色鲜明，展览形式多样、社会教育活动和文创产品开发多姿多彩，反映了本年度全国博物馆陈列展览的特点和水平。

特别奖分别由深圳博物馆的"大潮起珠江——广东改革开放40周年展览"和安徽博物院的"向往——'我'与安徽改革开放四十年"两部展览获得。"大潮起珠江——广东改革开放40周年展览"以改革开放40年来中国大地上所发生的沧桑巨变为背景，用三个部分——敢为人先，勇立潮头（1978—1992）；增创优势，砥砺前行（1992—2012）；走在前列，当好窗口（2012—2018）为展览体系架构，以时间为纵线，将中国共产党率领全国人民走进新时代、实现中华民族伟大复兴的历史进程全景展示出来。每一部分又精心选取了中国改革开放40年来的重要人物、重大事件、关键决策，全面系统地阐释了改革开放的广东所取得的突出成就，以及对全国的引领和示范作用。展览以实物、文字、图片、场景、多媒体等多种手法阐释了改革大潮起珠江的伟大历史。安徽博物院举办的"向往——'我'与安徽改革开放四十年"则是从生活在这片土地上的普普通通的每个人的角度出发，以希望的田野、春天的故事、美好新时代三个部分组成，将时代歌曲的吟唱化为人们对美好生活的向往，通过将1057件（套）熟悉的老物件以时间和主题关联的方式，用"我"的故事讲述家乡安徽改革开放40年以来的巨大变化。

---

[*] 作者简介：张文立，吉林大学考古学院教授、博士生导师，吉林大学博物馆副馆长兼考古与艺术博物馆馆长；
唐晓轩，研究馆员，东北师范大学东北民族民俗博物馆研究部主任。

10项精品奖和13项优胜奖中，既有宏大历史叙事性的基本陈列，如陕西历史博物馆的"陕西古代文明"、湖南省博物馆的"湖南省博物馆基本陈列"、上海市历史博物馆的"上海市历史博物馆基本陈列"、中国（海南）南海博物馆的"南海人文历史陈列"、成都博物馆的"花重锦官城——成都历史文化陈列·古代篇"、侵华日军南京大屠杀遇难同胞纪念馆的"南京大屠杀史实展"、开封市博物馆"八朝古都　千载京华——开封古代历史文化展"、崇左市壮族博物馆的"瓯骆传承　壮家欢歌——壮族历史文化展"；也有特色鲜明、主题突出，以地域历史文化的深度挖掘和拓展为目的的专题陈列，如良渚博物院的"良渚遗址是实证中华五千年文明史的圣地"陈列、内蒙古博物院的"天骄蒙古——蒙古族历史文化陈列"、重庆中国三峡博物馆的"盛筵——见证〈史记〉中的大西南"、福建博物院的"华侨旗帜　民族光辉——百国百侨百物展"、庐山市博物馆的"山语——庐山历代石刻陈列"。这一类以民族史、文化史为主题的陈列展览占29个获奖及入围展览的近一半，这也是我国当前博物馆类型中以历史人文为主的一个突出表现。

"陕西古代文明"的亮点是以立体而多维的思路，将陕西历代的政治、经济、文化所形成的文明史，结合丰富的文化遗产元素和文物内涵，从史前时期的"文明摇篮"到唐以后的"文脉绵长"，以七个连续组合单元，立体形象而又充满思辨地表现了中华文明发源地的历史悠久和光辉灿烂。既做到了在历史叙事中以展示周秦汉唐为重点，又以情景融入为表现手法，将盛唐时期世界文明的中心长安城，以人物和情景相结合方式进行了艺术构思和表现，重现了盛唐的恢弘气度和包容的胸怀。在展厅总体氛围的营造上，注重色调对展览主题的烘托和表现，如分别用土黄、铜绿、素黑、石青、米黄、朱红、绀青作为"文明摇篮""赫赫宗周""东方帝国""大汉雄风""冲突融合""盛唐气象""文脉绵长"七个单元的主题色调，是将陈列语言的色彩与展览主题相互映衬的合理体现。

湖南省博物馆（简称湘博）新馆的基本陈列则是以哲学思辨的追问形式探讨"我是谁"，"我从哪里来"，"我到哪里去"。作为湘博基本陈列的核心展览，"湖南人——三湘历史文化"和"长沙马王堆汉墓"是以历史的线性发展和史前到明清时期的人文历史为主线，同时聚集长沙马王堆汉墓这一典型历史时期重要的物质遗存和文化现象，点、线、面有机统一，将湖南的历史与艺术、物质与文化在"湖南人"这一框架下完整呈现在社会公众面前。

"南海人文历史陈列"是一个新博物馆的新展览，是伴随着博物馆的准确定位而策划的展览，从陈列体系的完整性，到陈列中具体历史史实及文物的选择和使用上都恰如其分，将海洋与文明、经济与贸易、人文与历史在一个时空框架下，通过动态的场景、华光礁一号的完整集中的展示、郑和下西洋的交流互动以及近代我国南海海权等历史事实的呈现，将南海在丝绸之路不同历史时期的历史原貌展现在公众面前，是自然与人文结合非常成功的博物馆展示，证明有价值的证据链在这一类型展览中的重要作用。

在专题类博物馆中，良渚博物院是建立在遗址公园范围内的一座专题博物馆，其"良渚遗址是实证中华五千年文明史的圣地"基本陈列，属于遗址保护普遍采用的自然环境展示、遗址本体展示和博物馆展示三层展示体系中的重要一环。博物馆展示的是什么，如何做到遗址的博物馆语言和知识体系的建构，是当今世界文化遗产保护领域的重要课题。良渚博物院的展览以习近平总书记对良渚文化的评语为标题，将展览体系分为"水乡泽国""文明圣地""玉魂国魄"几个部分，从本体的文化涵义和意义、遗址文明中华文明史的重要地位以及以礼玉为代表的国祭圣地，正契合了良渚文化所代表的中华文明发源的悠远。

除了宏大历史叙事性的陈列展览之外，诸如"丹青宝筏——董其昌书画艺术大展""人民总理周恩来陈列""天路文华——西藏历史文化展""越地宝藏——100件文物讲述浙江故事展""唤醒历史记忆　塑造科学精神——北疆博物院旧址（南楼）复原陈列"等专题展览，从明末松江画派开宗大画家董其昌的艺术成就与影响、人民爱戴的周恩来总理的光辉一生、雪域西藏的历史文化艺术、百件古越的历史遗珍所代表的浙江，以及桑志华在中华近代以来的博物馆史上的地位和成就等诸多方面，展示出2018年我国博物馆陈列展览既有的厚度和广度，表明中国的博物馆在自身的文化自觉和展览定位上面所具有的与时俱进的广阔心胸和开拓精神。

首先，特别值得一提的是，展览主题的深化与题材内容多元化。绝大多数展览已不囿于仅仅通过文物展示区域特色或名人故事，而是透物见史、见人、见精神，进一步凸显博物馆的使命与责任。有反映时代精神与改革开放成就的"大潮起珠江——广东改革开放40周年展览""向往——'我'与安徽改革开放四十年"，有体现区域、民族文化交流互鉴、交融并进的"金字塔·不朽之宫展""天骄蒙古——蒙古族历史文化陈列"，有展示科学精神、工匠精神等人文精神的"唤醒历史记忆　塑造科学精神——北疆博物院旧址（南楼）复原陈列"，各具特色，令人眼界大开。

其次，展览与教育结合更为紧密，反映在展览配套教育项目的增加、教育活动针对性的增强和展览教育手段的更新，展览与教育的相关性飞速提升。在教育针对性方面，教育活动往往紧扣展览主题与内容，根据不同年龄段观众的认知规律，结合人体工程学、心理学等多学科知识，处处体现"以人为本"的理念。展览教育手段的更新主要表现在素模投影、光电图表、幻影成像、虚拟现实（VR）、增强现实（AR）、人工智能等高新技术手段应用逐渐纯熟，达到传统与现代、静与"动"、实与"虚"相谐的展示与传播效果，增强展览与教育的参与性、交互性和趣味性。这些变化使得展览与教育相辅相成，日益形成有机的整体。

再次，文创意识的强化。文创意识不单是指生产文创产品这一工作，更包含着提炼展览主题与内容、贴近展览形式、艺术性与设计感并重等更为高级的要求。展览配套文创产品已经成为普遍现象，且部分博物馆文创产品开发自成系列、种类繁多，除常见的文具、日用品之外，出现了食品、化妆品等颇为新颖的品种，设计感与质感明显提升。文创意识觉醒，发展态势总体向上，是一种积极变化，值得肯定。

最后，宣传方式的丰富与更新。在时间上有展前预热、展中推广与展后报道，在空间上有线上宣传与线下推广，充分调动观众积极性，增加展览趣味。值得一提的是，随着社交媒体的不断发展，人们的思维方式发生了巨大的变化，观众获取展览信息的渠道越来越广泛，博物馆展览迅速捕捉到这一趋势，并及时调整了宣传方式。除近年快速兴起的微信、微博、短视频 App 等较为普遍的方式，还出现了参与电视节目《国家宝藏》、组织模特走秀、打造地铁专列、开展线上直播等新兴手段，数量多、覆盖广、影响大，展览的宣传方式正在发生可喜的变化。

从精品展大放异彩、展览主题的深化与题材内容多元化、展览与教育的紧密结合、文创意识的强化到宣传方式的丰富与更新，本年度博物馆陈列展览产生了一些新变化，一定程度上也反映了未来一段时间陈列展览的趋势。

在观察到上述积极变化的同时，也应该看到本年度陈列展览中遇到的问题和挑战。展览的主要类型仍集中于历史类、艺术类、人物纪念类和自然科技类，有待丰富与细化。在策展理念上，受博物馆体验理念流行的影响，重物理环境营造、气氛渲染，艺术设计追求炫酷，主题凝练与阐释仍有提升的空间，展览远眺有余，近观不足。文创方面，相当数量博物馆的文创产品载体相对单一，以日用品为多，依然是手机壳、钥匙链、书签等老面孔。设计感不足，侧重形似，多为简单元素移植，缺乏对深层次文化内涵的发掘。文创品质与博物馆及展览级别存在较大关联性，不同级别博物馆之间差距明显。在教育活动开发方面，知识、技能面向突出，情感与人格培育明显不足，等等。解决这些问题，积极应对挑战，将是陈列展览发展和提升的亟须。

我国博物馆事业正处在难得的历史发展机遇期，这得益于国家陆续出台的积极激励政策和日益增长庞大的社会文化需求，博物馆发展方兴未艾。陈列展览事业借着博物馆发展东风，旧貌换新颜，步履不停，未来可期。

历史篇

古蜀华章——四川古代文物菁华

中国国家博物馆

"古蜀华章——四川古代文物菁华"大型巡展，由中国国家博物馆、四川省文化厅、四川省文物局主办，四川博物院、四川省文物考古研究院、四川大学博物馆、成都金沙遗址博物馆、四川广汉三星堆博物馆等9家川内博物馆及文物管理部门联合策划推出。展览于2018年7月19日在中国国家博物馆北3展厅开幕。

此展是四川省委、省政府持续推进四川文化"走出去"工程的重大举措，是实施巴蜀文化全球推广计划的积极作为。展览首次将古蜀文明进行综合展示，不仅细致梳理了古蜀文明纵向发展的各个阶段，更突出呈现了这支瑰异的青铜文明在中华文明生成过程中的独特贡献，及公元前316年"秦并巴蜀"后，伴随都江堰水利工程等一系列开发项目的修建而全面融入中华文明版图的历史进程。

展览分为序章、伴月三星、金沙光芒、马家风尚、水润天府五个部分，力图将四川地区最具代表性的文物精品汇集于此，为观众带来古蜀文化最精华的遗珍。在展品选择中，馆方挑选了各遗址中极具代表性的文物，如四川博物院的嵌错水陆攻战纹铜壶、象首耳兽面纹铜罍、蟠龙盖兽面纹铜罍等，三星堆遗址的青铜大立人像、青铜人头像等，成都金沙遗址博物馆的黄金面具、金冠带等，以及青川博物馆的九年相邦吕不韦戈、四川省文物考古研究院的青川木椟、茂县羌族博物馆的双鞘剑等珍贵文物。展览共展出文物210件（套），其中一级文物132件（套）。

为了丰富展览形式，让观众更好地了解古蜀历史，馆方对展陈大纲中涉及的主要内容做出了很多形式上的改变。如古巴蜀地区电子沙盘地图，以电子地图的形式，向观众展示古代巴蜀地区的基本地理和历史环境，通过电子沙盘配合视频投影的方式介绍巴蜀历史源流；巴蜀文明互动展项，以

展厅入口合影留念　　　　　　　　　　　展览学术讲座

展厅一隅

文物展示

动画或视频形式，通过互动设备展示巴蜀文明与同时代世界主要文明的发展异同；水润天府——都江堰多媒体互动展项，以动画、电子沙盘或视频等形式，展示都江堰水利工程的科学原理、历史贡献和重要历史史实；古巴蜀与南丝路多媒体互动展项，结合"一带一路"主题，以动画、电子沙盘或视频等形式，全面展示四川在南方丝绸之路，以及丝绸之路河南道中的重要作用；重点文物多媒体可移动展示导览牌采用移动设备，对重点文物进行全面、生动的展示和介绍，采用高清图文、视频展示、虚拟现实（VR）、增强现实（AR）等多种媒体形式与观众进行互动。

鉴于此次展览立意高、文物规格高、领导要求高、公众期待值高，且是全球巡展的首站，策展团队针对展览的宣传与活动进行了精心策划。展前通过宣传预热，以文物为蓝本，精选16件主打文物，精心绘制2只萌宠，并借助新浪微博，深入学校、社区、单位发起线上线下的"萌宠取名"活动。在地铁、电视及各大新媒体平台播放数百万次，并被中国科学院上海高等研究院纳入"文物保护创新联盟互联网+中华文明的文化传播收集案例"；随着开展时间的接近，在成都地铁1、2、3、4、10号线路的数十个点位，中国电信ITV的央视包及省台包首页循环发布。在新浪微博发起"蜀宝进京"超话题，阅读量达7864.5万次；同时，开启了"蜀宝进京"一般话题，阅读量达7834.8万次，"古蜀华章——四川古代文物菁华"展览话题，阅读量达846.7万次。同时，为更好地为公众服务，展览除了安排固定的讲解员提供讲解以外，还专门录制了对公众的官方语音导览，在国家博物馆和四川博物院的官方微信上可以免费使用，使用次数达14229次，并设有留言互动，合计回答公众问题50余条。

为了让观众在展览中有更好的参观体验，四川博物院推出了"不'纸'是青铜器"主题社教活动。课程首先向同学们讲授了中国古代兵器的代表如剑、戈、钺、矛、戟等青铜兵器的作用，通过带领同学们认识青铜兵器上的美丽纹饰，向孩子们讲解与战争有关的故事，启发他们对历史与文化的深入了解。

礼出东方——山东焦家遗址考古发现展

中国国家博物馆

"礼出东方——山东焦家遗址考古发现展"由中国国家博物馆、山东大学、山东省文物局、济南市人民政府联合主办。展览于2018年7月10日至9月9日在中国国家博物馆北19展厅面向公众开放。

此次展览是中国国家博物馆全国考古发现成果系列展之一，是为广大公众精心打造的反映中国当今最新重大考古发现成果的展览力作，旨在宣传中国文物和文化事业繁荣发展的大好局面，引导公众在欣赏优秀传统文化的同时，培养积极、自觉、长效的文物保护意识。展览共展出文物230余件（套），其中绝大部分来自获得"2017年度全国十大考古新发现"称号的山东济南章丘焦家新石器时代遗址。

展览内容分为横空出世、王者之城、礼制先河、工艺流变四个单元。"横空出世"单元展示焦家遗址的发现概况，特色的文化产物为探究黄河下游地区古代社会的发展演变进程提供了线索；"王者之城"单元展示遗址从大型聚落到中心城邑的演变历程，城垣、大墓、玉钺、玉刀等王权象征物，昭示焦家古城是距今5000年前后鲁北地区的政治中心；"礼制先河"单元通过墓葬体量、棺椁形制、随葬品高低多寡等现象，折射出当时社会的阶层分化、等级差别和礼仪制度；"工艺流变"单元展示焦家先民高超的制陶、治玉工艺发展，其用玉原则在玉器史上具有开创性意义。

展览紧扣考古新发现展的根本特点，借助设计和展厅环境以及其他辅助手段进行构建和完善。为了营造直观的遗存氛围，展场内设置了大墓的场景复原。身高近2米的部族首领被誉为"五千年前山东大汉"，自遗址面世以来一直引起广泛的社会关注。首领的身躯骨骸、墓圹、棺椁和全部陪葬品，经复原后按等比例原状摆放，观众以身临其境的方式感受首领伟岸的身材和庄严的葬仪。少数出土物尤为丰富的单位，则采

场景复原

展览序厅　　　　　　　　　　　　　　　　　　　　　展览内景

取密集型陈列展示当时的礼仪制度和等级差别。为了体现远古文化的发展与进步，展厅首尾各设一组专柜，分别陈列大汶口时期的普通陶器和纯白细腻的白陶器，利用器物"颜值"的强烈反差，凸显工艺技术发展。展览中还增加了部分龙山时代的文物精品，用于体现东方工艺在本地的延续发展和历史跨越。

为了达到预期的宣传效果，展览开放前一周，馆方在官网、官微等平台上提前发布展览预告，透露展期、展览内容及重要展品，提升社会关注度。展览开放当天，先后举行新闻发布会和开幕式，邀请国内主流媒体到现场，就策展过程和展览内容与媒体记者进行互动交流，开幕式后则安排领队讲解，以权威发布、权威开场、权威讲解等连贯动作保证开放效果。展期内设置了策展人在线讲解、现场讲解、志愿者讲解、领队学术讲座、策展团队撰写策展心得、观众交流观展体验等形式，保持展览的关注度。

考古新发现展属于区别于普通历史文物展的特殊类型，既要满足观众的审美享受，同时也要尽力创造能将观众带入考古现场的即视感，而非单一化的样品陈列。需要借助展览让文物活起来，讲好文物故事，多方互补，才能达到预期。展览设置有介绍考古发现过程和专家解读的视频专区，也有基于三维扫描技术制作的互动展示区，博物馆官网上还有虚拟展厅，使观众在展览闭幕后依然能借助信息技术手段持续观展。

展期适逢暑期参观高峰，从而受到广大观众的关注，在扩大传统文化宣教方面起到了良好的示范作用。文明起源与当前的热点话题相结合，彩陶花纹与奇特器形成为绘画爱好者临摹的对象。此次展览还将作为巡展于2019年在山东省博物馆展出，更加扩大了展览影响力。

旷世宏编　文献大成——国家图书馆藏《永乐大典》文献展

国家典籍博物馆

"旷世宏编　文献大成——国家图书馆藏《永乐大典》文献展"由国家典籍博物馆主办，展览于2018年9月28日在国家典籍博物馆免费向公众开放。

《永乐大典》成书于明代永乐年间，是我国最大的类书，内容详赡，包罗万象。国家图书馆藏有224册《永乐大典》，是目前世界上收藏数量最多的机构，同时也是对《永乐大典》修复最专业、再生性保护力度最大的机构之一。本次展览重点介绍《永乐大典》的成书过程、形式特点、留存与收藏情况、研究与修复工作，深度诠释《永乐大典》的内涵。

展览分五个单元，分别是"大典犹看永乐传""合古今而集大成""久阅沧桑惜弗全""搜罗颇见费心坚""遂使已湮得再显"，匠心独运，部题选自乾隆御题《永乐大典》诗作及明代文献《进永乐大典表》等，详细介绍了《永乐大典》的编纂、贮藏、流变以及最终入藏国家图书馆的历程。同时，展览还梳理了各代辑佚工作、《永乐大典》修复工作及影印出版的过程。展陈设计主要有以下亮点：以人为本，深入浅出，寓教于乐，强调陈列展览的体验性；序厅弧形环幕结合科技立体化；各部分重点内容的文化艺术装置展示；各单元内容多层次立体化呈现。

策展团队本着让展览"活"起来的理念，艺术设计以突出和展示文物为重点，辅以寓教于乐的

展览序厅

展厅实景

各类辅助手段，如照片、图片、场景复原、游戏互动等，让神秘晦涩的古籍用故事说话，让观众参与其中，领悟《永乐大典》的魅力。展览以突出皇家巨著为设计理念，用讲故事的方式深入浅出地探寻《永乐大典》跌宕起伏的历史，揭开这部史上最大类书的神秘面纱，让观众认识《永乐大典》，并通过《永乐大典》蕴含的历史文化信息，感知先人的非凡创造。

在展品选择方面，策展团队根据展览内容和馆藏资源，选取66件（套）珍贵文物，包含古籍善本、手稿、拓本、舆图等。策展团队依据展厅情况，采用组合式、独立式等方式合理安排文物，对12册明内府抄本《永乐大典》给予充分的展示空间。展览辅助展品包括《永乐大典》及档案复制品、现代出版物、多媒体触摸屏、画屏、沉浸式投影、缩微场景、多媒体投影等。另外，策展团队结合展览内容、观众的观展心理等因素，合理安排辅助展品的位置、数量及摆放方式，并通过书法临摹、互动游戏等活动提升观众的交互式体验。

在宣传推广方面，展览在国庆期间登上了《新闻联播》头条播报，并获得了人民网、光明网首页推荐。新华社客户端转发"永乐攻略"单日阅读量破百万次，《中国文化报》等多家媒体围绕展览制作了专题节目。此外，展览新媒体宣传报道有直播、第5代超文本标记语言（H5）、专题专版、新闻、网络手机互动等形式，覆盖面广，同时通过博物馆官方网站、微信公众号等渠道进行宣传，达到了良好的互动和宣传效果。

在文创产品开发方面，策展团队充分挖掘馆藏《永乐大典》文献资源，设计开发出涵盖复仿品、生活用品、办公用品、邮品、服饰五大类别20种文创产品，既有实用性强、性价比高的低价位产品，也涵盖兼具收藏价值的高价位产品，产品深受广大观众喜爱，销售情况良好。馆方希冀以生动多样的文创产品为媒介，激发社会公众探求传统文化内涵的兴趣与渴求。

此次展览很好地诠释了什么是"让书写在古籍里的文字活起来"，开展期间，观众络绎不绝，展览参观人数达10万人次，其中未成年人观众数量达3万人次。配合展览同时开展了"线上线下知识竞答""抄写经典""门内门外阅古今""永乐大典寻宝奇兵""观永乐大典　赏明代石刻"等共计75次社会教育活动，对《永乐大典》文化的推广起到了积极作用。

天路文华——西藏历史文化展

首都博物馆

"天路文华——西藏历史文化展"由北京市人民政府、西藏自治区人民政府主办，首都博物馆、西藏博物馆承办，北京市文物局、西藏自治区文物局协办。展览于2018年2月27日至7月22日在首都博物馆免费向公众开放。

此次展览旨在展示新石器时代至明清时期，西藏与周边地区和内地之间的交流联系，展示在历史进程中由交流产生的文化认同，进而形成的民族认同与国家认同，西藏和藏民族的发展、命运与祖国内地息息相关。展览分为四个单元：第一单元"文明溯源"，展示高原文明在产生过程中与周边国家地区和内地之间的文化联系，吐蕃统一青藏促进了民族形成和对内、对外交流；第二单元"高原丝路"，展示西藏人通过古道与内地及周边的交流，通过展示古代交通的文化交流成果为下一个单元佛教文化的展示做铺垫；第三单元"雪域佛韵"，在交通、交流的影响下，为中原佛教和印度佛教的传入提供了条件，展示佛教传入吐蕃并经过民族化改造形成藏传佛教；第四单元"和同一家"，是在经济、文化交流的基础上形成了国家认同的历史。展览中采用了中国藏学研究中心"多元一体国家中的西藏"研究成果，因而有着足够的学术支撑。

在展品选择方面，此次展览共展出文物196件（套），策展团队注重选择带有文化交流特征的文物和反映西藏历史重大节点的文物，特别注重选择来自西藏地区寺庙收藏的文物，使观众有机会

展览序厅

展厅实景

文物展示

目睹鲜为人知的文物，更有力地展示民族团结的重要性。展览图文展板的设置与文物展示并行，在视觉上做到互证又不相互干扰。展板突出对地域材质的应用，设计风格简洁，并强调与文物组团视觉上的呼应关系，照明设计营造温暖与柔和的意境，充分考虑视觉明暗的对比，打造视觉焦点，引导观众前行。值得一提的是，此次展览将"西藏星空"影像贯穿其中，在每个单元展区开始处结合地形地貌的装置提示区域内容的变化，并在结尾休息厅完整播放，展厅处处体现着西藏独特的地理人文风貌。

在艺术表现方面，策展团队将"独特的自然地理孕育独特的人文"作为整个展览的场域感塑造原则，营造展览的"境"，用"境"的视觉与内容设计的情感化相协调，形成统一的陈列语言。设计构思暗合了高原地域的独特性与西藏历史文化形成的关联性，用简约的寓意手法，塑造整体环境空间的场域感，将动态的地理与人文影像和静态的文物展示做了分区间节奏的规划，形成情景化的场域体验。

在宣传推广方面，展览采用传统媒体与新媒体相结合的形式，达到了良好的宣传效果。展览预热及开放期间，平面媒体报道 53 条、广播电视专题报道 11 次。在新媒体方面，首都博物馆微信公众号发布专题信息 10 条，总阅读量 16.16 万人次；官方微博及时配合展览预热、活动、答复观众，发布信息 32 条，展前预热阶段，设置微博话题"旅行牦牛"阅读量 32 万人次，布展阶段包含库房探班、展厅布展宣传；开展之后设置话题"天路文华"阅读量 80 万人次，宣传包含文字、图片、直播、视频、讲座以及体验拓印、穿藏服等系列教育活动的报道。其中《步辇图》讲解视频阅读量 8.6 万人次。

展览以"藏族及其历史文化对于中华民族共同体的重要作用"为展览主线，重点展示藏族在中外文化交流、边疆与内地交流、民族文化多样性以及国家认同与文化认同中的历史作用，使观众了解藏族历史文化和藏族文化对中华民族文化的贡献。通过史实、文物特别是鲜为人知的来自寺庙的文物，表现民族团结、祖国统一的主题。

此次展览共计接待观众 20 万人次，其中未成年人观众 5.45 万人次，赢得观众的一致好评。

来自盛京 —— 清代宫廷生活用品展

首都博物馆

"来自盛京——清代宫廷生活用品展"由首都博物馆与沈阳故宫博物院联合举办，展览于2018年9月28日至12月2日在首都博物馆地下一层M厅开放，展期66天。

展览通过系统展示沈阳故宫珍藏的精品文物（宫廷生活部分），来讲述清代皇室宫廷生活中的礼制与意趣，向观众展示除北京故宫之外的清代皇家历史文化和文物精粹。展览内容以清宫帝后日常生活用品为主，展览结构共由四个单元组成。第一单元为"华服有章"，展出皇家服饰及首饰佩饰，这些首饰、佩饰均由清廷内务府造办处和江南三织造等地承做，用料考究、技艺精湛、设计巧妙，体现了盛世清宫的皇家审美。第二单元为"宫壶春色"，展出皇家膳食器皿，材质包括金、银、玉、瓷器、象牙、漆、竹、木等种类，均为清宫原藏，由清廷内务府造办处所制造。第三单元为"摛藻抒华"，展出皇家文房精品和帝王墨迹，传递一朝帝王的翰墨情怀及家国天下的壮志豪情。第四单元为"闾阖瑞景"，展出宫廷陈设用品，均为清宫原藏、宫廷御用，由内廷造办处或苏州、南京等地的作坊所制。观众可以通过展品直观地来感受龙兴之地的兴起，以及清王朝的盛世盛

展览序厅

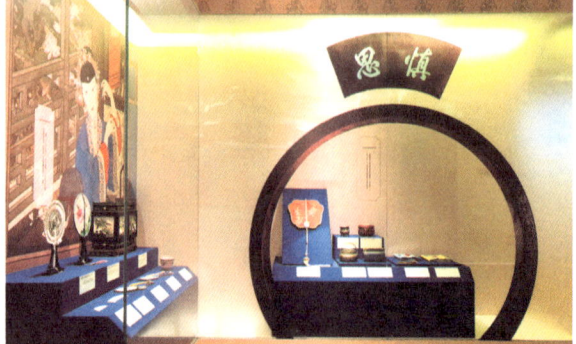

展厅实景

文物展示

景。展览共精选了沈阳故宫的馆藏文物137件（套），集实用性与艺术性于一体，可谓种类繁多、精品荟萃。

展览以丰富的清宫文物和带有沈阳故宫古建筑元素的场景相结合，使广大青少年身临其境般地走进沈阳故宫，走进"龙兴之地"，通过直观地观赏清宫皇室吃、穿、行等生活用品和增设的青少年版语音导览，寓教于乐地使广大青少年了解除北京紫禁城外的清初皇宫，了解清王朝的兴起之路，使沈阳故宫真正成为青少年教育基地，并通过青少年来传播更多更有意义的清代历史和清代文物的历史。

为了更好地展示清宫文物、烘托展示效果，展厅设计充分运用了沈阳故宫的古代建筑群和室内陈设等元素，将带有沈阳故宫重要标志的彩画、门额和主要宫殿融入展厅当中，并结合展厅外设计的宫殿格栅门和正厅上方悬挂刻有沈阳故宫的匾额，整体设计使观众身临其境般感受沈阳故宫的古代建筑和清宫文物。同时，展厅采用了大量的投影和视频等电子设备，将入关后清帝东巡盛京时的御制诗投影到展厅设计的宫墙上，来展现清帝东巡的历史意义、帝王们的翰墨情怀，以及沈阳故宫作为清朝陪都宫殿的重要性。

为更好地向观众普及沈阳故宫"一朝发祥地、两代帝王都"这段历史，并让观众将带有历史符号的产品带回家，沈阳故宫研发设计了一批文创产品。例如点翠凤凰书签、清帝文件夹、火焰三宝珠浮雕手机壳、小皇帝皇后钥匙扣、黄袍加身围裙、福海项链、"朕就给你这款红"充电宝、大政殿看盘等，这些文创产品的设计既展现了展览的相关元素，又新颖别致，受到了国内外观众的喜爱和赞美。

展览期间参观人数达到33万人次，展览内容受到广大观众的喜爱和媒体的好评，在国内博物馆界的外展交流工作中取得了极高的赞誉，其影响力不断扩大。展览结束后，武汉博物馆、长沙博物馆先后引进了该项展览，当地的观众和媒体对展览给予了大量关注和好评。

唤醒历史记忆 塑造科学精神——北疆博物院旧址（南楼）复原陈列

天津自然博物馆（北疆博物院）

"唤醒历史记忆 塑造科学精神——北疆博物院旧址（南楼）复原陈列"由天津自然博物馆（北疆博物院）主办，展览于2018年9月25日在天津自然博物馆（北疆博物院）向公众免费开放。

北疆博物院，1914年由法国天主教神甫、博物学家桑志华创建，是我国为数不多的综合性博物馆，收藏动植物、古生物、古人类、地质等多学科藏品20余万件（套），同时也是中国自然科学博物馆史上的一座丰碑。桑志华以多年采集的藏品为基础，筹建了北疆博物院。其中许多藏品为世界独有，取得了一系列震惊国内外学术界的重大发现。此次复原陈列侧重于人文精神的展示，挖掘文物背后的故事，重点展现桑志华和他的团队在科考历程中体现的科学精神、工匠精神，客观评价北疆博物院在中外自然科学领域的历史地位和影响，深入剖析北疆博物院之所以成为世界一流博物馆的原因。

展览分为两部分内容，第一部分为北疆科学考察历程展，通过两个展室，两条线索分别对桑志华等人25年的科学考察历程加以展示。两个展室分别对甘肃庆阳、内蒙古萨拉乌苏、宁夏水洞沟、

北疆博物院科学考察路线图（1914—1935）

北疆图书展室　　　　　　　　　古生物库房　　　　　　　　　昆虫实验室

河北泥河湾及山西榆社五大地区进行具有划时代意义的地质古生物与古人类科学考察，以及对中国北方动物、植物科考历程进行了全景式的叙述。以大量的原始照片资料、桑志华等人的手稿笔记、标本实物以及图表等方式，再现北疆博物院25载栉风沐雨的科考历程，对北疆博物院所蕴含的科学态度与人文精神做出具象化阐释，生动地展示了北疆博物院在中国乃至世界科学发展史、博物馆发展史上具有的重要影响。第二部分为复原陈列，全面复原了图书室、动物实验室、昆虫实验室以及古生物库房等功能区。

在展品选择方面，北疆博物院展品主要由两大类组成：自然标本门类齐全，科学性强；人文展品历史内涵丰富。此次展览共展出文物4662件（套），所用展品的选择均以能体现北疆博物院的馆藏特色为原则，除文字展板外均系原藏品本色展出。展览中辅助展品主要集中于北疆图书文献展室，形式上以照片和图版为主，使用上以简单有效为原则，在不破坏复原陈列整体效果的前提下丰富观众对北疆历史的认识和理解。

在艺术表现方面，展览以"大型科学考察路线"塑模彩色电子沙盘为重点亮点，平原、山体与河流的颜色以绿、黄、蓝三色区分开，视觉效果更直观写实；LED灯带依次点亮科考路线上的重要地理点位，使内容得到清晰呈现；图文版式统一采用极具岁月感的暖色调，与黑白照片相得益彰；光源以自然光为主，质感柔和细腻，更贴合当时的工作环境；展品陈列以通柜、俯视柜、精品柜等不同组合实现内容的有序排布，兼顾整体与重点。

此次展览及活动受到中央电视台、天津电视台和《都市报道》《中国文物报》《天津日报》《今晚报》等多家主流媒体的广泛宣传报道。展览从历史记忆中重点挖掘北疆博物院背后的故事，突出诠释科学精神，展现北疆博物院在国内外的历史地位和重要影响力，演绎北疆博物院昔日的灿烂辉煌，获得观众的高度评价与赞许。北疆博物院全年开放313天，累计接待观众2.3万人次。

尘外千年

定州博物馆

"尘外千年"展由定州博物馆主办,于2018年8月27日在定州博物馆3层免费向公众开放。

展览设塔基地宫、舍利、佛教造像、香具法器、供养品、历代钱币六个单元,以定州静志寺、净众院塔基地宫出土的800余件文物珍宝为主,通过金银铜器、石器、瓷器、木器、针织品等文物的展示,完整再现了两座地宫的瘗埋情景。展品选择注重代表性、全面性和关联性,全方位反映北宋时期的历史面貌。展览运用考古发掘资料和多方研究成果,通过展示出土文物尤其是长篇刻铭器物,体现文物的证史和补史作用。展出文物富有时代特点、工艺精美,对北魏、唐和北宋的历史发展、文化面貌和艺术风格进行全方位的展现和诠释。通过壁画、视频、触摸屏等手段,讲述塔基地宫的历史背景和瘗埋情景,是对"让文物活起来"理念的一次有益探索。

整体展览设计按照人体工程学设计为顺时针展线,最窄处不低于2.5米,充分保证观众参观的舒适性和安全性。主展线以内容为主,辅展线展示铺陈及艺术品展项,清晰准确。展厅的空间氛围低沉而有力,采用舒朗的设计风格,大部分的隔断中间留空,使之隔而不断,空间和空间之间视线相通,给人无限的遐想和地宫探宝的好奇。

在形式设计方面,展览突出佛教元素,低沉素雅、神秘幽静、曲径通幽。序厅整体简约大方,正中凤凰纹兽足银熏炉一缕青烟飘起,和背景画上的佛国诸尊绘画完美结合。塔基地宫按照实际的比例完整复原,地宫内复制壁画。外观按照发掘报告做出真实的砖石、泥土的痕迹,使四周半围和地宫更加神秘。地宫右侧设计了互动区,观众可以在这里体验壁画的精美,感受壁画里的故事,也可以现场临摹壁画。隋代七重棺依靠展托分层次展示,尽量把高度统一在一个水平线上,让观众

展览序厅

铜法轮

鎏金铜地藏菩萨坐像　　　　鎏金铜七佛造像　　　　铜宝子

清晰地感受佛教七重棺依靠之间的关系，依次展示隋代石函、石志、铜函、银塔、银碗、玻璃瓶、舍利。

此外，展览使用了场景、壁画、雕塑及多媒体等多项辅助展品。以尊重内容、诠释文物为基本思路，将辅助展品摆放在副展线位置上。如两塔基地宫的复原展示，增强了展示效果，加深了观众对文物的理解；静志寺塔基地宫的七重宝函采用多媒体和触摸屏展示，多媒体循环播放七重宝函的介绍，触摸屏互动系统促使青少年对文物产生兴趣，并生动地展示七重宝函的内外关系；知识链接系统的内容设计，为观众提供了更多的信息。

在文创产品开发方面，定州博物馆文创商品采用由博物馆授权、与企业合作开发模式。现商品总量约5000件，分三类，第一类是日常生活用品，第二类是中端定瓷、丝织品，第三类是有收藏价值的大师作品。其中日常生活用品定价在15元到上百元不等，中端商品定价在1000—2000元，大师作品定价在3000—20000元。自开馆6个月以来，已售卖上千件商品，销售总额10万元左右。

展览自开展以来共计接待观众12万人次，其中未成年人观众3万人次。

碰撞·融合 —— 长城文化展

山西博物院

"碰撞·融合 —— 长城文化展"由山西省文物局主办,山西博物院承办,张慧国担任总策划人,策展团队由山西博物院工作人员组成。展览于2018年9月29日至2019年1月1日在山西博物院主馆一层开展。

展览共分为"城横西塞起东隅""边城内外举霞觞""琵琶起舞换新声"三个单元。第一单元展示长城的本体,有建筑工程、烽火驿传、驻军系统、武器装备四部分。第二单元展示长城地带游牧文明和农耕文明的融合,首先讲述游牧文明,有动物情缘、金色之恋、马背生涯、生活百态四部分;其次讲述农耕文明,有家园故土、百工兴盛、城市繁华、文人情怀四部分;最后讲述游牧文明和农耕文明的融合,有休戚与共、融通互惠、多元共荣三部分。第三单元展示长城保护和长城旅游,党和国家领导人对长城保护的号召和推动,促成了长城保护和长城旅游;山西省委、省政府开发长城旅游的思路,符合习总书记的指示精神,符合保护文物功在当代、利在千秋的大局观。

展览共展出243件(套)文物,其中珍贵文物104件(套)。展览以金色为主色调,突出表现长城是中华文明的象征与代表。在展陈形式上,结合不同观众群的参观需求,注重长城艺术元素的运用,将与长城相关的时代背景、文化特色、艺术风格、相关知识点链接作为铺陈,穿插在主展

展览序厅

线中。在艺术表现中,设计师在展线中穿插不同的形式亮点来调节内容的节奏,运用多种形式来加强展览的艺术张力与表现力,引导观众在展览的艺术体验中逐步认识长城、了解长城文化,进而鼓励观众积极参与长城的保护,在长城旅游中推广和宣传中华文明。

展厅实景

此次展览位于山西博物院主馆一层南、北临时展厅及过厅,策展团队运用人体工程学进行设计指导,充分把握空间节奏、合理进行空间利用:将长城本体与长城内外具有鲜明特色的草原文化和农耕文化部分安排于北临展厅,集中介绍与长城相关的背景知识;休息过厅作为两个展厅的过渡与衔接,设计以长城互市场景,配合以文创产品展示,将展览内容自然过渡到下一个展厅;在南临展厅介绍长城内外多民族文化交流与融合。

在宣传推广方面,山西博物院邀请了中央、省(区市)、市13家纸媒、电视媒体、网络媒体参加展览开幕式,与展览主创人员进行深度交流和多角度宣传报道。展览期间,馆方开展了多种形式的教育和宣传活动,达到了良好的宣传效果,赢得社会的广泛赞誉。同时,山西博物院采取了在展厅现场与网络相结合的办法,增强线下线上互动。录制了语音微信导览;推出"来博物馆约会吧"公益讲解活动、晋界讲坛"碰撞·融合——长城文化展"系列讲座、博物馆小课堂"砖石奇迹——长城故事知多少"等教育活动;推出了七期"两分钟看展览"讲解视频,长城建筑、民族融合系列教育手绘视频;设计印制了调查问卷,对展览的展陈效果、参观体验、服务满意度等方面进行了调查,形成了数据分析报告。

为丰富文创产品种类,山西博物院以展览代表性文物"司马金龙石雕帐座""胡傅温酒樽"以及长城造型本体为设计元素,研发"莲开并蒂""丝路文明""国脉长城"三大系列40款文创新品。其中,50元以下产品27种,50—100元产品9种,100—300元产品4种,展览期间共售出2303件,销售额约5万元。将展览背景与中国传统文化"和"结合研发的食品"和酥",是本次文创产品的一大亮点。

长城是伟大的军事防御工程,是农耕、游牧经济文化碰撞、融合的重要枢纽,是中华民族的象征。此次展览竭力挖掘长城沿线边塞、军事、农牧、贸易等元素,突出爱国主义、民族融合主题,旨在为山西旅游产业提供文化支撑,受到社会各界的欢迎。展览共接待32.1万人次,其中未成年人观众12.8万人次。

融合之路——拓跋鲜卑迁徙与发展历程

大同市博物馆

"融合之路——拓跋鲜卑迁徙与发展历程"展览由大同市博物馆主办,洛阳博物馆、呼伦贝尔民族博物院协办,展览于2018年6月9日至2019年2月28日在大同市博物馆免费向公众展出。

此次陈列主题为"融合之路",展览以拓跋鲜卑迁徙和发展历程为线索,从文明进程考虑将大纲分为"拓跋肇启""平城隆业""洛邑重辉"三个单元。策展团队结合展览主题,层次分明、详略得当地划分空间,选取嘎仙洞、呼伦湖、盛乐、平城、洛阳等重要地标,从经济形态的转变、政权和都城建设、生活习俗、中西交流、宗教文化等方面,重塑和再现拓跋鲜卑民族起源、发展、壮大的历史。展览序厅主题为《仪仗俑出行图》与《鲜卑南迁路线图》,一实一虚结合来表现"融合之路"的展览主题。展览使观众直观地感受因北魏社会发展、民族融合带来的繁盛,由繁盛带动的中西文化交流,南北熔融、东西融汇,拓跋鲜卑包容大度的胸怀为大唐盛世的来临奠定了政治、经济、文化的基础。

展览共展出来自内蒙古、山西、洛阳三地11家文保单位馆藏文物中与拓跋鲜卑民族相关的各类历史文物493件(套)。展品的选择紧扣"民族融合"陈列主题,突出表现拓跋鲜卑不同发展时

彩绘石雕文物

展厅一隅

期的特点，既注重展品历史性内涵，又充分考虑其观赏性、地域性等特色，同时展示最新考古科研学术成果。策展团队为了反映拓跋鲜卑从游牧文化逐渐过渡到农耕文化的过程，将展览以"阵列式"的方式展示三组不同阶段的出行队伍，直观地阐释了民族融合的过程与成果。展览中辅助展品的运用遵循"补充、服务、说明"的原则，主要包括场景雕塑、多媒体投影、木质模型和图文版说明。在展厅中复原嘎仙洞场景，还原千年前的鲜卑族人生产生活场景，并合理运用三维动画技术，对重点内容进行诠释和解读。

为了使展览取得更好的效果，策展团队结合展览所用文物的造型及其蕴含的文化元素，选取瓦当、纹饰、壁画、铺首、陶俑等特色展品进行创意设计，制作成日用系列、文具系列、旅游系列、服饰系列和商务礼品等五大类19种文创产品。根据受众群体定位，大同市博物馆将临展文创产品售价结构调整为30元以内产品占71.4%，30—100元产品占14.3%，100—200元产品占14.3%，满足了不同消费群体的需求。

大同市博物馆十分重视展览的宣传推广工作，将宣传工作分为线上宣传与线下推广两种形式。线上宣传主要包括两方面：开展前，利用"文化遗产日"广泛宣传；开展后，在本地电视台、纸媒等媒体，新浪、网易、黄河新闻网等网络媒体，以及手机App、抖音等平台，博物馆官方微博、微信公众号等新媒体进行持续报道，加深观众对拓跋鲜卑发展历程和大同古都历史的了解，增强了民族自豪感和文化自信。线下推广一方面制作海报、宣传手册等向公众免费发放，另一方面以举办专题研讨会、讲座、主题社教等活动，充分调动观众积极性，增加展览趣味。

展览描绘了拓跋鲜卑不同阶段的文明与文化特征，向公众呈现拓跋鲜卑社会演进和发展的时代风貌，表现伟大民族的历史功绩，加深了公众对华夏文明向心力及多元一体文明的认知。展览自开展以来共接待观众79万人次，获得社会各界的广泛关注。

"表里山河"历史陈列展

临汾市博物馆

"表里山河"历史陈列展由临汾市文化和旅游局主办，临汾市博物馆承办，展览于2018年9月18日在临汾市博物馆开展。

展览以历史传承为脉络，以专题文化为特色，共分为四大部分："远古足迹"，展示丁村文化和柿子滩文化，延续至"枣园文化"为代表的临汾新石器时代文化；"最早中国"，展示以陶寺遗址为主的尧都平阳最早的中国史实；"晋霸春秋"，展示晋与三晋波澜壮阔的文化风貌；"千秋平阳"，勾勒自秦汉至清代文明进程之大线索，展示平阳冶铁、平阳戏曲、金元木版雕刻、明清平阳木版年画等特色文化，全面再现了佛教在平阳地区的传承和兴盛。丁村早期智人遗址、陶寺遗址、曲村天马遗址等重大考古发现的最新研究成果均在展览中得以系统展示。

策展团队在全面了解文物藏品信息的前提下，依据主题内容，从14万（套）件文物展品中遴选出与陈列主题和展示内容联系最为紧密并且有代表性的文物，共计3020件（套）。展览采用矩阵密集式的陈列，凸显文物资源丰富的特征，力求让文物说话，讲好文物背后的故事。除文物以外，展览设置了图文展板、16处场景、78组雕塑、1处裸眼3D沉浸式观象台、1处3D全息墓葬复

"远古足迹"展示单元

"最早中国"展示单元

"千秋平阳"展示单元

原、16处视频、12处触屏及2个VR互动等辅助展品穿插于各个版块，补充了版面文字外的历史文化信息及考古研究成果，强化了展示内容。

在展陈设计上，展览以新时代博物馆迭代的思辨，紧紧围绕主题，以"藏展结合，开放融通"为设计理论，将"藏"即"展"、"展"即"藏"的功能结合起来。空间设计结合文化内涵，营造符合新时代的大审美、大环境，使观众进入展厅肃然起敬，文化自信油然而生。展览设计不直接复制历史符号，而是找准文化精神，用符合新时代特点的语言塑造空间，用现代艺术语言诠释久远的历史。

针对展览的宣传工作，临汾市博物馆制订了详细的宣传计划，邀请中央及省市（区、市）大众媒体和网络媒体进行各种形式的报道共计100余次，宣传素材丰富、形式灵活、周期全面，引起了社会各界的关注。开展以后，展览网络关键词搜索结果数百万条，临汾市博物馆自媒体通过微信、微博、直播等官方账号发布的展览视频观看总数达数万次。

配合展览，临汾市博物馆配备了13名专职讲解员，向观众提供中英文双语的义务讲解和咨询服务，并有微信公众号及其他App的中英文语音导览。引导标识系统清晰，轮椅、儿童车、包裹寄存、母婴室、基础医务、伞具借用等服务设施齐备，给观众带来一次舒适的参观体验，获得了观众的好评。

此外，临汾市博物馆以展览主题为基础开发、组织的相关文创产品31种，三个系列共58款产品，价格从5元到1500元不等，其中以主要珍贵文物为造型开发的文化产品供不应求。文创产品共实现销售额5.2万元。

展览集中展示临汾城市历史发展和文化特色，传承历史文化遗产，促进文化交流，建设爱国主义教育基地。同时展览也承担着加速城市文明进程、提高市民文化素质、促进临汾转型跨越、带动百里汾河生态长廊经济带发展的使命，为观众提供一道丰富的文化大餐。开展以来，观展人数近52.9万人次，未成年人观众近12万人次。

天骄蒙古——蒙古族历史文化陈列

内蒙古博物院

"天骄蒙古——蒙古族历史文化陈列"由内蒙古博物院主办,展览于2018年5月1日在内蒙古博物院展出。

展览旨在通过文物勾勒出草原丝绸之路蒙古族800年来的历史发展进程,进而揭示蒙古族卓著的文化创造。展览以时间为序,分为"熔铁出山　民族初兴""逐鹿群雄　汗国崛起""大元盛世　多元共融""明清蒙古　绵续繁衍""游牧风韵　天人合一"五个部分。前四个部分讲述蒙古民族起源、成吉思汗统一蒙古高原和蒙古民族的形成、大一统元朝的蒙古族、明清时期蒙古族的纵向发展史,第五部分展示近现代蒙古族丰富多彩的民俗风情。策展团队首次将早期蒙古遗存岗嘎墓地、元代集宁路古城遗址、元上都遗址等重大考古发现的文物运用到展览中。通过五个单元的文物展示,完整地勾勒出了蒙古民族起源、壮大、发展、繁荣的真实面貌。

展览汇聚了近70年以来内蒙古文物考古最新发现和精品文物,反映蒙古族历史发展进程及其文明创造的文物392件(套),其中不乏国之瑰宝和许多初次面世的出土文物,包括呼伦贝尔谢尔塔拉墓地、集宁路古城遗址、元上都遗址等重要考古发现。辅助展品根据展览大纲的提炼,采用场

内蒙古博物院全貌

美岱召沙盘模型　　　　　　　熔铁出山场景复原　　　　　　展厅一隅

景复原、油画、国画、沙盘模型、文物模型、古建复原和图文展板等多种艺术形式。展览适当加入多媒体技术展项，使传统与现代有机结合，以期达到静与"动"、实与"虚"相谐的展示效果。

展厅以蒙古民族喜爱的"蓝色"为基本色调，塑造整个场馆纯净的空间效果。每个单元标题提炼精品文物元素符号使形式感与内容主题完美结合。序厅采用发光天幕与万马奔腾的异形浮雕墙相结合，营造一个具有沉浸式的展示环境，空间造型极具张力和视觉冲击力，熔铁出山、草原丝绸之路、元代戏台、草原风情等复原场景及多媒体互动展项的融入，更好地解读了丰富多彩的草原文化，使观众感受到中华文化多元一体格局的形成过程。

在展览空间设计上，策展团队营造简洁舒适的参观环境，采用顺时针的参观路线及疏密有致的空间格局，空间内融入情景式、沉浸式、互动式体验展项，让观众与文物多一些交流与感悟，空间主色调以蓝色构筑整个展区，统一中富有变化，简洁大气，纯净的空间环境拉近了观众与文物的距离，让观众在喧嚣的生活中找到一处融参观、学习、体验于一身的文化环境。

内蒙古博物院围绕展览推出的文创产品，紧紧贴合"天骄蒙古"展览主题，从蒙古族传统文化、民俗、服饰等入手，通过设计结合现代工艺及观众日常需求，开发了包括卡片套、书签、便利贴、玩具等150款产品，零售价50元以内的有118款，50—150元的有30款，150元以上的有2款。

为提高展览的社会知名度，内蒙古博物院采取多样化的形式和手段扩大宣传推广效果。首先充分利用媒体宣传，扩宽互联网新媒体推广渠道，建立稳固的宣传平台；其次与教育、旅游等社会各界积极合作，打造双赢互利的宣传渠道；最后通过自身门户网站、官方微信公众号、海报、手册和教育活动，推动数字化建设，打造全方位宣传网络，达到了良好的宣传效果。

展览自展出以来共接待观众214.1868万人次，其中未成年人观众103.071万人次。时至今日，蒙古族仍然繁衍生息在蒙古高原，为建设亮丽内蒙古在不懈地奋斗着。展览展出的每一件精美的器物都在向观众诉说着历史，每一处展项都在诠释着不一样的草原文化，塑造出属于蒙古民族独特的游牧文明内涵，展示着中华文化的博大精深。

大漠明珠·丝路古韵 —— 阿拉善通史陈列展

阿拉善博物馆

"大漠明珠·丝路古韵——阿拉善通史陈列展"是由阿拉善盟文化旅游广电局主办，阿拉善博物馆承办的常设陈列展览。2018年3月1日，历经一年改陈提升后向公众试开放。

展览以历史脉络为线条，通过三条线对阿拉善的历史进行展示：一是以历代中央政权对阿拉善地区的行政管理为主线；二是各个时期阿拉善游牧文化的面貌与特色；三是各个时期阿拉善地区草原丝路上各种文明的交流与融合。本着这一宗旨，展览内容分为史前至先秦时期、秦汉至隋唐五代十国时期、西夏元时期、明清时期及新民主主义革命时期等五个部分。展览分阶段展示阿拉善地区发展进程，梳理出一条清晰的历史发展脉络。在相关的阶段又兼顾游牧文化、丝路文化的发生、发展与成长壮大这条线索，着重揭示游牧文化所蕴含的鲜明特色与勃勃生机。

展览分为序厅、"瀚海寻根　文明溯源""居延沉浮　丝路初兴""黑城遗珍　丝路繁兴""塞外明珠古道驼铃""新民主主义革命时期的阿拉善地区"六个部分。根据各展区特点，合理分配展示内容、多媒体展项和场景艺术品，通过图片、文物与文字的紧密结合，相互解读，形成层面丰富、有韵律和震撼力的展陈整体。

展览主要呈现三大亮点：一是展览内容的布局安排合理，结合实物、图片、造型艺术和信息装置，既满足烘托展览的需要，又兼顾观众参观和体验的舒适度，满足不同层面受众需要；二是展示手段做到了"实物展示立体化，展品信息延伸化，模型场景一体化，影像资料数字化"，在保证展览内容丰满度的基础上，增强了展览即时性、趣味性、互动性，避免展览的平面化与概念化；三是遴选的各类陈列展品彰显了阿拉善地域特色，同时注意每个时期对观众知识点和兴趣点的把握，增加可对观众视觉产生冲击和震撼的亮点展项，达到使观众"观后不忘"的展示效果。

为更好地展现阿拉善的历史文化，展览整合阿拉善文物资源，从代表性、品相等方

展览序厅

展厅一隅

面综合选择，展出从旧石器时代到元、明、清、近现代的石器、陶器、瓷器、金属器物等各类文物600余件（套），客观印证了阿拉善历史文化发展脉络。此外，通过对辅助展品的合理运用，展览营造了"苏宏图细石器加工场遗址""居延屯戍""北魏高台墓葬""黑水城"等四个场景复原模型，采用互动多媒体对唐代和阿拉善有关的诗词进行了展示。在重点历史阶段西夏、元时期，设置了虚拟现实（VR）场景复原，生动展示了黑水城的繁华场景。

在充分尊重历史的基础上，展览结合多媒体、灯光、展柜等艺术设计，充分考虑布展的历史特点、地域特色和综合效益，将展览内容的丰富性与展览方式的多样化、现代化和技术化有机结合起来，形象深刻地揭示了展览的主题和内涵，增强了展览的生动性、观赏性、趣味性。

为配合展览，阿拉善博物馆推出了一系列文化产品，满足了游客对阿拉善文化的诉求，也提供了一次重温历史的机会，主要包括阿拉善岩画系列文创产品，阿拉善和硕特、喀尔喀、土尔扈特蒙古部落相关文创产品，阿宝王爷系列文创产品，阿拉善之子系列文创产品等。

展览整合阿拉善文化遗产资源，全面展现了阿拉善悠久的历史文化，让观众了解阿拉善文化底蕴，深入推动阿拉善文化大发展、大繁荣，使全盟群众共享文化发展繁荣成果，推动文化旅游深层次融合。

"乾隆在盛京"文物特展

沈阳故宫博物院

"乾隆在盛京"文物特展由沈阳故宫博物院主办,展览于2018年10月1日在沈阳故宫古建筑飞龙阁、翔凤阁两个展厅开展,展期三个月。

沈阳在清代名为盛京,清代曾有四位皇帝十次东巡盛京祭祖。乾隆皇帝四次东巡,多次在盛京皇宫内举行隆重典礼,并将大量清宫御用物品送到盛京,供典礼时使用。为表现清帝东巡与沈阳故宫的这段历史,展览通过沈阳故宫馆藏的近百件文物,来展现清代乾隆皇帝在盛京(沈阳)时的活动情景。

展览以乾隆皇帝在盛京皇宫的活动内容为主线,分为"乐以九奏 庆贺巡典""置酒故宫 酬以父老""祭神祀祖 弘扬传统""览章理政 阅卷怡情"四个单元。遴选文物时,紧紧围绕盛京与乾隆皇帝的主题,选用的文物包括瓷器、书画、雕刻品、珐琅器、织绣品、书籍等各类珍品,有的专为盛京制作,有的专为皇帝御制,有的是在皇帝东巡时多次使用的。为讲述文物背后的故事,在对应文物上辅以图版,采用档案资料、清宫纪实绘画、史籍等珍贵图片,将文物、皇帝、事件等相关故事有机结合,再现乾隆皇帝在盛京时筵宴、祭祀、读书、理政等情景。

盛京是清朝的发祥地,乾隆皇帝将盛京视为"帝乡",他将对先祖的怀念与故乡的感情融入一

展览序厅

展厅一隅

些活动中，这也是此项展览的重点。虽作为一国之君，乾隆皇帝也有普通人的情感，在策划展览时，将《盛京赋》古籍满、汉文两册陈列放在序篇中，引领皇帝在盛京的活动。《盛京赋》是乾隆皇帝首次回家乡写下的长篇诗文，从中可以感受到乾隆帝对家乡的真实情感。

皇家的大型乐队都有哪些乐器？筵宴时都吃了哪些食品？萨满祭祀用什么器具？皇帝到盛京还办公吗？等等，这些是观众比较关心的问题，也是展览中要传达的信息。由于古建筑展厅条件所限，为让观众更直观了解皇帝在盛京的活动场景，以文物组成多个场景是展览中采用的基本方式而乾隆皇帝的御制诗则在其中起到穿针引线的作用，使文物场景更有历史感，也可多方面了解乾隆皇帝。

在展览宣传方面，沈阳故宫博物院在开展前一天举办了展览开幕式，邀请中央、省（区市）、市近30家媒体参加，截至10月12日，各媒体以直播、视频、图文等形式进行的相关报道共计22条，累计覆盖100万人次。新华社发布的题为《"乾隆在盛京"文物特展：揭开乾隆盛京故事》的文章，累计浏览量超2万人次，同时被各地方媒体竞相转发。平面媒体中，《辽宁日报》《辽沈晚报》《沈阳日报》《沈阳晚报》《地铁报》等，均以头版大图导读加内页大版面图文并茂的形式，重点报道了整个活动。辽宁电视台"直播生活""第一时间""说天下""新闻早早报"等新闻节目，沈阳电视台"沈阳新闻"，辽宁综合广播"辽宁之声"、沈阳交通广播FM98.6"收藏艺术馆"等专题节目均对展览进行了相关报道。此次展览迄今平面媒体报道6篇，网络媒体132条，电视媒体5条。此外为配合展览，博物院选取了乾隆皇帝的绘画及在盛京期间为皇宫书写的匾额等制成了文创产品，受到观众的喜爱。

鸾凤和鸣——汉文化传统婚俗展

黑龙江省民族博物馆(哈尔滨文庙)

"鸾凤和鸣——汉文化传统婚俗展"是由黑龙江省民族博物馆(哈尔滨文庙)推出的专题展览,于2018年5月25日在黑龙江省民族博物馆(哈尔滨文庙)第一院西官厅对外展出。

人类在文化史的长河中创造了浩如烟海的文化事项,其中,婚姻文化富有积淀、存续和相融的人文特征。所以婚姻文化不仅仅是人类自身繁衍的结果,在坚守传统的同时又蕴含着活跃的持续创新的文化精神,反映和象征着社会进程中的新活力和新面貌。

从汉婚俗文化的演化史中可窥见中华文明的非凡历程。汉文化传统婚俗虽经两千多年的嬗变,融入了不同时代的风格和习俗,仍以象征化的仪式传承着中华民族对世界的认知、对人生的理解、对幸福的憧憬、对美好生活的追求和向往,阐释着中华优秀传统文化的精神。

文庙是祭祀儒家文化创始人——孔子的庙宇,儒家文化构成了汉文化的重要组成部分,积淀着深厚的中华传统文化。我国自古就有"礼仪之邦"的称谓,礼仪文化代表了儒家文化的精髓,其中,婚礼为儒家的四大礼仪之一,承载着丰富的伦理、道德等中华优秀的传统精神文化。以孔庙为背景举办汉文化传统婚俗展,对于继承和传播儒家优秀传统文化将会发挥积极作用。

黑龙江省民族博物馆是以哈尔滨文庙古建筑群为馆舍的省级博物馆,优美的古建筑环境和浓厚的传统文化氛围,吸引众多游客来馆开展传统文化的体验活动。此次展览以仿古建筑群为背景,

展厅内景

周代婚服　　　　　　　　　　唐代婚服　　　　　　　　　　婚床、花轿复原

以现存的婚姻习俗为依据，以历史脉络为线索，展示华夏五千年历史中最具代表性的汉文化婚礼习俗。

在内容结构上展览由"周代士婚礼""唐代婚礼""明代婚礼"与互动体验区四部分组成。周代婚礼制度集前朝之大成，"周代士婚礼"部分以著名的"六礼"为主线，展现周代婚礼的全过程，阐明周代婚礼对后世历代婚礼仪式的奠基作用，以及对朝鲜、日本、越南等国家的婚礼习俗的影响。唐代社会风气开放，女性享有较高的社会地位，婚恋相对自由，在婚礼习俗上融入了浓厚的少数民族文化的色彩，增添了喜庆、热闹的特点。"唐代婚礼"部分以唐代著名的却扇诗、催妆诗贯穿始终，诗风之盛波及婚礼习俗成为唐代婚礼的一大胜景。明代中后期，随着社会经济的发展，婚姻逐渐打破门第观念，注重经济实力和社会地位，婚礼趋向奢华、烦琐。"明代婚礼"部分通过还原制作展示明代婚房等场景，体现明代婚礼模式的进一步世俗化。

展览通过文物陈列、还原制作、文字介绍、互动体验等形式让历史时空中的汉婚俗文化走上了博物馆的展示平台和直接走进了现实生活，从而让观众以"穿越时空"的参与方式最大限度地感受传统汉婚俗文化的永恒魅力，力求内容与现实生活产生联动，在传统与现代相伴而行中，将"爱情与婚姻"这个在人类文化丛林中永绽精彩的主题呈现出一个全新的视角。在展览互动体验区，结合观众交流互动的需求，设置留言墙，让观众把对婚姻、爱情的感悟、心愿和祝福写在心愿卡上，成为这个展览一道独具特色的风景。

黑龙江省民族博物馆（哈尔滨文庙）举办的汉文化传统婚俗展，在主题创意、内容策划和展陈形式等方面，努力打造传统与现代相结合的陈列展览的新形态和新模式，从传统博物馆学角度来看也是一个具有创新型意义的展览，对于弘扬中华民族优秀传统文化、促进人文类型博物馆的建设和发展做出了有益的探索和尝试。

点亮中国——马克思主义在中国早期传播文物史料展

中共一大会址纪念馆

"点亮中国——马克思主义在中国早期传播文物史料展"由中共一大会址纪念馆主办。此次展览为临时陈列展览，展期为2018年6月20日至9月20日。

展览内容分为四个部分，分别为"马克思主义的诞生""马克思主义传入中国""马克思主义在中国广泛传播"和"马克思主义传播与中国共产党的创建"。第一部分的三个单元以马克思主义三个组成部分之间的关联为叙述逻辑，区别于传统的生平叙事。第二、三、四部分以马克思主义在中国早期传播、推动中共建党的历史进程为叙述逻辑。展览内容充分吸收传统力作及近年最新研究成果，如唐宝林等著《马克思主义在中国100年》、田子渝等著《马克思主义在中国初期传播史1918—1922》等十余册专著、50余篇专题论文，力求全面、深入地阐释马克思主义在中国早期传播的递进历程及其对中国共产党创建的重大影响。

展览第一部分重点展出馆藏中国早期著名马克思主义经典著作译本，包括我国最早的《资本论》中文译本和首部《资本论》三卷全译本；第二部分重点展出晚清、民初宣传社会主义、马克思学说的译著和期刊、杂志；第三部分重点展出十月革命、五四前后宣传马克思主义的代表性刊物；第四部分重点展出上海共产党早期组织出版的一批宣传马克思主义的珍贵文献。展览的重点展项《共产党宣言》展示墙展出馆藏68种不同时期不同版本的《共产党宣言》中译本。

展览序厅

此外，策展团队充分利用辅助展品来营造良好的参观氛围，丰富观众的参观体验。展览运用了油画布及金边画框装饰部分重要画作，提升艺术效果，起到凸显主题、烘托氛围、适当留白的效果。展厅一、二楼分别设置一台电子屏，循环播放纪录片《不朽的马克思》及本次展览的专题视频。展览结尾处设置观众留言台，用定制开发的文创纪念手

展厅一隅

册作为观众留言本,抒发参观感想,共记录留言3000余条。

展览设计突破常规,展柜外部整体包装。展览四个部分运用同一色系的不同色调,色彩渐明渐亮,视觉过渡舒适,既有所区别又体现关联,以呼应马克思主义一步步"点亮中国"的主题。展览的展头突出"点亮中国"的主题,马克思头像四周运用光晕的渐变效果,凸显马克思主义传播影响深远之意;左右搭配《共产党宣言》及一大会址造型灯带;展头背面运用地图直观地反映了马克思主义早期传播的不同路径;之字形的结构造型富有新意。展览主体的各部分标题上方都别具一格地装置了十字光束灯以呼应主题,同时,创造性地运用玻璃背胶、不规则展板等方式,打破传统局限于柜内展板的单一形式,在进深、视觉、层次方面的艺术表现力强于以往平面化的设计。此外,展览的专题展厅二楼特意设计了一面W形《共产党宣言》立体展示墙,集中呈现了馆藏68种不同版本的《共产党宣言》中译本,既有设计感,又有视觉冲击力,成为本次展览的一大亮点。

中共一大会址纪念馆配合展览研发红色文创产品"纪念马克思诞辰200周年党员纪念册",设计灵感由"镇馆之宝"——陈望道翻译的《共产党宣言》中译本衍生而来,设计精美,一套两册。

此次展览受到观众和媒体的广泛关注。据不完全统计,参观展览的观众超过40万人次,线上线下留言4200多条;人民网、央视、新华社、解放、文汇、新民、澎湃等中央和上海主流媒体发布展览及相关活动报道60余篇;百度全网搜索,"点亮中国"相关内容11.8万条。

2018年正值马克思诞辰200周年、《共产党宣言》问世170周年,此次展览全面梳理了马克思主义在中国早期传播、推动中国共产党建立的历史进程,深刻揭示了其对中国革命和中国历史发展的深远影响,向观众讲清了马克思主义怎样"点亮中国"。

上海市历史博物馆（上海革命历史博物馆）基本陈列

上海市历史博物馆（上海革命历史博物馆）

"上海市历史博物馆（上海革命历史博物馆）基本陈列"是由上海市历史博物馆（上海革命历史博物馆）主办的常设陈列展览，于2018年3月26日在上海市历史博物馆向公众免费开放。

展览分为"序厅""古代上海""近代上海"和"尾厅"四大部分，下设9个单元，综合反映上海6000年社会发展历程和人文历史特征。"序厅"部分综合介绍了上海历史发展脉络和历史地理信息；"古代上海"介绍了上海地域范围内从远古到清朝中期的社会发展，凸显了上海城市文脉源远流长；"近代上海"多方面展示了上海成为近代远东第一大都市的过程，着重展示中国共产党在上海诞生以及领导上海人民举行一系列革命斗争、抵抗日寇侵略、推翻国民党反动统治、实现民族解放的全过程，凸显上海厚重的革命历史底蕴；"尾厅"部分反映了1949年中华人民共和国成立后上海在各方面取得的辉煌成就。

展览共展出各类文物、文献1143件（组），包括古生物标本、青铜器、玉器、陶瓷、金银器、钱币、书画、漆木器、古籍善本、近代机器、玻璃器、金属器、老照片、老地图等类别。其中一级文物32件（组），二、三级文物242件（组）。

一层序厅

"古代上海"展厅　　　　　　　　　港贸微缩场景　　　　　　　　　纺织工业四维展示

展览的亮点主要展现为三个方面。第一，展陈设计秉承尊重历史、保护建筑、合理利用的办展理念。展览注重建筑的整体设计与细部结构，提炼其新古典主义风格的典型元素，借用其线条、构形、图案等素材，通过现代设计手法进行丰富和延伸，形成既具庄重典雅、又富时代气息的展示风格，使后期的陈列展示效果与历史建筑特点相得益彰。第二，整体设计风格沉稳大气、典雅精致。展览在平面布置上版面清晰简洁、富于变化；在立面形式上重点突出、错落有致；在场景制作上精工细作、注重细节；在艺术造型上主题突出、渲染氛围。第三，围绕展品，一切以展品为核心。展柜、版面、多媒体、艺术品、照明等各系统子项，均以最大程度凸显展品为原则，"用文物说话，讲上海故事"，以物叙事，使观众浸润在历史的进程中体悟上海发展的变迁。

展览空间规划贯彻"保用并举"的宗旨，充分依托旧址，将原有大空间充分利用，并将原有建筑分散、狭窄的办公区域，勾连成布局合理、展线流畅的展示空间；顺应建筑格局，将壁炉、栏杆、柱式等建筑经典"藏"于设计之中，烘托历史氛围，彰显细节之美。展线设计将位于不同楼层的展厅顺畅贯通，并与公共空间合理连接，使所有空间有机融为一体。在展厅与公共空间过渡范围，巧妙设置展品或辅助展项，使空间得以有效整合，控制展览节奏。

在宣传推广方面，展览的宣传报道呈现数量多、覆盖广、影响大的特点。自上海市历史博物馆筹建以来，《中国文化报》《中国文物报》与新华社等中央媒体及上海电视台与《解放日报》《文汇报》《新民晚报》等上海主流媒体对上海市历史博物馆的基本情况及基本陈列进行了专题报道。同时，上海市历史博物馆注重新媒体的宣传力量，在"文化上海""上海发布"与澎湃、腾讯、新浪等网络媒体平台进行宣传，取得了快速高效的宣传效果。

此次展览将城市史与革命史有机融合，呈现"上海有着悠久的历史传承，是中国近代经济、文化的发祥地，中国近代革命的发源地"的策展理念，推动上海市历史博物馆（上海革命历史博物馆）成为以研究和收藏为支撑、展示为载体的现代化、综合性史志类博物馆。

天国春秋 —— 太平天国历史陈列

南京市博物总馆

"天国春秋 —— 太平天国历史陈列"由南京市博物总馆主办，太平天国历史博物馆承办。展览于2018年2月2日起在南京市博物总馆对外开放。

展览采用"大通史"加"小专题"的体例，以"金田起义""定鼎金陵""北伐西征""天京事变""挺进苏浙""天京沦陷""历史影响"七个部分为"大通史"主线，将太平天国政治、经济、军事、文化、社会生活、对外交往内容作为"小专题"辅线，翔实准确地展示了太平天国运动的全貌。同时，展览适当增加同时期的清廷文物资料，全面系统、科学客观、多视角地再现太平天国历史。

展览共展出展品450件（套），其中包括最新征集、首次面世的国家一级文物等精品。策展团队遴选出10余件高规格文物置于展厅中轴线位置，营造展览亮点。展品选择紧扣展览主题，历史价值与艺术价值并重。展览以文物展示为核心，以辅助展品充实文物和展览信息。策展团队结合展览内容，注重排列顺序和节奏的控制，充分利用庭院空间，烘托展览环境氛围，围绕内容设置多媒体展项，增强展览互动性的同时为展览增添光彩。

展览立足于古建筑文物的保护和利用，最大限度保护静态建筑和古典园林原有形态及结构，尊

展厅实景

文物展示

重古建载体、彰显古建形制、传承历史文化。为突出"古建筑 新展览"的设计理念，策展团队将建筑的序列空间、园林的古典景致、观众的休闲互动有效串联，以借景、透景等方式，将古典园林与厅内展陈形式融合。展板采用槅扇漏窗的立体造型，板面色调使用中性灰和建筑红，与古建筑浑然一体。灯光设计以平面线性光源为主，巧妙借用自然光源，营造舒适观感。形式设计与内容设计通过点、线、面的结合交相呼应，使观众在参观中感悟历史和文物的厚重感。

围绕展览推出的文创产品成为此次展览的一大看点。南京市博物总馆全年文创销售近90万元，每月销售量达4000件，开发文化产品7大类100种，包括夔龙系列、旨准系列、吉祥如意系列、园林系列、虎字拓片系列、虎字工艺品系列、衍生产品类。其中商务礼品15件（套），自主研发产品80余件。太平天国文创代表性产品有"夔龙纹快客杯""虎字碑快客杯""夔龙纹香炉""锦扣蓝牙音箱"等精品系列，产品实用性强、造型精美，受到观众的青睐。

在宣传推广方面，策展团队在展前通过地方电视台及纸媒对布展进度进行系列报道；开展后受到新华社与《中国文化报》《中国文物报》等的高度关注，广泛宣传；积极与"文话南京""秦淮旅游"等新媒体协作，树立博物馆公众文化形象。此外，馆方打造智能化微信导览系统，摄制专题宣传片，并针对不同公众人群制订详细方案，通过志愿者服务和专题社教活动开展相关推广工作。

为进一步发挥博物馆的展示教育功能，加强博物馆与公众的联系，南京市博物总馆设有全国工人先锋号服务岗，提供专家讲解、讲解员免费定时讲解及志愿者讲解引导，全年观众讲解接待达5000场次，全年开展免费的专题社教活动百余场，近万人参与。此外，观众可通过微信进行自助语音导览，或通过虚拟展厅远程参观博物馆。

此次展览秉承"馆园合璧"理念，在古典园林中呈现现代展览，全方位展示太平天国历史。同时运用创新研究成果、结合馆藏特色，在中国近代化叙事框架中科学客观地解读太平天国、讲好中国近代故事、弘扬爱国主义精神等方面起到了积极的作用。

通·融——中国大运河文化特展

扬州博物馆

"通·融——中国大运河文化特展"由江苏省文化和旅游厅(江苏省文物局)与扬州市人民政府主办,扬州博物馆承办,扬州市文物考古研究所协办。展览于2018年5月18日至6月10日在扬州博物馆特展厅开展。

扬州作为一座运河之城,应"运"而生,因"运"而兴。古运河孕育了扬州城市,贯通了扬州湖河,扩大了扬州地域,奠定了扬州文化。为此,扬州博物馆特策划此次展览,以图片与文物全面结合的方式,向观众展示大运河文化遗产的内涵与外延。同时,弘扬和传播运河文明,促进运河文化遗产资源的开发和利用,让古运河在新时代重新焕发光彩。此次展览通过图版形式,重点展示历代河道及有关设施的遗迹,体现古代水利工程技术水平和遗产价值,亦对运河流经之地的城市、村镇及其丰富的文物古迹、景观进行展示。除图版展示形式外,展览还展出扬州博物馆与扬州市考古研究所藏大运河文物近百件,时代从公元前5世纪到清代,跨越2000多年文明史,器型多样,类别丰富,集中展示了大运河文明的前世今生和令人神往的灿烂文化。

展览以丰富的展板和精美的文物相结合,突出展现了展览的艺术性、科学性。为提高趣味性,在展厅还配有展览相关的生动场景。展览的主题基调是大运河"申遗"以来的成果展示,包括灯光、展板设计等都直观地表现了展览主题,让观众深刻体会大运河的文化魅力,挖掘"千年运河"的历史文化内涵,以高度的历史使命感谱写大运河文化带建设的新篇章。

展览序厅

  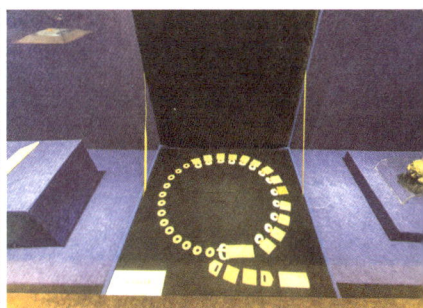

展厅一隅

在展览宣传方面，针对本次展览，扬州博物馆在开展前邀请新华网、扬州新闻台和《扬州日报》《扬州晚报》与"扬州发布"等媒体公布布展情况、理顺展览脉络、了解展览背景、介绍部分重点文物，使观众初步了解展览的大致内容、形式及布展过程。展览开幕当天，馆方邀请媒体参加新闻发布会、宣传展览看点等。展览期间，扬州博物馆官方微信通过图片和文字，让观众在手机客户端了解展品、欣赏展品，真正做到让馆藏文物"活"起来。展览在各媒体平台上共计报道200余次，形成良好的社会效应。

为了更好地向公众普及大运河文化知识、展现大运河文化魅力，扬州博物馆针对展览研发设计了一系列文创产品，例如陶瓷茶叶罐、丝巾、笔记本、POLO衫、展品仿制品、钥匙扣、万用本、便利贴等，增强了观众对展览的喜爱，提高了展览的影响力。

同时，扬州博物馆还围绕展览举办了两场主题为"瓜洲运河的前世今生"的学术讲座。瓜洲运河是运河扬州段遗产区的河道，讲座邀请扬州知名学者华干林为大家解读"瓜洲运河"的前世今生，引领现场观众领略"诗渡瓜洲"的文化底蕴，体验不一样的文化之旅。此外，馆方还举办了一系列以运河为主题或以运河展品为元素的配套社教活动，主题明确、内容翔实、形式多样、具有针对性。既有面向青少年的博物馆里的美术课、"博物之曰"，面向低龄儿童的乐高积木主题搭建，适合成人参加的指尖上的非遗，还有针对志愿者的运河遗产点采风，等等，满足不同年龄阶段观众的需求。不仅从传统的角度解读文物，而且用心挖掘文物背后的历史背景及艺术魅力，为观众提供更有深度的文化体验和感性认识。

展览展出时正值"5·18"国际博物馆日，观众络绎不绝，参观人数达9.32万人次。展览入选国家文物局2018年度"弘扬中华优秀传统文化、培育社会主义核心价值观"主题展览重点推介项目，同时也是全国唯一入选的地级市博物馆申报项目。展览还被江苏省文化和旅游厅（江苏省文物局）列入2018年全省馆藏文物巡回展项目，并在宿迁、姜堰等7个城市进行了巡展。

万里江海通——江南与海上丝绸之路特展

常熟博物馆

"万里江海通——江南与海上丝绸之路特展"由常熟博物馆、江阴市博物馆、张家港博物馆、太仓博物馆、吴江博物馆联合主办，苏州市考古研究所、苏州丝绸博物馆、中国航海博物馆为支持单位。展览首站于2018年9月28日在常熟博物馆D1、D2展厅开展。

自秦汉时期开通以来，古老的海上丝绸之路一直是沟通东西方经济、文化交流的重要桥梁。在新时代的背景下，以挖掘历史的文明宝库、记录时代的发展轨迹、展现当代人的精神信念、诠释中国的海洋梦为理念，常熟博物馆与江阴市博物馆、太仓博物馆、吴江博物馆、张家港博物馆共同策划此展览，清晰地表明江南地区是古代中外交通贸易和文化交往的海上通道的重要组成部分，以五个地方中小型博物馆的藏品与史料，讲述了"海上丝绸之路"的繁荣以及中外政治、经济和文化的密切交流。

此展览按照时间顺序共分三个部分。第一部分"天涯若比邻"，时间跨度从远古至唐宋，讲述海上丝绸之路的兴起与发展，江南文化与海外文化的初步接触与碰撞交融。展出早期佛教文物、张家港黄泗浦遗址出土文物、长沙窑瓷器、海兽葡萄镜等。第二部分"直挂云帆济沧海"，展现元

展览序厅

展厅一隅

代、明代海上丝绸之路的鼎盛时期，重点文物有太仓樊村泾出土文物、龙泉窑瓷器、明初官窑青花大盘、德化瓷等。第三部分"当江南遇见欧陆"，阐述明末以来江南与西方文化的交流、碰撞与互相影响，明清中西方贸易、江南对天主教和西方文明的吸纳、西方人对青花瓷与扇子的钟爱、近代海派文化的崛起等。展出清代瓷器精品、钱币、佛像、金银器、扇子、象牙、犀角、琥珀、红木、沉香等。

此次展览围绕海上丝绸之路主题，展厅布置围绕海洋元素，在展柜背面喷绘大幅的海洋与波浪背景，展厅设计为浅蓝、中蓝、深蓝三个色块，代表了船舶远航，由长江逐渐进入浅海、深海。在展厅的内部空间摆放按照不同时期古代航船制作的船模，展标位置摆放船锚，展览名称雕刻在木板上，让参观群众能够身临其境，在参观的同时感受海上丝绸之路的波澜壮阔和博大精深。

针对展览主题，馆方开展了系列专题社教活动，反响热烈。如邀请文博专家来馆为公众作"江南与海上丝绸之路"专题讲座；针对青少年特点，开展了古船模型拼装、瓷盘绘画、简易指南针制作等社教活动；亲子活动有手工扎染、省级非遗古船制作观摩、打水手结等。这些活动富于知识性、趣味性，教学流程符合青少年的认知规律，知识学习和动手实践相结合，有助于引导青少年独立思考和研究性学习。

在展览宣传方面，馆方通过官方微信平台在展览开展前提前发布相关信息，为展览预热。澎湃新闻和《苏州日报》《姑苏晚报》《常熟日报》及常熟电视台等20多家主流媒体对展览作报道。文创方面，馆方设计研发了文物趣味拼图、航海冒险棋、冰箱贴、徽章、小印章、笔记本、帆布包等文创产品，增强了观众对展览的认知和喜爱。还举办了文创产品体验活动，让广大观众特别是青少年在寓教于乐中领悟到"海上丝绸之路"的重要性。

展览在展出期间参观人数总计达6.2万人次，受到社会各界特别是青少年的广泛好评。其中国庆长假期间每天参观量为6000多人次。

越地宝藏——100件文物讲述浙江故事

浙江省博物馆

"越地宝藏——100件文物讲述浙江故事"展览由浙江省博物馆主办，策划人为浙江省博物馆馆长陈浩。展览于2018年6月8日在浙江省博物馆孤山馆区推出，为期四个月，是浙江省博物馆2018年在积极践行"文化自信"基础上为观众重点打造的文化盛宴。

展览以文物为主角，讲述浙江历史、弘扬浙江精神。从全省各地文博机构中甄选出有代表性的精品文物，通过解读搭建古今联系的桥梁，寻找浙江精神的历史渊源，弘扬优秀传统文化。展览采用类型学与叙事逻辑相结合的框架，共分六个部分。第一部分"走出蒙昧"，依托史前文物，特别是良渚文化文物，展示五千年中华文明起源；第二部分"精勤耕战"，以青铜类展品为主，展现青铜时代的越人魂；第三部分"陶瓷之路"体现务实越人开辟的贸易道路；第四部分"梵音声声"，奏响东南乐土里保境安民的和谐乐曲；第五部分"武林旧事"重现南宋时期繁盛都城的时代风尚；第六部分"走向自省"以书画展品描绘文人精英引领的诗画江南。每个部分之间看似独立，但有着千丝万缕的关联，反映了浙江从史前到明清的特点及亮点，展示浙江自古发展与传承下来的灿烂文明与精神力量。

包括浙江省博物馆在内的39家文博机构参与此次展览。每个部分一类文物，包括史前器物、青铜器、瓷器、金银器、佛教艺术文物、书画艺术等。展品选择以本体研究为基础，衍生研究为情

"陶瓷之路"展示单元

怀，整合全省资源，选择最具文化价值、艺术价值和情感价值的文物。其亮点包括各博物馆的镇馆之宝、极少展出的文物以及考古新发现与学术新资料。

展览形式设计秉承安全、环保、凸显主题以及功能性的原则，采用简约、流畅、精致的艺术风格，力求将传统文化脉络与探索现代表达方式有机

北宋金舍利瓶　　　　　南宋水晶环

结合。围绕展览主题，综合运用视觉、触觉、听觉等多维度手段，更好地凸显与展示展品。辅助展品的设计以因地制宜、因物制宜为考量标准，综合运用多媒体、3D打印等技术手段，使辅助展品真正成为深度展现展品内涵的作品，通过展览留下可重复利用的珍贵资料。

展览宣传推广方面，馆方紧紧围绕展览主题，探索"新方法"，打造"超级链接"的展览，更好地吸引和服务观众。展览前期，通过"越地宝藏小小守护人"选拔活动进行展览预热，通过进校园的形式，吸引了近3000名未成年人的参与。展览期间，针对不同层次观众需求，定期邀请专家学者进行专题讲座及专家导览。浙江省博物馆联合《浙江日报》推出"镇馆之宝：浙江省藏宝图"全媒体系列宣传活动，以镇馆之宝讲述浙江故事，融合浙江日报报业集团三端（报、网、移动端）媒体资源，策划打造新媒体的传播新形式，探索优秀传统文化传承的新途径，引导公众参与传统文化的传播，共同推动全省博物馆事业的发展。

展览开幕同时推出两本配套图录。值得一提的是，《越地宝藏》展览图录对每件展品的描述不仅限于器物说明，而是从各方面进行了深度解读，从而提升了展览的学术价值。另外，针对参观群体中的儿童，特别推出给孩子们的文物书《宝藏随行》，生动有趣，深受小朋友们喜爱。

展览配置了多语种讲解服务，以及志愿者讲解、专家导览相结合的专门讲解，开发了语音导览服务系统。与浙江广电集团的"浙江之声"深度合作，由浙江省内知名主播打造的语音导览深受欢迎。同时针对不同参观人群设置儿童版、主播版导览等多种选项，供观众自主选择。同时，展览的文创衍生秉持"将艺术生活化"的设计理念，以传播文化为出发点，解读文物内涵，从中提取设计元素，让千年的历史文化与现代生活对接。

自展览开幕以来，观众蜂拥而至，专家、领导络绎不绝，对展览给予了充分的肯定，从而使展览成为一场文化盛事。

良渚遗址是实证中华五千年文明史的圣地——良渚博物院基本陈列

良渚博物院

"良渚遗址是实证中华五千年文明史的圣地"展览由良渚博物院主办,策展团队包括良渚博物院、复旦大学、杭州良渚遗址管理区管委会等工作人员。展览自2018年6月25日起在良渚博物院面向公众免费开放。

1936年良渚文化首次发现以来,80多年良渚文化的考古发掘与研究取得了丰硕的成果,证实了中国早在五千年前已出现了成熟文明形态,并进入了早期国家阶段,这一成果为展览提供了各类珍贵的实物与研究资料。新展陈的600多件(组)文物中,有三分之一是最新发掘成果,如炭化稻谷、猪骨、菱角、10余米长的木构件、竹编物等。立足丰富的研究资料,依托"水乡泽国""文明圣地""玉魂国魄"三个展厅,用直白简练的展览语言讲述良渚考古的动人故事、良渚文化的发展历程、良渚古城遗址的价值、良渚文明的认识高度,层层递进、娓娓道来,实现了良渚考古小众主题的大众化传播。

古今穿越场景

展厅一隅

新展陈采用总策展人的管理模式，邀请浙江省考古所专家组做学术支撑，保障展览实施高效科学、解读精准。新展陈以国际化语境、展示中国古代文明的特征为策展理念，充分利用建筑原有的高空间与宽敞的优势，积极探索展厅大空间布局和相对自主开放的展线。同时，展厅空间采用仿自然光，营造出有意义与美感的光语境，给观众一种在阳光下游走于历史长河的舒适感。光的合理运用，既凸显了建筑、展项、展品三者的鲜明个性，又毫无违和感，从而形成了良渚独有的气质。

新展陈酌情运用技术手段，有模型、场景壁画、雕塑小品、3D打印、数字展示、水墨淡彩画、手绘图等方式辅助解读，直观生动地反映良渚文化和早期国家社会的发展高度。比如在钟家港作坊区里，你能看到各种有趣的人，睡觉的、钓鱼的、做陶器的，3D打印尽可能还原了真实的古人生活场景。展厅内19部专题视频以三维建模的技术方式呈现，既合理、深度地阐释每个专题，又增强了展览的可看性，通俗易懂。这些视频还运用现场播放和微信扫码等方式，实现了线上线下"互联网+"的多元展示。

在宣传推广方面，开院一周精心谋划博物馆宣传矩阵，策划密集而丰富的宣传活动，如良渚博物院策展理念与实践专题讲座、《良渚玉器线绘》首发仪式、源流·良渚文化遗产创意设计专项赛颁奖典礼等多样化的特色活动，不断创造新的聚焦点，全媒体报道达214篇次。针对校园、社区、场馆等观众特点，有节奏、有计划地举办专题讲座20余场，学术研讨会2场，志愿者讲良渚文化进社区6场，北京大学全国中学生考古暑期课堂等100余场社教活动。出版《良渚玉器》中英文图录和《赫赫王国》《良良讲故事——良渚的陶》等科普读物，"良渚与古代中国——玉器显示的五千年文明"展览走进故宫博物院，积极回应当下公众对高品质文化产品渴求的新期待。

为使参观活动成为人本理念的有效载体，展览设置互动游戏室与球幕影院，打造讲解员、志愿者、自助语音导览机、微信智慧导览等多元导览服务。微信智慧导览确立精细化服务目标，设置成人全程、40分钟精品、儿童等导览线路。"互联网+360度全景漫游虚拟博物馆"，实现了展场在互联网的实景展示。

新展陈开放后，省区市各级领导和国内同行纷纷前来参观考察；展陈赢得了普遍赞誉和好评。目前已接的待海内外游客达到了140万人次，增加单日人流量最高峰值达到1.8万人次，创良渚博物院建院以来历史记录，成为名副其实的网红打卡地。

华侨旗帜　民族光辉——百国百侨百物展

福建博物院

由福建省文化和旅游厅、福建省文物局指导，福建博物院主办的"华侨旗帜　民族光辉——百国百侨百物展"于2018年11月22日开幕，2019年11月22日闭幕。

中国侨胞达6000万人，遍布世界188个国家和地区，诞生过爱国侨领陈嘉庚、开国将军叶飞、慈善楷模许荣茂等一大批杰出人士，他们怀着乡愁远行，为祖国争国格、为同胞争大义，铸就了光辉灿烂的华侨文化。华侨精神的本质就是中国精神，是中华民族文明永续、不断进步的源泉，是实现"中国梦"的重要力量，是讲好中国故事、弘扬福建文化、实现博物馆表达的重要题材。

展览精选100余件（套）级别较高、具有艺术鉴赏价值的展品，以文物为引领、以人物故事为主线，通过七个部分进行展示。第一部分"拓路先贤　开基立业"，讲述早期走出国门的重要华侨华人；第二部分"一代侨领　铸造传奇"，介绍爱国侨领、著名教育家、实业家陈嘉庚；第三部分"志士仁人　救亡图存"，讲述为中国革命舍生取义的华侨华人；第四部分"工商之子　投资建设"，介绍参与祖国的经济建设的华侨华人；第五部分"公益明贤　造福桑梓"，展现华侨华人在

展览序厅

展厅中庭

观众驻足参观

家乡兴办公益事业的情况；第六部分"业界翘楚　引领风骚"，介绍在诸多领域脱颖而出、建功立业的华侨华人；第七部分"他乡明月　亲情绵亘"，展现华侨华人血溶于水的亲情。

展览以棕色、驼色、米色为主色调，营造出温暖、舒适的参观环境。展览主题鲜明，序厅以百位华侨头像为背景墙，模型书桌镌刻着重要领袖对华侨华人的评价；展览中庭以华侨华人的重要事迹为素材制作了沙雕墙柱，各部分连接墙制作了华侨海外生活老照片及华侨兴建或资助的各类学校照片墙，增强了展览的通俗性、观赏性、趣味性和体验性。展览层次丰富，展板巧妙地运用各种线条元素，引导观众把原本较为分散的视觉点规整为有次序的视觉元素，串联整体、突出重点。

展览空间规划注重人性化，展线为单循环的封闭式，参观线路流畅。展厅中庭和视频播放厅设置有休息椅，布局设计注重空间感，为观众预留了充足的参观空间。展览第二、三、五部分设置有视频播放区，尾厅设有多媒体操作区，动静结合。

在宣传推广方面，福建博物院与《闽声》杂志合作，开设"百国百侨"征集专栏，发布筹备信息，刊登近百篇侨胞故事；并借此机会宣传推广展览主题，扩大影响。在全国性和地方性媒体刊登宣传报道，在"网上博物馆""空中博物馆""地铁博物馆""空港博物馆"开设"宣传栏"。将展览信息注入"双百活动"，走进社区、走进校园。

展览为观众提供多样式、人性化的服务，提供中文、英文讲解，齐全明显的引导、说明、提示、指向等标识，免费提供物品寄存、轮椅、婴儿车、急救药品等公共服务设施；支持观众自由查阅与浏览的全新数字博物馆展示系统；举办情景剧演出、展览进校园、进社区等展览延伸教育项目；发放展览调查问卷。

为了配合展览，博物院设计研发了便于携带、贴近生活的情侣对表、笔记本、书信工具、便笺等14套文创产品，产品注重观赏性和实用性的结合，将独特的文物元素与现代商品进行"嫁接"，将展览中的人和物之间的浓厚乡情和强烈的爱国情怀表现出来，真正实现和满足让文物"活起来"、把博物馆记忆带回家、让文化自信融入生活的愿望。

红土山汉墓出土文物展

巨野县博物馆

"红土山汉墓出土文物展"由巨野县文化和旅游局主办,巨野县博物馆承办,2018年9月30日至12月31日在巨野县博物馆开展。

红土山汉墓为西汉昌邑王刘髆墓,这是此墓自1977年发掘以来首次对外展示。展览以出土文物为基础,展示了红土山汉墓的发掘过程,再现了汉代诸侯国王侯贵族的生活状态,向观众展现了汉代高度发达的物质文明。

展览以展示昌邑国的建立、昌邑故城的发展、红土山汉墓出土文物为主,分为"昌邑故国""红土山汉墓""旷世奇珍"三个单元。以昌邑国的历史发展沿革、昌邑故城的历史演变到西汉昌邑王主政的兴衰为脉络,参考发掘报告及考古专家的意见,结合巨野南昌两地海昏侯研讨会最新学术论文,展现最新考古成果,再现汉代诸侯国王侯贵族们极尽奢华的物质生活和大汉王室的荣耀与威仪。在出土文物中,选取能够突出反映当时王侯地位等级、生活状态及生产生活水平的具有历史意义和文化价值的实物。以玉礼器、鎏金青铜器、陶器文物为主,精心策划文物展陈方式,展示西汉时期的文明。

场景复原

展厅一隅

为有效传递展览内容，策展团队将史料信息转化为通俗易懂的视觉图像，在文字说明上强化典型元素和视觉符号的运用，在展厅规划和展项设计中，着重帮助观众建立理解西汉时代文化的逻辑方式，减少历史时间、空间差异造成的疏离感。关照行走中观看展览的受众体验，避免过于学术、生僻拗口的展览说明，亦避免大量的文献堆砌。

展陈艺术形式上利用现代科技手段配合传统陈列，营造出古今碰撞的氛围。重点把昌邑故城繁荣盛况、汉墓的发掘场景与墓葬结构以大型场景复原和多媒体声光电相结合，多种展示手段穿插运用，做到动静结合、精彩不断。同时融入更多"感悟""体验"等元素，寓教于乐，让群众融入历史，享受展览所营造的人文关怀。展厅设计为全封闭式，展览时全方位灯光照明，共安装52个轨道射灯，4个筒灯，20个圆柱灯，展柜内采用环保LED泛灯光照明、进口芯片LED360°可调高低无热源射灯。展厅选用简洁干净的版面设计风格，使观众将更多的注意力集中在文物与其他展陈设施上，通过色彩、展板材质来区分普通展板与重点展板。为配合展出文物，馆方还制作了数字化文物展示屏。

展厅共分为文物展区、场景复原区、互动区三个展区。展线从出土文物引发到发掘现场再到墓葬形制复原，并辅以大量色彩、灯光、图案造型等元素，有强烈的历史感和真实感，给予观众身临其境的感受。最后的观众体验互动，拉近了观众与文物之间的时空距离。展厅外还设置了游客中心、游客休息区、博物馆商店等公共空间，为参观者提供方便。

展览是博物馆服务社会大众最重要的形式，而宣传在展览中起着至关重要的作用。"互联网＋博物馆"已经成为博物馆事业发展的必然趋势。博物馆通过"巨野宣传"公众号、巨野电视台等媒体对外进行博物馆展览活动的宣传发布。观众可以扫描博物馆微信公众号，随时随地了解展览动态。

周风虢韵——虢国历史文化陈列

虢国博物馆

"周风虢韵——虢国历史文化陈列"是由三门峡市文物局主办,虢国博物馆承办,于2018年5月18日开幕的常设展。

展览紧扣"传承优秀传统文化"的时代主旋律,结合地区历史特点、展厅面积和馆藏实际,致力于打造具有地域特征和文化特色的原创展览。展览为长期展出的历史文化普及展,专业性与大众化、知识性与趣味性相结合,目的是让公众在领略虢国文化的同时,自觉传承中华文明,增强文化自信。

展览以虢国墓地出土文物为线索,分为虢旗猎猎——虢国历史与遗产、吉金灿灿——虢国青铜器、美玉灼灼——虢国玉器、奇珍熠熠——虢国多种工艺、车马辚辚——虢国车马坑遗址、古墓秩秩——虢季组墓葬遗址六个部分。每部分又分为几个单元,每单元下还分为多个小组,分别从不同方面展示虢国青铜器背后蕴含的文化内涵和故事。各单元均紧扣主题,条分缕析,将文物蕴

展览序厅

展厅一隅

含的文化内涵通彻解读。展览故事线采用了近些年学者的最新研究成果，如通过对"梁姬罐"的铭文研究得出的"梁姬"不是M2012的墓主人，通过对"兽叔X""虢仲X""虢姜鼎"等铭文的研究厘清的虢国对外联姻关系等。

展览形式设计以深度理解文本大纲、确保设计原创、充分利用物理空间为核心理念，将历史人文与艺术有机结合，突出地域文化特色。总体艺术风格简约庄重、雍容典雅，各部分艺术造型及空间色调既有明确区分又浑然一体。重点、亮点部分利用空间隔断和中心柜突出展示，如将三套列鼎列簋集中在一个大型中心柜中对比展示，将重点玉器放置在一个六边形独立空间中。根据内容需要，利用拓片、线图、纹饰等对重点文物进行展示。展板简洁大方、色彩明快，采用布纹相纸高清写真工艺，图文清晰，避免眩光，色彩真实。展览全部采用LED灯光，不同场景采用射灯、轨道灯、灯带等不同形式的灯具，点、面、光相结合，既节能安全又美观实用，为展览营造了良好的视觉效果。

在展览宣传方面，馆方一是与电视、报纸、广播等传统媒体加强合作，并积极利用微信、官方网站、网络、二维码等新媒体手段，将展览资讯及时向社会传播；二是借助旅游推介会进行宣传推广，与各大旅行社签订合作协议；三是在重大节假日实行门票优惠及奖励办法，并印制宣传册页，向游客免费散发；四是根据展览内容策划组织教育活动，以复制品演示、剧场展演等形式开展不同形式的教育活动；五是邀请专家为职工、中小学生、游客等进行虢国文化的免费讲座。

在"以虢国历史文化与资源价值再创造为基础，以品牌建设为核心，以产品研发为抓手，重塑虢国文化创意产业链和价值链"的经营思路指导下，该馆依托虢国历史文化资源，先后推出青铜器复制品、笔记本、扑克、手提袋、水杯、雨伞、战车模型、笔筒等10种文创产品，扩大了虢国文化的影响力。

展览于2018年5月初依托虢国博物馆官方网站建设虚拟展览，设置有新闻公告、馆情简介、360度全景、文物鉴赏、虢国论坛、精彩视频、服务指南等浏览项目，界面古朴雅致，结构清晰明了。通过首页二维码可迅速登录手机版网站和官方微信，访问量已近70万人次。

八朝古都　千载京华——开封古代历史文化展

开封博物馆

　　"八朝古都　千载京华——开封古代历史文化展"是由开封博物馆主办，于2018年3月5日开幕的常设展。

　　开封地处黄河文明的核心区域，也是集中国文化之大成的北宋都城所在地。展览以八朝古都历史文化为展示主题，以北宋皇都文化为展示重点，全面反映开封八千年的历史进程，彰显其对中国和世界文明的贡献及对外交流、兼容并蓄的无限魅力。

　　此展以开封历史和馆藏文物为基础，结合鹿台岗遗址、宋城遗址、明代周王府遗址等各个时期的考古发现，融入古代教育、艺术、科技及天文仪器复原研究等最新的学术成果，将中国经典文化发展至顶峰的宋代和开封独特的"城摞城"奇观进行重点展示，揭示八朝古都文化内涵的深度与广度，凸显开封在中国古代历史和世界文明中的重要地位。展览内容分为"文明始启""王都初定""启拓封疆""雄州故郡""水陆都会""东京梦华""中原首府"七个部分，各部分之间以历史发展脉络为主线，采用"总—分—总"结构，每部分由若干个单元组成，每单元自成体系，形成小专题，全面揭示古都开封数千年的发展与演变。

　　展览将主体建筑、公共空间、陈列空间进行一体化整体设计，创造长1900米全场景式展览空间。提取开封城市"水"文化和"城摞城"夯土结构元素作为基础符号，贯穿于整个动线中。展览

展览塑型墙

《北宋风云图》创作画

白沙宋墓出土文物

北宋官窑作坊生产场景复原

图文并茂,将大场景中的"景中景"、雕塑绘画艺术品、模型沙盘、多媒体等,通过实物呈现、场景复原、虚拟演示、互动展演等艺术表现手段,与文物展柜、版面有机融合。利用象征开封三重城(外城、内城、皇城)的展馆建筑,与"一中轴、城摞城"的开封历史文化主符号的规划设计思路,围绕展馆大厅中轴路,周边5个古代史展厅、1个乐舞展演厅、1个宋代科技展厅,顺时针依次布局在展馆二层,形成"中"字。中央大厅的"开封时间"与"瑞鹤呈祥"巨型装置作为大序厅,沟通一、二层空间,开篇大厅与结尾大厅设置首尾呼应,营造了宏大的全景观空间。游客中心、餐厅、商店等分布在展馆一层,休息区合理穿插在整个展线中,营造了舒适愉快的观展环境。

展览选取从新石器时代到明清时期开封地区出土及征集的文物近3000件(套),综合运用最新的考古发掘及研究成果,借助辅助展品及形式设计,让文物"活起来"。在长1900米的大场景中设置"景中景",将25组景箱场景、150件(套)雕塑壁画绘画艺术品、10组模型沙盘等多种形式的辅助展品融入展览,并与多媒体等手段巧妙结合,与文物相辅相成,同观众形成互动,引领观众对开封历史文化进行深入的了解和思考。

在宣传与教育方面,博物馆采用"新媒体+传统媒体"模式,分预热、推广和社教活动跟进三个步骤推进。借助自媒平台发布馆标释义、展览预告等,邀请国内一流媒体及省地市级媒体,将宣传力度覆盖到各层级。利用新媒体,结合人民网、光明网、新浪网等及馆内自媒体平台及时更新展讯。策划实施"大宋文化进校园""文物里的衣食住行"等社教活动,走进校园、社区、部队等,拓宽宣传途径。针对展览撰写系列学术研究论文、出版展览图录,提升展览的学术性。

展览制订了全方位的服务观众计划,有多语种人工讲解和智能导览设备、志愿者讲解、系列教育活动、学术讲座等。博物馆通过大数据汇总、发放调查问卷和收集观众意见等多种形式,倾听观众声音,提升展览服务质量。

在文创产品开发方面,博物馆围绕开封历史文化,特别是"宋"文化特性,结合展览深挖馆藏文物和开封非遗项目的文化内涵,自主开发了年画、汴绣、官瓷、玉器、青铜器、服饰、图书等文创产品188种。如朱仙镇木版年画系列产品,集实用性与艺术性于一体,深受观众欢迎。

"不忘初心 牢记使命"主题教育展览

鄂豫皖革命纪念馆

"不忘初心 牢记使命"主题教育展览是由鄂豫皖革命纪念馆主办,于2018年6月26日开幕的常设展览。

此次展览是为贯彻落实党的十九大精神,深入开展"不忘初心、牢记使命"主题教育,教育引导党员干部更加自觉地为实现新时代党的历史使命不懈奋斗而打造。展览由三个展厅组成,以"悟初心、守初心、践初心"为主线,通过重温红色历史、浸润红色精神"悟初心",弘扬共产党人价值观、涵养优良党内政治文化"守初心",回顾党的光辉历程、激励接续奋斗"践初心",教育引导党员干部紧密团结在党的旗帜下,以习近平新时代中国特色社会主义思想为指导,不忘初心、牢记使命,创造无愧于新时代的新业绩。

根据展览主题内容,通过专家评审,以征集、购买和从馆藏文物中挑选等方式汇集文物展品,选用文物/标本72件(套),其中珍贵文物/标本35件(套)。同一事件的展品放在相同展柜,彼此具有关联性。辅助展品根据大纲主要展品收集配置,与主要展品形成互动,补充、丰富主要展品所表达的展陈内容,从而构成一个完整的展品序列。

展览序厅

展厅一隅

展览将提炼出的重点、亮点沿时间顺序分布在展线中，构成每个部分的展陈高潮。采用写实的设计风格，还原当年的环境和生活细节。图片及图表根据时间顺序，按主次区别排列，每部分组合做到逻辑清晰，叙事完整。展览采用专业灯光，在标准距离及高度的基础上，做到无眩光反光，照度及色温满足参观及设计风格要求。展板设计以稳重严肃为主，图片排布主要以对称工整为原则，形式服从内容，内容以主线顺序流畅连接。

空间设计依据原建筑结构，结合展陈大纲进行调整优化，力求充分利用每一平方米。通道宽度及展板高度均依照人体工学设置，保障参观的舒适和流畅。根据不同的展陈内容，场景设置相应的灯光配景，充分营造和表达展品的特点，使参观者有身临其境的真实感受。

为进一步宣传推广"不忘初心、牢记使命"主题教育展览，鄂豫皖革命纪念馆联合省、市各级媒体进行多角度、全方位的持续跟踪报道。在《河南日报》《信阳日报》《信阳晚报》和信阳电视台等传统媒体以及人民网、搜狐网、《大河报》客户端多家网络媒体进行报道，扩大了展览的知名度和影响力。

此外，结合重大时间节点和重要纪念日制订接待计划，合理分配讲解场次，实行讲解员全员轮班制，确保接待工作有序开展。设立党员先锋岗，提供全天候讲解、咨询服务，提供语音导览，在接待高峰期引导观众自助参观。配备接待室、茶水室、无障碍升降电梯、临时休息座椅、卫生间等设施，并放置观众意见调查表，及时了解和反馈观众意见。

在文创产品开发方面，馆方坚持贴近时代、贴近生活、贴近大众的原则，将革命文化与生活实际相结合作为设计理念，把革命文化传递给更多的人。通过开发与展览与主题有关的书籍和日用品，使拥有产品的大众能随时随地解读和感悟中国传统文化和革命文化的内涵，充分满足大众的文化需求，真正意义上做到"把博物馆带回家"。

据统计，展览共接待观众15万人次，其中未成年人观众100人次，举办教育活动30次。

文明之光——天门石家河文化陈列

天门市博物馆

"文明之光——天门石家河文化陈列展"是由天门市博物馆主办，于2017年12月开幕的常设展览。

石家河遗址是迄今发现的长江中游地区面积最大、延续时间最长、等级最高的新石器时代大型城址聚落，是探讨中华文明进程的重大支撑之一。展览以体现石家河遗址文化内涵、展现石家河文化面貌为陈列原则，以人物的视角为出发点，设置了一位主人公，组织编排内容，形成陈列主线。展览共设置五个单元（出生、少年、壮年、老年、国宝遗珍），按照主人公每一年龄段对石家河社会所关注的不同侧面，整体还原石家河社会面貌，探寻石家河文化根脉。展览主要内容包括石家河文化与城背溪文化、大溪文化、屈家岭文化的关系；石家河城址与聚落；石家河文化农业、手工业、生活方式等；石家河文化遗址的发现与发掘；石家河文化遗址出土器物等。在石家河文化中，城市的出现、金属的使用、文字的产生以及礼制的形成，都标志着石家河文化对中华五千年文明的发展具有重大的意义。

展览共展出文物158件（套），其中一级文物1件，三级文物18件（套）。展品主要来自石家河遗址出土器物，另从荆州博物馆借展馆藏文物29件（套）。

展览设计"小中见大"，注重理性材料与感性手段的密切结合，注重创造临场逼真的体验，设计了三维空间的实物造景、情景塑造或遗址复原，以使遥远的人类历史或自然风貌得以重现，让观众身临其境般受到震撼与感动。利用高科技手段增强展览的表现力度，采用多媒体、3D动画、虚拟现实、数字测图、影像处理等高科技辅助系统，使展示手段突破传统的文字图片加说明的做法，强化展览信息的传播和交流，增强展览的参与性、交互性和趣味性。

展览整体虚实场景相结合，文物与场景（石家河遗址群地形地貌沙盘、石家河文化时期印信台遗址复原模型、新石器时代套缸场景复原、宗教仪式场景、遗址发掘说明牌等）搭配，增加场景的真实性，提高观众参展感受；设置大型显示屏，将石家河各个时期的文化面貌、生活场景等进行动画还原，给予观众清晰的观展体验。

为了更好地展示石家河遗址的魅力和石家河文化的底蕴，拉近观众与石家河先民的距离，馆方坚持以人为本、为民服务的宣传理念，积极做好讲解员、志愿者招募、培训工作，积极利用各种活动宣传展示石家河遗址出土文物信息，利用官媒、官网、官微等各种平台宣传报道石家河文化信息，向大众推广石家河文化，尽可能地满足不同群体、不同层次的观众对石家河文化的需求。

湘水流过——湖南地区出土简牍展

长沙简牍博物馆

"湘水流过——湖南地区出土简牍展"由长沙简牍博物馆主办,于2018年11月16日在长沙简牍博物馆二楼展厅开展。

展览以湖南地区的湘、资、沅、澧四大水系为脉络,以出土简牍的历史年代为序,在介绍湖南地区优秀的历史传统文化以及历年简牍发掘的同时,讲述战国至西晋时期湖南地区的物华风流、人文变迁。

展览分为"潇湘弦歌"和"简里湖湘"两个部分。"潇湘弦歌"由"潇湘访古"和"三湘寻简"两个单元组成。"潇湘访古"介绍湘、资、沅、澧四水流域的重大考古发掘和历史文化,"三湘寻简"则总体介绍从1952年至今湖南地区所有出土简牍的发掘和整理研究最新成果。"简里湖湘"以历史年代为序,由"楚风漫漫""洞庭之波""国之南疆""边境风云""晋风悠悠"五个单元组成。"楚风漫漫"介绍湖南地区出土楚简中反映的楚文化;"洞庭之波"从发掘出的37000余枚简牍的大秦迁陵(龙山里耶)重要的战略地位(南北要道)切入,讲述里耶秦简中反映的秦朝的"吏法治国""神仙信仰",该单元以"强弩之末"结束,在展示湖南最新重要简牍整理成果——益阳兔子山简牍("秦二世诏告""张楚岁为")的同时,将展线引入汉代简牍单元;"国之南疆"分"吴

展厅实景

芮筑城""纤纤渔阳""南国往事""两汉庄园"四个专题，将湖南出土汉代简牍有机整合，加以呈现；"边境风云"将展陈置于孙权争荆州、建立国家政权、争鼎中原的历史史实之中，分"安邦定疆""立都建制""砺兵秣马"三个小节介绍简牍里的三国历史；"晋风悠悠"从"三分归晋""生生不息""简影远去"三个部分介绍郴州地区的物产、上计、祠祀先农等内容，而"简影远去"与"楚风漫漫"遥相呼应，不仅是晋简单元的结束，也是整个展陈的结尾。

展览共展出文物503件（套），其中简牍文物366件（套），包含复制简牍152件（套），突出了秦简、汉简、吴简三大重点内容。整个展陈中，以帆船、纱幕影像等设计为展示亮点。

为了配合展览展出，长沙简牍馆成功召开了"长沙走马楼西汉简的整理与研究"国家社会科学基金重大课题的简牍整理学术会议。同时，与故宫博物院联合挂牌"故宫研究院长沙简牍研究中心"；与北京师范大学、湖南大学签订战略合作协议，共同推进馆藏走马楼吴简、西汉简的再整理工作；与郑州大学音乐考古系合作，推进馆藏西汉渔阳墓简的专题整理工作。

在展览宣传方面，简牍馆在整个项目宣传实施过程中有条不紊。首先，确定宣传、推广负责人，定期公告展览相关情况及进程。其次，通过简牍馆网站及微信公众号等进行报道。再次，在展览整体过程中，与多家国家级及省级媒体（包括电视媒体、平面媒体以及网络媒体）合作，针对展览进行持续性的宣传与推广，并定期发表重点文物的报道与文章，解析文物的文化背景与历史价值，对展览进行全方位、立体式的宣传。

而此次展览的社教活动希望做到的不是简单点对点的知识传播，而是结合展览内容，从文物本身出发，弘扬中华传统文化，并引导青少年主动发现、主动探索、主动思考的体验活动。配合展览，馆方共设计了三项针对青少年的教育项目，分别是"竹木载文明""汉字状元榜""奔走的信者"。项目的设计以简牍知识与文化、汉字知识为背景，并辅之以答题、竞赛、探索、角色体验等模式，增强了活动的趣味性，让青少年在学习知识的同时，更加真切地感受历史与中华传统文化的魅力。

在文创开发方面，由于该馆馆藏简牍数量众多，形制齐全，内容丰富，具有极高的历史文化及书法研究价值，所以文创研发以突出馆藏特色及简牍的文化核心价值为重点。展览的配套图册遴选了重点展品的精美图片、释文及文物说明，让观众可以近距离识读简牍、欣赏简牍书法。名刺、签牌等简牍复制工艺品，制作精美，具有极高的收藏价值。

同时，为配合线下展览，增加与观众的互动，该馆还推出AR观展与导赏，遴选20余件（套）经典展品，以AR形式展出，并在展线中穿插动画视频，生动地展示与解说历史故事与文物展品。

城标·城史 —— 广州历史陈列

广州博物馆

"城标·城史 —— 广州历史陈列"是由广州博物馆主办，于2017年12月1日在广州博物馆开幕的常设展览。

此展为广州博物馆改陈提升的基本陈列，以系统展示广州城市历史文化为宗旨，内容分为"广州先民""岭南都会""康平广州""东方港市""世界名城""先行之地"六大部分，既概括不同时期广州的历史特点，又突出广州地区从史前至广州解放六千年的发展历程，充分吸收国内外学术界最新成果，增补近10年广州博物馆征集的与城市史相关的精品文物，兼顾展品历史价值和艺术性、观赏性，有机组合展示。内容设计上利用文物讲好广州故事"以小见大""见物见人"，重点讲述历代城市建设与市民生活变化。

展览有四大亮点：首先，以"城标"载"城史"，强调展览场所镇海楼承载广州城市记忆与城市故事的独特功能。其次，文物级别为历届"广州历史陈列"之最，在13万件（套）藏品中精选文物近千件，其中珍贵文物占比高达1/3，馆藏119件（套）国家一级文物中，有56件（套）在此展中得以展出。再次，展览多角度讲述古代广州故事，以城市史为主，注重展览的科学性、知识性、趣味性；注重"人"的活动，展示不同时期广州人的生活变迁。最后，展览是城市史研究成果

镇海楼

志愿者团队

镇海楼夜景

的转化，展览吸收近10年广州历史研究新成果，也得到文博同行、高校老师和城市史研究人员的大力支持，悉心审定提纲、热心提供文献资料。

在宣传教育服务上，展览以"城标·城史"为主题开展全方位宣传推广活动。邀请高校学者、文博专家观展并举办预展媒体见面会；定期与工艺大师、教育专家、机构等合作举办形式多样的广州文化教育体验活动；推出专题讲座、青少年教育活动、亲子活动；与广东实验中学合作"读城：行走广州"校本课程；陆续推出"镇海楼之夜"、文化夏令营、通草画DIY、粤语童谣推广等教育活动。开展初期媒体报道22篇，电视新闻播报2条，在广州博物馆微信、官网推送专题报道40篇。展览设置了普通话、粤语、英语导赏服务，周二至周日每天上午10点和下午3点设置免费导赏，提供微信公众号导览和语音导览器借用等。为更好地让各地观众感受广博文物魅力，自主开发设计吉祥物"穗穗"U盘、"穗穗"保温杯、"穗穗"金属书签、"镇海楼"金属书签、便利贴、笔记本、移动电源等系列文创产品。

在理念探索上，展览旨在探索在有限的文物建筑空间内展示两千多年历史的突破，探索如何利用有限展览经费做好文物保护、设计展示、硬件设施和观众体验，在"有限"中求"无限"。

在基本陈列及安防技术上，实施工作均严格按古建保护条例和一级风险防范单位要求进行；展墙、展柜、版面、衬布均采用环保、安全材料，在镇海楼内组装完成，不接触墙体；文物陈列使用特制展架；展柜按展示文物级别配备相应的技防设施，符合国家规定的安防、消防要求；柜内设置恒温恒湿装置，设有微环境监控系统对所有文物进行实时监控。

在多媒体展示技术及方法上，展览提供720度展厅全景游，观众可在"智慧广博"微信公众号登录浏览。各部分重要文物均以音频、视频和3D等方式加以展示，观众可360度旋转观赏文物，也可通过视频和音频介绍了解文物；展览多处运用多媒体技术进行展示，设有"城古越千年""羊城精神"等3D、2D视频、VR虚拟技术体验等。

展览获得社会各界积极关注，开展至今，讲解接待观众逾3000批次。展览广获学界、观众好评，荣获"第二届（2017—2018年度）广东省博物馆陈列展览精品奖"。

大潮起珠江——广东改革开放 40 周年展览

深圳博物馆

"大潮起珠江——广东改革开放 40 周年展览"由中共广东省委、广东省人民政府主办,深圳市委宣传部、深圳市文化广电旅游体育局、深圳博物馆承办,于 2018 年 11 月 8 日开幕。

举世瞩目的改革开放彻底改变了中华民族的命运和国际社会格局。广东是改革开放先行区、对外交流桥头堡、特色理论阐发地,深圳则是经济特区中最成功的范例。广东各界一致认为,有必要建立深圳改革开放展览馆,推出广东改革开放 40 周年展览,展示改革开放历程和成就,固化历史印迹,总结经验,弘扬改革开放精神,坚定将改革开放进行到底的信心和决心。

展览以广东改革开放的历史进程为"故事线",依照经济社会发展状况和不同时期的目标任务,按时间顺序分为"敢为人先 勇立潮头(1978—1992)""增创优势 砥砺前行(1992—2012)""走在前列 当好窗口(2012—2018)"三个部分。展览借鉴了《中国共产党的九十年》对改革开放和社会主义现代化建设新时期的阶段划分,采用官方权威统计数据,吸纳了中共中央文献汇编、习近平系列重要论述、史志和研究机构的各类研究成果,以及改革开放历程中重大决策和事件参与者的回忆录与口述史等理论界研究的最新成果和观点,全面、准确地展示了广东改革开放 40 年的壮阔历程和辉煌成就。

展览从征集、借展、馆藏的 1.7 万(套)多件藏品中,挑选 2403 件(套)实物进行展出,既有反映改革开放重大事件、重要人物的"重器",也有反映社会、科技发展成果,体现人民获得感、幸福感、安全感的展品,同时使用蜡像、硅胶人、仿铜像、复仿制品、微缩模型、背景油画等完善场景。参观路线上设有 38 部触摸屏、显示屏、手摇放映机、旧电视机播放视频、图片,还有幻影

展厅实景

展厅一隅

成像、空气成像等科技互动体验。

展览风格庄重大气，内容、形式有机统一。色调以红为主，黄、蓝为辅，彰显红旗漫卷、潮起珠江的理念。展板图片730张，图表和地图39个，内容充实、生动直观。设置反映改革开放代表性事件复原场景15个，包括中英街、高第街、1980年代百货商店和制衣厂、"时间就是金钱 效率就是生命"、"小平植树"等，引发集体记忆。在设计方面，展览创新利用展墙背景图构成"第二展线"，精心设计广东各地市地标剪影，重点打造宽65米、高9米新媒体艺术长卷、三折屏多媒体墙、270度沉浸式体验等高科技亮点，具有生动表现力和强烈震撼力。

在宣传推广方面，深圳博物馆组织《南方日报》、广东电视台等省市主要媒体在展览开幕前后进行持续报道，新华社、《人民日报》、中央电视台、《中国文物报》也对展览进行了报道。在电视台和公共交通移动媒体滚动播放宣传片，在公交、地铁站、报刊亭等张贴宣传广告1500多套，在展览馆官网和微信公众号发布展览信息，对展览进行持续宣传。

深圳博物馆深度研究展览，挖掘改革开放精神文化内涵，结合时代特点、社会审美和受众定位进行文创设计。开发了丝巾、金万年历、纪念银币、纪念徽章、明信片、首日封、玫瑰花茶、移动电源、会议杯、书签、纸袋、T恤、金股票、手账本、火漆印章、帆布袋等22款文创产品。

截至2019年2月14日，展览接待观众36万人次，日均4200多人次，含预约团体1465批。观众问卷调查整体评价超过94分。

煌煌·巨唐——七至九世纪的唐代物质与器用

深圳望野博物馆

"煌煌·巨唐——七至九世纪的唐代物质与器用"展由深圳市文体旅游局主办，深圳博物馆、深圳望野博物馆承办，于2018年11月8日开幕，2019年4月7日闭幕。

此次展览是深圳望野博物馆自2017年起唐代文物巡展的总结性展览。展览以黄仁宇教授的"大历史观"来构建展陈单元，在历史视野下组织展品陈列，全面展示唐朝社会的文明和发达程度，同时将观众带入唐代现场，启发人民自主探究史实，以达到以古鉴今的作用。

展览共分"河山万里""政通国泰""梵呗佛光""城坊百业""四海升平"五个单元。第一单元"河山万里"，展现锦绣山河作为国家的屏障为大唐带来的物阜民丰、百姓安乐；第二单元"政通国泰"，展现唐朝制度自信，先进的制度保障了唐代的人才济济、人民生活安定幸福；第三单元"梵呗佛光"，展现唐代佛教大发展时期，佛教艺术的成就和对社会各个生活层面的影响；第四单元"城坊百业"，展现唐代农业、商业和手工业全面发展的繁荣景象；第五单元"四海升平"，汇聚中西风格器物，从世界视角展示四仪来朝的开放气度。

展览序厅

展厅一隅

展览逻辑关系涵盖人口地理、国家治理、宗教伦理、城市城镇和国际政商等方面，从最基础的食衣住行至宗教、农业、商业和手工业的各个历史层面，展现风格鲜明的唐代日常器用。也透过多元、通览式的比较和对照，对唐代社会生活史的演进轨迹、变迁转化进行细腻考察。

展览主视觉为"煌煌巨唐"四字，源自柳公权《玄秘塔碑》，手书"火"字与"皇"字的结合，后两字则从"巨唐启运"中拣出，设计十分用心。展览其他文字均选用柳体或颜体等唐代著名书法家的字体流变，希望在细节上做到历史情境的还原。

此次展览展出的169件（套）华美大唐文物，汇聚金银器、铜器、玉器、陶瓷器、琉璃、蚌器等各材质展品，还有珍贵的印刷品、碑拓、文房用品等，其中国家一级文物12件，数十件文物为首次公开展出。

馆方根据不同文物特质制定展览的设计重点和亮点，定制专门的透明亚克力展架支撑唐代花鸟葡萄纹香囊，布置了数十家碑帖拓片及原石文物，让观众近距离肉眼观摩文物。展览的图片和图标与展陈文物相结合，为展陈文物和背后的历史语境服务。展览的光源和灯具在做到最佳展示的同时，确保了文物安全。整体的展板和展陈设计都遵从古朴基调，让展览充满代入感。

在展览的宣传推广方面，馆方结合传统媒体（电视、广播、报纸、期刊等）、网络媒体、专业媒体（文博专业期刊）和新媒体、自媒体，对展览进行全面覆盖式的宣传。地处改革开放的前沿城市，望野博物馆积极联合港澳台的媒体进行宣传。与深圳市的中小学和文化机构合作，进行地面推广传播。

本着"以人为本，观众至上"的理念，望野博物馆对展览区域进行了观众服务升级改造，而且在观众接待中注意处处贴近公众需求。租用语音讲解器的观众可以在没有专业人员引导的情况下轻松享受讲解服务；残疾人坡道、盲道、低位电梯按钮、免费轮椅、婴儿车等无障碍设施的配备以及免票措施，让行动不便的观众可以方便地完成观展之旅。

配合展览，望野博物馆开发首批宋代文创产品系列4套50个种类。与工商银行合作的文创产品"唐代花鸟葡萄纹银香囊全品复制产品"，开发数量300件，收效良好。

心仪广西 六十国宝——广西壮族自治区成立60周年文物博物馆事业成果展

广西民族博物馆

"心仪广西 六十国宝——广西壮族自治区成立60周年文物博物馆事业成果展"由广西壮族自治区文化和旅游厅主办，广西壮族自治区博物馆、广西民族博物馆、广西自然博物馆、广西文物保护与考古研究所、广西文物保护与设计研究中心、南宁市博物馆、柳州市博物馆、桂林博物馆、玉林市博物馆、贵港市博物馆、梧州市博物馆、防城港市博物馆承办。展览于2018年5月17日开幕，2019年3月3日闭幕。

2018年是广西壮族自治区成立60周年，此次展览旨在展示自治区成立60年来广西文物与博物馆事业取得的巨大成就，以"60周年、60国宝"为宣传点，为公众献上一个展示成就、欣赏国宝、共庆华诞的文物精品盛宴。展览展出了自治区内10多家博物馆和文博机构的64件"镇馆之宝"，包含化石、石器、瓷器、陶器、铜器、铁器、玻璃器、玉器、纸质等多品类文物，其中大多数文物为国家一级文物，通过国宝讲述广西故事、反映广西历史。

展览设明、暗两条叙述路径。明线为"国宝文物"，以实物展品为主要展示对象，介绍文物展品的特点和背景故事，目的在于提高观众对广西国宝文物的认识与欣赏水平。暗线则为"文博成就"，分为"考古发掘、藏品体系、保护修复、场馆建设、陈列展览、学术研究、文创开发"七个部分，以版面介绍为主，用总结叙述的方式展示文博战线各个专业领域的基本情况，强调时代、数据、效果的对比。在展陈理念上突出重大项目、重大成就，尽可能做到大事不漏、要事不丢、新事突出，较为全面地展示自治区成立后广西文博事业的成就。

展览以体现60年来广西文博事业巨大成就为背景，浓缩主题含义与理念综合的精华，注重展

展厅一隅

展厅实景

览内容与展品文物的美妙结合，追求空间的流动性和丰富的空间秩序。结合展览中使用的暖色系灯光，以局部照明为主，重点突出，以实物展品为主要展示对象，以总结叙述的方式介绍文物展品的特点和背景故事，和谐搭配多媒体设计，将展览融入故事情节，提取特有的民族元素特性，使环境氛围得到充分的烘托，使观众在愉悦的参观过程中得到启发和学习。

展览合理利用有限的空间，将场景、展台、展柜与道具巧妙组合，又强调尺度感，根据人流的习惯性顺时针设计展线，合理的内容设计迸发出空间跳跃的动感，使展示产生流动的节奏，从而使整体空间变得疏朗、活泼。空间中平面与立体的构成使展厅灵活起来，位置合理的休息区配合影视播放，将观众参观的疲惫感消除在展览中。

在文创产品开发方面，广西民族博物馆开发铜鼓系列文创产品，其灵感来自馆藏古代铜鼓的精美纹饰和深厚文化，经创意雕琢，成品集古朴雅致与时尚活泼于一体。涵盖了铜鼓纪念币、冰箱贴、明信片、小夜灯、麽乜（香囊）、文具、服饰等20多种，价格不等，适应了不同观众群体的需求。

在展览宣传方面，广西民族博物馆通过积极整合优化调配媒体资源，对展览内容以及系列活动进行了有效宣传。例如与电视媒体合作制作藏品专题报道，与电台、报纸等媒体合作报道展览信息和推介，开展系列青少年展厅研学体验活动，利用微信、第5代超文本标记语言（H5）等新媒体平台发布展览、活动消息并与观众建立良好的互动关系。

展览为自治区巡回展览，设有咨询处、物品免费寄存处、休息处等观众服务场所以及多媒体影音设施等多种服务设备，并配备专业讲解人员、志愿者、咨询人员为观众服务。同时，馆方设置新媒体留言渠道，了解观众意见和建议，促进展览不断完善和提升。

瓯骆传承　壮家欢歌——壮族历史文化展

崇左市壮族博物馆

"瓯骆传承　壮家欢歌——壮族历史文化展"是由崇左市壮族博物馆主办，于2018年9月30日开幕的常设展览。

展览弥补了国内博物馆没有全国性壮族历史文化专题陈列的空白，成为全国乃至周边国家各界观众认识壮族的窗口，有利于丰富大家对壮族文化的认识，增加壮族人民对本民族历史文化的了解，号召对壮族宝贵文化遗产的传承，增强民族自尊心和自信心，促进壮族和其他兄弟民族的文化沟通和交流，对增进民族团结、构建和谐社会、共建美好家园、实现中华民族的伟大复兴具有重要的现实意义。

展览是以主题为依托，将壮族的历史、文化和新貌相结合的综合性展示，重点突出壮族与其他民族的和谐友好关系，呈现民族融合的趋势。展览中加入了凸显壮族民族性格的内容，以外在的物质文明冠以内在的民族精神，凸显壮族人民忠诚、勇敢、团结、包容的精神。展览在展示壮族整体

展厅实景

的同时，紧密结合壮族文化核心区之一——崇左的文化特点，融入边关文化的内容，地方特色鲜明。展览亦注重壮族民族文化与当地自然环境的结合，强调人与自然的和谐关系，注重和谐人居和绿色生态的发展。

展览以体现民族特性、凸显民族文化为核心，提取了具有壮族文化的特色元素，将干栏式建筑、铜鼓、壮锦等元素合理运用。展览内容与展品文物相互呼应，追求空间的流动性和空间秩序的丰富性。合理利用有限的空间，将展厅按内容分为大堂综述、壮族历史、壮族文化、壮乡新貌四大部分，将场景、展台、展柜、道具与多媒体展项巧妙组合，强调了尺度感，根据人流的习惯性顺时针设计展线，合理布置内容设计，迸发出空间跳跃的动感，使展示产生了流动的节奏，从而使整体空间变得疏朗活泼。

展览以充分展示中国壮族优秀文化特征为标准，历史部分选取动物化石、石器、青铜器等代表性文物，壮族文化部分则以生产生活用具、服饰、刺绣、织锦、银饰以及乐器等为重点，极大地丰富了展览内容。辅助展品设计紧扣主题，形式多样。多点触控互动、投影地面互动、视频放映等多媒体技术和半景化场景在展厅中穿插使用，形成节奏感，凸显展示亮点，微缩雕塑、模型等艺术形式的结合更增加了展览的艺术性。

在宣传推广方面，博物馆积极发挥各类媒体优势，合理安排媒体资源对展览内容以及系列活动进行宣传。例如与电视媒体合作制作壮族文物鉴宝、开展民族文化体验活动、投放民族宣传片等；与报纸媒体合作开设展览知识专栏、系列民族体验活动等；利用互联网、新媒体、微信等工具发布各类展览、活动消息并与观众建立良好的互动关系。

在观众服务方面，馆内设有咨询处、免费寄存处、休息处等观众服务场所以及展厅导引平面图、触屏导览系统、手机导览系统、影音设施等多种服务设备。配备中英文讲解人员、志愿者、咨询人员，设置观众留言簿，发放观众调查表，了解观众意见和建议，促进展览不断完善和提升。

馆方依托展品和民族文化资源，提炼出适合新时期大众审美和文化需求的壮族文化元素，根据市场需求研发了颇具壮族文化特色的本色花山系列等一批文创产品，力求让观众"看得上，买得起，用得着"。目前共开发产品15种，约1万件，价格分为低、中、高三个档次。累积销售产品约0.25万件，销售额达40.57万元，其中壮锦系列是最受欢迎的产品。

壮族历史文化展虚拟展厅随展览开放同步推出，虚拟场景选取展线上自入口开始连贯的30处精彩点，进行360度现场全景环拍，合成完整的展厅进行网上展示，新的视角为观众带来全新的观展体验，为社会公众提供了多元化优质服务。

南海人文历史陈列

中国（海南）南海博物馆

"南海人文历史陈列"由海南省旅游和文化广电体育厅主办，中国（海南）南海博物馆承办，于2018年4月26日开幕。

中国人民在南海的活动已有两千多年历史，最早命名南海为"涨海"。唐宋以来，中国政府将南海诸岛纳入版图，设府管辖；明清时期，设置水师，巡海守卫，拟定地名，持续管理；民国时期，法国挑起"九小岛事件"，日本非法侵占中国西沙群岛和南沙群岛，中国人民奋力抗争，捍卫主权；第二次世界大战结束后，中国政府恢复对南海诸岛行使主权；中华人民共和国成立后，中国政府进一步对南海诸岛及相关海域实施管辖，南海建设日新月异。展览以中国在南海的领土主权和海洋权益为出发点，以翔实、严密的海疆研究成果为学术支撑，以文物和文献资料为依据，阐述中国在南海的历史性权利，追溯南海历史，讲好南海故事。

展览以时间为脉络，五个历史阶段层层递进，从发现、命名、开发经营、持续和平有效管理四个方面展开横向阐述。第一单元：两汉至南北朝时期发现命名；第二单元：隋唐宋元时期命名演进、纳入版图；第三单元：明清时期深耕南海、疆域管理；第四单元：民国时期开发经营、收复诸岛；第五单元：新中国时期建设"21世纪海上丝绸之路"，推进南海区域合作，展示三沙新貌。

展览以三类展品为主：一是在南海诸岛及相关海域出土（出水）的文物（标本），二是对南海历史起到说明的文献资料（档案、地图），三是南海渔民生产生活用品等，共约650件（套），三类展品相互印证，说明主题。在内容设计的前提下将文献资料进行整合，统一在画框中成为展品。展览将厚重的资料以生动的、观众参与的多媒体的形式呈现出来，或结合投影，或使用电子翻书，使冗长生硬的文字具有可读性、可视化。馆方还采用多媒体虚拟现实（VR）、视频、地图、沙盘与

展厅实景

隋唐宋元时期展厅

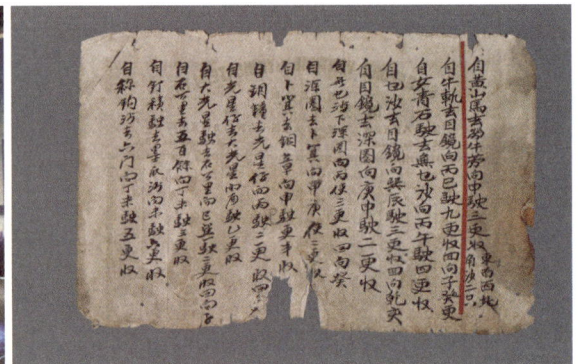
东海更路簿

投影、模型、模拟场景等各种艺术的、科学的辅助展品说明展览内容。

展览设置"浮雕墙",对不同历史时期的元素通过艺术的归纳,以浮雕的形式成为展厅的核心,用以代表陆地文明的更迭演变。千里之外西沙赵述岛360°全景高清实时在线传输,高科技运用和海底光缆实时传输,沉浸式体验千里之外的南海之美是此次展览的亮点。

展厅主色调为大海的蓝色,渐变的、不同深度的蓝色条纹表现大海的变化和辽阔。顶部的软雕塑将海洋与天空结合在一起,营造海天一色的景色,拉升了展厅高度。通过抽象归纳的手法再现海岸线与岛屿的自然特点,以"海"与"岛"布置展线,以时间顺序下的散点布局、岛状展台、灵活展板及敞开的空间设计,营造出独特的海洋环境。

在展览宣传方面,博物馆通过中文版官方网站、微信公众号等平台向观众展示展览内容。通过中央电视台、人民网、南海网等省内外多家媒体,以视频、文字、图片等多种形式对展览进行多方位宣传。为深入挖掘南海人文历史陈列的特色文化资源,博物馆设计开发了南海风情、华光礁Ⅰ号、南海礼物以及渔家文化等四个系列近百种的文创产品和海洋主题特色系列餐饮。此外,馆方还与盛大游戏公司合作开发"南海更路簿"手游,积极传播南海文明。

自2018年4月26日开馆后,展览共接待观众50余万人次,除每天两场的定时免费讲解外,还为观众提供人工讲解服务1441场次,为观众提供语音导览笔、自助导览器等讲解设备租赁服务6890次。服务中心还设有轮椅、婴儿车、雨伞等设备可供免费租用。在做好接待讲解工作的同时,还对观众人数和构成进行了调查分析,融合观众意见不断提升展览服务质量。

琼州民风——海南民族历史文化展

海南省民族博物馆

"琼州民风——海南民族历史文化展"由海南省民族博物馆主办,河南田野文化艺术有限公司承办,于2018年2月11日在海南省民族博物馆开幕。

展览从文化人类学、民族学的视角,以文物为载体,通过艺术与科技手段,剖析区域民族文化现象,充分展示海南民族历史文化风貌;以历史文化为主线,展示海南民族历史、生活生产、民俗活动、艺术、宗教信仰等人类文化,审视海南的民族文化特色。

展览依托民族文物优势,突出民族文化特色,以反映海南三个世居少数民族——黎族、苗族、回族的传统文化为主要内容,侧重从横向视角展示三个少数民族多姿多彩的优秀传统文化。展览共分三个展馆:第一展馆"海南民族历史陈列",分17个单元,集中介绍海南各少数民族的基本情况,以迁入海南岛的时间先后为序进行展示;第二展馆"海南民族纺织文化陈列",分13个单元,集中展示海南世居少数民族的纺织文化;第三展馆"海南民族艺术陈列",分13个单元,集中展示海南世居少数民族的艺术。参观者可以从展览中认识、了解和体会海南各少数民族的历史与优秀的传统文化。

按照三大展馆的主题甄选文物,共展出文物1083件(套),种类包括石器、陶瓷、骨玉、金属、纸质、棉麻、竹木等质地藏品,其中珍贵文物有61件(套),少数民族文物有985件(套)。

展览序厅

展厅实景

配合以适当的辅助展品，巧妙利用空间、序列和艺术形式，悬挂、展柜内置、展墙、场景复原、多媒体播放、沙盘等多种组合形式，直观地表达展览主题，架起参观者和文物、展品等之间的沟通桥梁。

序厅形象墙以藏青色的棉麻质感材料为背景，将海南民族服饰的绚丽色彩赋予"琼"字以时尚和活力，呼应展览主题。"黎母晨曲"场景通过晨曦微露、椰影婆娑、草木覆盖的黎母山，船型屋周围丛生的野生麻植被，描摹出黎、苗、回人民的生活环境。在"大美龙被"展区，陈设大型中岛独立展柜并结合投影成像技术，展现龙被的精美图案及其背后的传奇故事。"海南民族艺术"展厅采用投影融合技术，以动态艺术手法展现《琼黎风俗图》，生动展现海南黎族最为原始的社会风貌。展览依托馆藏民族文物优势，突出民族文化特色，塑造简约明朗、朴实大方的设计风格。展览遵循"三贴近"原则，立足陈展脚本内容，运用艺术语言解读海南民族历史文化。

展览坚持科学合理和以人为本的原则，展区整体与个体之间有机协调，陈展流线顺畅，方案脉络清晰，主线、次线相辅相成，从关注人性的角度出发。通过先进的互动展示形式、完善的陈列设施、人性化的空间创造来满足不同年龄、不同层次观展者的需求，确保参观环境的自然、和谐、低碳、环保、舒适、轻松。

在宣传方面，展览开展前，博物馆在人流量大的社区、街道的宣传栏、广告栏张贴相关海报并挂横幅；在微信等网络平台上同时预热宣传，让更多的市民朋友初步了解此次展览。展览开始后，博物馆联系当地的新闻媒体、电视台进行报道，还根据实际以网络直播形式进行宣传，宣传范围更广，并获得较多观众的反馈和意见。

在文创产品开发方面，博物馆文创经营采取与外界公司代销的合作模式，围绕展览内容和展品特点，以馆藏文物为基础，设计开发织锦类、木器类、藤编类、陶器类、卡通类等文创产品，主要包括雨伞、提包、茶布、枕套、壁挂、果盘、木勺、香盒、茶盘、杯垫、纸桶、茶罐、果篮、钥匙扣、文化衫、陶罐等。此外，博物馆还对序厅、第一展厅、第二展厅、第三展厅、互动厅进行数字化采集和三维制作，运用程序化手段将采集制作所得内容进行互动设计与开发，并发布可运行的客户端程序供参观者进行虚拟游览。

盛筵——见证《史记》中的大西南

重庆中国三峡博物馆(重庆博物馆)

由重庆中国三峡博物馆(重庆博物馆)、广西壮族自治区博物馆、贵州省博物馆、四川博物院、云南省博物馆、成都博物馆、成都金沙遗址博物馆、四川广汉三星堆博物馆主办,重庆中国三峡博物馆(重庆博物馆)承办的"盛筵——见证《史记》中的大西南"展于2018年9月29日开幕,2019年1月6日闭幕。

巴文化、蜀文化、滇文化、夜郎文化、古越文化家喻户晓,在中华文明乃至世界文明的宝库中有独树一帜的地位。展览以《史记·西南夷列传》串联展览,将不同文化定格在同一画面(宴飨),通过精细地对比展示,打造了一个从特定视角展示西南地区青铜文明的文化之旅,再现西南地区融入中华大家庭的历史进程,见证南方丝绸之路的拓展历程。

展览分"三星伴月 金沙流彩""开明王蜀 礼乐尚楚""巴都滨江 俎豆用享""滇王受印 笙歌宴舞""夜郎探秘 釜踪鼓迹""百越之属 和鸣钟鼓""中华一统 丝路延绵"七个单元。第一单元是引言,三星堆和金沙文化虽未见诸《史记》,实为西南地区青铜文化的发轫地和代表性类型。第二至第六单元是并列关系,分别讲述战汉时期的蜀、巴、滇、夜郎、百越文化。第七单元对整个展览进行总结和提升,凸显展览历史价值和现实意义。故事线围绕汉武帝开发"西南夷"的策略和行动而展开,即巴蜀为基、开发云贵、征服岭南、寻找通往身毒国(印度)的道路,穿插"下里巴人""夜郎自大"等成语和"秦灭巴蜀"典故。

"盛筵"展示内容侧重宴飨和礼乐文化,展品选择主要为青铜礼乐器及饮食器。单元展品安排原则上以饪食器(礼器)、酒水器、乐器三大类进行分类展示,同时兼顾典型遗迹单位和器物基本组合情况。展览辅助展品、展项主要体现在场景再造及多媒体互动方

展览序厅

展厅一隅

面，以平面与立面相结合的方式展示。

展览营造极具时代特色的展陈氛围，以红、黑、白三色为主色调，单元之间平稳过渡和有效调节。策展团队专门请专家胡昌健先生结合金文和秦瓦当文刻"盛筵"印章，将其作为整个展览及相关活动的统一视觉标识，并用于社教活动。展览贯彻"透物见人"的设计理念，主线以实物展品为中心，辅以线图，凸显西南地区青铜文化的个性与共性以及与中原文化、域外文化的关系；副线通过多媒体、图、文、表介绍典型墓地、文献记载的各古国族大事等。

展览广泛采用媒体宣传，100余家主流媒体发布报道，《人民日报》、人民网、新华社、新华网、光明网、中国新闻社、《中国文物报》等组织全媒体报道展览；央视《国宝档案》栏目依托本展览拍摄了《史记中的大西南》五集系列专题片；推出"西南诸王网约你"专家导赏、中国新闻社"国庆全国看展大联播"等活动。

在观众服务方面，"盛筵之夜"独具特色，观众亲眼见证国宝"C位出道"，"护送归位""宣传沙龙""文创沙龙""学术沙龙""教育沙龙"等多样活动任其选择。三峡馆推出专家、讲解员、志愿者免费导赏活动，包括西南五省专家联动开展青铜文化讲座；策划实施展厅研学课程；创新教材教具，为青少年原创设计绘本、学习纸、立体书、儿童展，辅助教学；流动巡展69场。四川大学承担的国家社会科学基金项目"博物馆展陈中考古文物的信息解读与重构研究"，将本展览作为重点个案专门进行了第三方调查，并给予较好评价。

在文创产品开发方面，三峡馆与高校、公司合作，采取创意大赛、社会营销等模式，充分挖掘展品内在信息，专门为展览设计开发"锦上添花"、"包罗万象"和"创意生活"三个系列文创产品79种158款。其中，依托战国鸟形尊的"IP"形象开发的系列文创产品，成为本次文创开发的一大亮点。如"'尊'客满堂"餐垫，创意设计灵动的图案与盛筵主题相得益彰，既蕴含"尊"的文化内涵，又体现华丽、时尚的个性。与可口可乐（重庆）饮料有限公司合作，共同为推出"专属于我的独家限量盛筵可口可乐"活动，受到观众的喜爱。

千秋红岩——中共中央南方局历史陈列

重庆红岩革命历史博物馆

"千秋红岩——中共中央南方局历史陈列"由重庆红岩革命历史博物馆主办，于2018年9月3日开幕。

在习近平总书记关于传承红色基因、发扬革命精神系列重要论述的指导下，重庆红岩革命历史博物馆对展览进行改陈，重构内容体系，凸显原创性和客观性，并成功申报为中宣部和重庆市重点文化项目。

展览围绕主题并有机结合编年与专题，从"共赴国难——抗日民族统一战线形成""雾都明灯——中共中央南方局结庐红岩""抗战号角——新华方面军""坚持团结抗战，维护合作大局""团结各界人士，发展壮大民主力量""荟萃文化群英，推动抗战进步文化运动""肩负特殊使命，开辟秘密战场""扩大对外交往，争取国际广泛支持""争取和平民主，为新中国努力奋斗""红岩精神，光耀千秋"十个部分，全面真实地展现了中共中央南方局在国民党统治区特殊环境中的奋斗历程及其为抗战胜利做出的特殊贡献，形象生动地诠释了以周恩来为首的中共中央南方局及其领导下的共产党人培育的红岩精神。展览文物选择以展现中共中央南方局领导及工作人员工

展览序厅

展览一角

作、学习、生活的重要器物与档案资料为主，共展出文物、档案及复制品302件（套），其中一级文物9件（套）、二级文物8件（套）、三级文物10件（套）。

展览以庄重大气的设计风格，精心陈设的历史文物，制作精良的展板、展具及辅助展品，并以"红色山岩"这一独具特色的艺术符号贯穿始终，充分展现了在中共中央的领导和周恩来等老一辈无产阶级革命家带领下，培育和形成的红岩精神。重点文物借助艺术场景及声、光、电技术，增强视觉表现力，拉近文物与观众的距离，提升文物展示效果；图片、图表设计美观，排列有序，说明文字排版规范统一，重要图片及图表采用灯箱及多媒体技术表现，扩充信息量的同时，增强展墙立体感，避免视觉疲劳，做到史实与艺术融合，形式与内容统一；照明设计科学、规范、系统，并紧密结合展示内容进行明暗对比、虚实相映的效果处理，展厅光源数量充足，全部采用冷光源保护展品。

在宣传推广方面，博物馆早策划、早布置，拟订方案，形成前期探秘、中期全面宣传、展后跟进活动报道的立体宣传推广方式。在利用传统媒体报道、网络媒体宣传的同时，通过微信、微博等新媒体平台推送展览展品解读等各类资讯。此外展览设专门的参观接待和社会教育服务，为观众提供咨询、讲解、免费饮用水等。设有由人工讲解、电子语音导览、二维码智能免费讲解系统、二维码文物故事讲解系统组成的全国领先的综合讲解服务体系，并开设特色专题教育课程和互动体验项目。

为配合展览，博物馆举办了"红岩文化产品创意大赛"，甄选优秀作品，开发推出图书、生活用品、文具、明信片等产品39种，其中"红梅""荷花"系列产品，制作精美，实用性强。结合高新科技等手段，馆方还开发了具有红岩特色的AR明信片。此外，展览以互联网为依托，利用720°全景采集制作技术、高动态范围图像（HDR技术）、html5跨平台编码技术等，基于展厅及实体展览高清全景影像数据，制作了千秋红岩网上数字展览。

国共合作　共御日寇——国民政府军事委员会在重庆图片展
国民政府军事委员会重庆行营旧址

"国共合作　共御日寇——国民政府军事委员会在重庆图片展"由重庆市文物局、重庆市渝中区人民政府指导，重庆市渝中区文化委员会、重庆复旦中学主办，重庆市渝中区文物管理所承办。展览于2018年9月3日在国民政府军事委员会重庆行营旧址免费向公众开放。

展览在内容结构上分为："国共合作　共赴国难""军事委员会迁渝与正面战场的指挥""迎接胜利　见证历史"三个单元，集中展示了重庆曾经是中国抗战时的首都、是抗日民族统一战线的政治舞台、是世界反法西斯战争中国战区统率部所在地。展示抗战时期军委会指挥部署正面战场的作战、协调国共政治合作与军事行动、进行大后方宣传动员、统筹军需补给、抚恤慰劳阵亡伤残将士、组织城市防空与反间谍工作、开展盟国军事合作与交流等内容。因此，这里从一个侧面承载了中国战区及大后方全体军民同仇敌忾、全民抗战的历史，见证了国共合作、共赴国难的精神。此次展览是活化利用影像研究成果，服务全民族抗战历史的一次尝试。

展览在不改变现有文物建筑结构的前提下活化旧址建筑现有空间，运用沉稳、庄重的色调，搭配厚重的各种材质对展陈进行设计，辅以视觉化的历史影像和手绘创作补充，从而使整体空间的情境与动线更加丰富与灵动。馆方力求通过丰富的影像展示朴素、简洁、厚重的饰材机理。陈展空间的精巧设计以及还原历史艺术化场景再现，来客观地展示共赴国难的岁月、全民抗战的足迹。通过对序厅、亮点特色精心实施和重点展示，使整体空间在序列上形成有张有弛的观展节奏。

展览设计充分考虑了陈展空间在风格上与旧址建筑风格的统一协调。展厅地铺材质选用可逆和可识别材质的木地板，展面造型主次起伏有序，巧妙运用有限空间展示面不足对展陈效果的影响，

展览外景

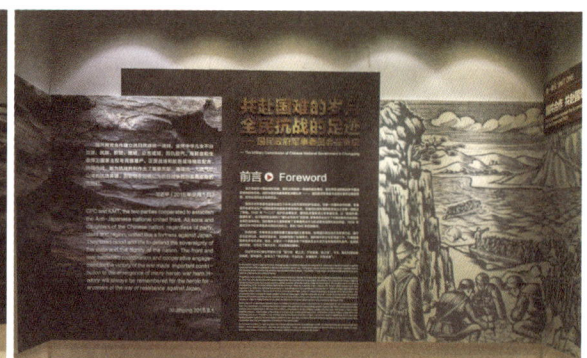

展厅一隅

有效地解决了部分陈展主题内容不足的问题。另外也丰富了展厅空间的层次效果，使陈展线路更流畅、内容更丰富。基于现代人的观展需求，馆方运用了多样实用化展陈手段，将鲜明的内容主题与艺术视觉的版式有机结合起来，适度运用新媒体技术、实物展示、精细模型等多种艺术内容表现手段，提升观众的观展兴趣。

在展览宣传推广方面，馆方一是运用专题微信公众号，从 2018 年 4 月至 9 月连续推送《时隔 93 年，国民政府军事委员会的重庆时光》《国民政府军事委员会重庆图片展小游戏上线了 让我们一起共御日寇》和《今天，日本投降日 国共合作 共御日寇 战时首都重庆经典图片展致敬那场永不妥协的抗争》等 10 条新媒体展览图文、视频、游戏推送。二是将线下展览通过展陈场景数字化上线，游客观众只需关注二维码，随时随地开启军委会在重庆线上微体验，在重庆邀你看场"永不落幕"的展览，高清的历史影像、专业的学术资料，给观众带来专业的历史文化感受。三是设计制作了"国民政府军事委员会在重庆"马克杯，更好地让观众享受公共创新文化产品服务。

展览位于重庆复旦中学内，学校利用先天优势结合旧址历史文化资源，让中学生肩负起历史使命与时代责任，在此传承重庆的人文精神，倡导开展青少年爱国主义教育，更好地让青少年"铭记历史、珍爱和平"。

展览集中展示了国共两党共同抗击日本侵略者的斗争，正面战场、敌后战场、统一战线等内容都有所反映。展览集中展示 1937 年以后的抗战历史，彰显全民族抗战、集合全民族的力量抗击日本的民族力量和民族精神。自免费开放以来，展览为发挥爱国主义教育作用产生了积极影响。

"忠义之魂·大地史书"基本陈列

忠县文物保护中心（忠州博物馆）

"忠义之魂·大地史书"基本陈列展由忠县文化和旅游发展委员会主办，忠县文物保护中心（忠州博物馆）承办，于2018年2月10日开幕。

从巴蔓子刎首留城、严颜宁断头不投降，到唐太宗赐名忠州以及唐代四贤勤政爱民、秦良玉万里勤王保家卫国了再到近现代忠州无数革命英雄抛头颅洒热血，忠州的历史就是一部波澜壮阔的"忠"文化起源、形成、传承和升华的历史。

展陈内容围绕"忠义之魂·大地史书"的主题铺展开来，设有"多彩忠州""人文忠州""忠义忠州"三大版块。各版块内容上既各自独立又相互交织，是忠州三峡库区考古成果和文化研究的集中展现，也是全面了解忠州历史的大型主题展陈。"多彩忠州"展区陈设借助艺术场景和多媒体增效技术，再现了忠县本地具有鲜明地域文化特色的非遗文化遗产项目；"人文忠州"展区以忠州历史"因盐而兴、因盐而盛"和传承补习的忠义精神为主线，分为"大地史书""临江风雨""盛世忠州""移民与工商""革命风雨"等五大篇章，共同叙写展现了忠州五千年波澜壮阔的历史文化；"忠义忠州"展区共有三层展厅，由下而上，用大型场景和雕塑、展板内容相结合的方式，陈列巴蔓子、严颜、秦良玉、白居易、陆贽、金少穆、罗广斌等人杰先贤、英雄人物的忠义事迹，展现忠州的忠义精神。在撰写展览大纲和展览文本的过程中，策展团队参考了大量历史文献古籍和学术成果，保证了展览内容的学术支撑。

展览展出文物涉及新石器时代到民国各个历史时期，包括青铜器、陶器、瓷器、金银器、宝石器、骨器等，多类别展示、多层次解读、多维度展示忠州各个历史时期独特的文化风貌和地域特色。展览在三个展区添设复原场景、雕塑等28项辅助展品，营造出真实、激昂的展览氛围，形成富有冲击力的画感，也增强展览的参与感和趣味性。

忠州博物馆布展从历史、人物、民俗三条线索展开。历史方面，抓住忠州重大考古发现，设计中坝地层还原艺术墙、制盐及洋渡冶锌大型多媒体增效场景还原、中坝遗址和忠县汉阙发掘数字纪录片、皇华城保卫战数字投影地图动画等亮点展项；人物方面，设计忠州著名忠诚良将、唐代四贤等雕塑艺术展项；民俗方面，设计忠州民俗场景组，以雕塑和场景还原手法展现忠州的多彩民俗。整体风格写实，力求真实还原。

在空间规划上，展览充分利用建筑空间，点线结合，以场景、雕塑作为亮点，带动各个单元的节奏，通过不同的辅助展陈营造统一的参观氛围。同时，强调光效营造和利用，将视频、声效等动

展厅实景

态表现和静态展线内容合理搭配布局，营造出有节奏的变化，从而提升观众的看展体验感受。合理规划博物馆公共空间，强调空间感和主题展线内容突出的同时，增强观众参观舒适性。

博物馆开馆伊始，即完善了官方微信公众号、官方微博、抖音等网络宣传平台的搭建，进行展览信息的宣传推广，将展览中的各种信息进行整合优化。同时完善馆内 WiFi 全覆盖，丰富观众参观体验方式。通过上自全国下至地方性的新闻媒体平台，进行多角度、深层次的宣传报道和专题报道，宣传效果良好。

忠州博物馆自免费开放以来，逐步完善文创商店，结合馆情有规划地进行产品开发。围绕忠县地域特色和展览展品特点，开发了石宝寨明信片、白居易诗词书签等有地域特色的文创产品 16 种，反响良好。

忠州博物馆配合基础陈列，搭建博物馆官方网站虚拟展览平台，为公众提供网上虚拟展览、藏品赏析等服务，使观众足不出户就能在网上获得身临其境的参观感受。虚拟展实现了重点展品、文物资料、展板内容的高清展示，馆内设有 2000 余处射频信号点和微信导览标识，便于观众全程语音导览。

人与神——古代南方丝绸之路文物精华展

三星堆博物馆

"人与神——古代南方丝绸之路文物精华展"由三星堆博物馆、云南省博物馆、成都金沙遗址博物馆、凉山州博物馆、昆明市博物馆、云南李家山青铜器博物馆联合主办。展览设于三星堆文保中心特展厅，展期为2018年9月26日至12月26日。

展览在内容结构上由序展、"丝路繁弦——生产与生活"、"敬天通神——巫师与法器"、"信仰之力——崇拜与祭祀"及"互动区"构成，旨在通过展现南丝路上古蜀、笮都、古滇旖旎瑰丽的民族风情，提示自然地理环境与当地先民崇拜对象之关系；借由神器、祭器与造像而对话神圣与世俗，反映先民沟通现实世界与神灵世界之津梁，揭示古代西南地区神话传说之史实素地及不同文明、信仰、民族求同存异、开放包容、文化互动的历史事实，折射出先民与万物相亲相谐的整体观，彰扬先民叩问终极、追求超越的积极精神和敬畏自然、精骛八极之宇宙意识和人文情怀；展现古代西南不同文化区的先民共同谱写的南丝路文化交流、传承与创新、融合与发展的壮丽诗篇，揭示古代民族迁徙对西南地区多元文化融合的促进作用，探讨古代南丝路文化中的积极因素对当今"一带一路"文化建设的启示。

展览序厅

展览一隅

展览从"人"与"神"的角度切入，择取对南方丝绸之路有重要影响的古蜀文化区、笮都文化区和滇文化区的商代至汉代文物240件（套），萃集闻名中外而鲜少公开展示的三星堆铜神坛和二号铜神树、首次到川展出的盐源系列铜杖、滇国贮贝器和祭祀主题铜扣饰、广南铜鼓等重器及一批先秦、汉代人物和神灵造像等，兼及生产生活器类，堪称南丝路文物精华盛宴。

展览秉持以学术严谨性立基立本、科普化与艺术化双美并举之陈列理念，运用比较文化视野，采用叙事性陈列手段，回望蜀、笮、滇先民之现实人生，窥探其信仰世界，昭彰其宇宙情怀，书写了一段古代南方丝绸之路上"人"与"神"的"传奇故事"，给人以深思和启迪。同时辅以展览互动区设南丝路研究成果展示、"三星堆与南丝路"专题纪录片及互动游戏，以增强观众体验感。

在宣传推广服务方面，新华社、大公报、央广网、东方卫视等30多家媒体对展览进行持续宣传报道；博物馆利用官网、微博、微信公众号等媒介开展持续宣传，博物馆微博话题"南丝路上的人与神"截至2018年9月26日阅读量达704.1万次。展览期间，在博物馆及社区免费发放展览宣传册页万余份，并组织不同行业、不同年龄段的观众参观，培训志愿者为观众义务讲解，充分发挥博物馆宣教功能。同时，还特邀川滇专家作专题学术讲座，践履博物馆传播文化与服务公众的职能。展览闭幕后，及时组织专人编纂出版了《人与神——南方丝绸之路文物精华展》图录。

在青少年教育活动方面，配合展览主旨举办"趣味三星堆，探秘古蜀国"亲子研学活动、"蜀娃探秘南丝路"青少年教育活动、"数字解读三星堆"讲座、"触摸三星堆·感悟古文明"等6场社教活动，受到广大青少年的好评。

展览理念探索体现在"选题立意与文化诉求"和"问题意识与总体设计"两大方面。展览兼用按年代顺序推进和按逻辑归类讲述主题的叙事手段，强调展览内容与社会需求接轨、注重展示环境的重要性。在新技术和方法应用方面除了展厅内多媒体影像设置与巨幅式画屏、吊设式纱幔的呼应设计、艺术装置的运用及空间重构形式、空间情调的营构与展示内容的匹配研究与设计等，馆方还通过微信平台推出了配合展览主题的微信小游戏，同时与雅昌艺术网合作同步推出同名虚拟现实（VR）展。

此次展览得到社会各界广泛称誉，观展人数达数万人次，创下三星堆博物馆特展观展人数新高。

秦蜀之路——青铜文明特展

成都博物馆

"秦蜀之路——青铜文明特展"由成都博物馆联合宝鸡青铜器博物院、汉中市博物馆、四川广汉三星堆博物馆、成都文物考古研究院、成都金沙遗址博物馆等文博单位联合举办,于2018年7月27日至11月11日在成都博物馆开展。

展览整合四川地区尤其是成都平原出土的具有代表性的精美青铜器,充分利用宝鸡"中国青铜器之乡"的丰富资源,以及汉中市博物馆、洋县文物博物馆等文博单位馆藏的珍贵青铜文物,结合文献资料和相关研究成果,充分展现了商周至战国时期成都平原、汉中平原、关中平原青铜文明的发展高度及其在中国古代青铜文明中的独特地位,并首次以青铜文明为切入点阐释了这一时期秦岭南北文化交流的深度和广度,同时对以成都作为南起点的"秦蜀之路"(蜀道)在中国古代文明发展过程中发挥的重要作用进行了解读。

展览实景

展览分为前言、序篇（云横秦岭）、"蜀与中原"、"凤鸟齐鸣"、"秦入西蜀"、尾声（大蜀道）六个部分，其中"蜀与中原""凤鸟齐鸣""秦入西蜀"三个部分为展览的主体。"蜀与中原"以三星堆青铜器、宝鸡商代青铜器、城（固）洋（县）地区商代青铜器为主要展品，展示成都平原三星堆青铜文明和以城洋青铜器为代表的汉中青铜文明的辉煌成就，反映这一时期三地与中原商王朝的密切联系；"凤鸟齐鸣"以宝鸡出土西周青铜器为主要展品，结合金沙遗址出土青铜器，反映西周时期蜀地与西周王朝的政治和文化联系，同时对西周的分封制、宗法制、井田制等礼乐制度从文物的角度进行阐释，并对西周重要的方国、家族的历史进行复原和解读；"秦入西蜀"以成都平原和汉中平原出土的战国青铜器，尤其是以成都平原近年来发现的巴蜀兵器为展示重点，反映秦蜀南北并立到秦并巴蜀、秦人治蜀的历程，着重介绍蜀道的开通、发展和重要作用。

展览共展出文物261件（套），包括珍贵文物200件（套），其中不乏国宝级文物参展。宝鸡青铜器博物院藏"何尊""四十三年逑鼎"、渭滨区博物馆藏石鼓山3号墓出土1号铜禁等，代表了西周青铜文明的最高成就。洋县文物博物馆藏兽面纹铜钺，是反映商代中央王朝与西部边地政治和文化关系的重要实物资料；其馆藏亚伐方罍，是目前少见的"亚伐"族器物之一，具有极高的考古学研究价值。四川省内文物如广汉三星堆博物馆藏青铜人头像、金沙遗址博物馆藏简化蝉纹形铜牌饰以及茂县牟托一号石棺墓、成都青白江区双元村船棺墓群、彭州战国窖藏等出土青铜器等，均体现出了商周至战国时期蜀地青铜文明的璀璨和辉煌。

展览通过精心设计的观展游线，首先让观众了解了秦岭南北的地理地貌，然后以时间顺序和青铜文明发展的阶段性特征为依据，以展示成都平原、汉中平原和关中平原青铜文明发展的高度和三地密切的文化交流为主线，依次向观众介绍商代三星堆文化、城洋青铜器群的发展面貌及与中原商文化的关系，西周时期金沙、十二桥文化和关中地区周文化的发展及文化联系，春秋战国时期晚期蜀文化的特质及秦蜀关系、蜀道的开通与发展等内容。

为使观众更好、更深入地理解展览内容，展览期间组织进行"蜀道：主要线路、早期发展与历史地位""殷墟文化与三星堆文化的祭祀模式""秦早期历史的考古学解读"等专题讲座，并配合展览进行了题为"走过'秦蜀之路'——《秦蜀之路青铜文明特展》的展览策划"策展人讲座。与此同时，为了让观众尤其是青少年儿童在观展之余能够通过更加多元化的方式进一步了解成都平原、关中平原与汉中平原三地的青铜文明，特推出了"共话青铜"与"青铜问路"两大主题社教活动。

此次展览是"第二届中国考古学大会"的配套系列展览之一，也是成都博物馆暑假期间推出的大型临展，一经推出便受到了广大市民的喜爱和专家学者的好评。其展品数量多、等级高、历史文化内涵丰富，展览内容紧扣主题，形式设计典雅庄重，是成都博物馆在2018年暑假至国庆期间为广大市民献上的文化盛宴。在3个多月的展览时间里，参观总人数达724750人次。

西南联大历史展

西南联大博物馆

"西南联大历史展"固定陈列由云南师范大学主办,于2018年10月30日在西南联大博物馆正式对外开放。

此展为西南联大博物馆基本陈列之一,系统展示了抗日烽火中由北大、清华、南开三校合组的西南联合大学(简称西南联大)的办学由来、办学经过、主要成就及社会影响,旨在全面展示西南联大的辉煌办学历程,在新的历史时期讲好联大故事,传承弘扬西南联大精神,对我国广大人民群众、特别是青少年一代进行爱国主义、民族精神及革命传统教育,宣扬和传播先进文化,服务公共文化体系建设,努力践行社会主义核心价值观。

展览内容横跨百年,承续当下,对其中重要历史人物、关键历史事件、典型历史场景等均有较为详细的介绍和展示。展览围绕西南联大办学历程,按照时间及板块顺序进行陈列布展。"抗战烽火　教育长征"展示了北大、清华、南开三校在抗战全面爆发后被迫南迁组建长沙临时大学,长沙临时大学再度西迁更名西南联合大学的艰难历程;"结茅立舍　弦歌不辍"展示西南联大在昆明办学的艰难困苦和三校的精诚团结;"文人抗战　学人报国"展示抗战时期西南联大学人为抗战救国在学术报国及抗战从军等方面所做的努力;"追求真理　民主堡垒"展示西南联大地下党组织的发展与壮大,广大进步师生在"一二·一"等爱国民主运动中发挥的积极作用;"共赴国难　情谊永存"展示西南联大在大后方及云南本地建设方面发挥的积极作用及与云南本地结下的深厚情谊;"复员北返　薪火承续"展示西南联大胜利结束及三校北返,师范学院留昆明独立办学;"联大人杰　志业昭彰"展示西南联大的教育成就及杰出人才情况等。

展厅实景

展厅一隅

展览以丰富的历史图片和情景式的复原场景相结合，寓教于景、寓教于乐，符合广大青少年的参观体验心理需求。多媒体展示、虚拟现实（VR）情景互动等特殊设计，使广大观众能够较为直观地感受抗战烽火中西南联大的艰难与困苦、成就与辉煌，在接受爱国主义教育的同时学习到一定的历史人文知识，抒发民族自豪感和自信心，自觉树立报国之心和强国之志。

展览作为西南联大在昆明建校暨云南师范大学建校80周年献礼之作，在开展之前，通过校庆宣传、校友走访、口述历史采访、联大物证征集、媒体平台采访报道等多种形式积极营造了良好的宣传氛围。开展当日，西南联大博物馆举行了隆重的开馆仪式，西南联大老校友许渊冲、郑哲敏、潘际銮、陈秉良、夏世铎等，清华大学原校长顾秉林及省市相关部分领导应邀出席。活动邀请了中央、省（区、市）、市10多家媒体参加，在开馆后的三天内，新华网、中国网、搜狐网等20多家网络和媒体平台先后对西南联大博物馆开展及相关情况进行了全方位报道，引发社会关注。

为更好地宣传和展示西南联大精神文化，云南师范大学师生还融合西南联大的历史文化精髓，研发和设计了"印象西南联大"系列文创产品，有以西南联大为主题的藏书票、笔记本、书签、明信片、连环画册、文化T恤、抱枕等。因产品新颖活泼，"西南联大"系列文创产品曾先后在云南省2018文博会、第十五届中国（深圳）国际文化产业博览会展出，收到了很好的社会反响。

与此同时，西南联大博物馆针对"西南联大历史展"陈列开展了多种丰富有趣的社教项目，"讲联大故事，承先辈使命"就是其中最具代表性的活动之一。自博物馆开展以来，先后有700多名中小学生参加了博物馆"联大小小宣讲人"培训及联大故事讲述活动；共计承接各大中小学参加"讲联大故事，承先辈使命"专题活动900余场。

在新技术应用方面，西南联大博物馆先后推出了微信语音导览服务，并结合"一部手机游云南"等公共服务App，通过视频、语音、图片、文字等多种形式介绍西南联大博物馆主要展陈、重要藏品以及相关历史文化知识，全面推介西南联大博物馆。

"西南联大历史展"自2018年10月30日正式开展以来，日平均接待观众2000人次，同期增长400%，受到社会各界特别是青少年学生群体的普遍欢迎。

车尘马迹 —— 丝绸之路的交通与交流

甘肃省博物馆

"车尘马迹 —— 丝绸之路的交通与交流"展览由甘肃省博物馆主办,策划人为甘肃省博物馆陈列部主任王南南,制作团队是甘肃省博物馆陈列展览部。展览于2018年12月28日至2019年3月11日在甘肃省博物馆开展。

此展览为甘肃省博物馆2018年至2019年的临时展览,分为"古道""商贸""交融"三个单元,以丝绸之路上往来的交通工具——马、骆驼、车辆等为线,通过相关文物串联起丝绸之路上的政治、经济、文化交流事件,以文物讲述丝路沿线普通民众的生活,反映汉唐时期丝绸之路上的社会生活、商贸往来、城镇繁荣、文化交流,进一步凸显古丝绸之路在东西方交流史上的纽带和桥梁作用。

为了紧扣展览主题,展览选用了甘肃省博物馆、河南博物院、陕西历史博物馆、新疆维吾尔自治区博物馆、宁夏固原博物馆、青海省博物馆、洛阳博物馆、甘肃省考古文物研究所、甘肃省简牍博物馆及甘肃各地县博物馆等26家文博单位收藏的汉唐文物300件(套)。大量选用长期在库房保存没有展出过的包括陶器、简牍、青铜器、玉器、金银器、画像砖等文物在内的二、三级文物以及一般文物,极大地丰富了展品。

为了将文物更好地展示给观众,策展团队采取了组合展示的方式,配合汉、魏晋画像砖中的元素背景、汉唐时期绘画作品中的仕女、人物画元素背景,使背景画面与文物呼应组合成场景,用文

展厅实景

展览序厅

物与辅助展品、辅助展板有机的组合讲述文物背后的故事。此外，场景画面元素中使用了丝绸之路沿途的真实风光，通过展览改变观众对丝路的刻板印象，向观众展示了一条真实的丝绸之路。通过这些新颖多样的展示手段，观众们即使没有讲解也能看懂展览，看懂文物背后所讲述的故事。

在多媒体、新技术的使用方面，展览根据主题与重点文物制作了手绘动画视频，长达1分56秒的动画视频讲述了绵亘于欧亚大陆的丝路全貌。动画视频不仅作为展览序厅，也是展览的宣传片。此外，配合展览内容还使用了全息投影展示复原后的丝路遗址，给观众以更加直观的参观感受。

在展览宣传方面，针对此次展览，甘肃省博物馆除了借助传统的纸媒、电视媒体进行宣传推广之外，还联合甘肃新媒体"掌上兰州"以展览中的手绘动画视频作为推广宣传的素材，在网络上进行宣传推广，形成了报纸、网络、电视多渠道、多方位的宣传模式。此外，甘肃省博物馆还借助非物质文化展示手段，结合展览主题，组织乐队进行了为期两天的现场音乐演出。富有民族特色、地域特色的音乐，结合时尚的演绎方式，吸引了大批年轻人参与展览、关注丝路文明、关注文化历史，出现了博物馆展览"淡季不淡"的良好效果。

为了使观众更好地理解展览，增强观众在参观中的融入感，展厅中还依托珍藏的"驿使图"画像砖设计了一块名为"甘博驿"的小型空间，并在其中设置邮筒，参观者可以在博物馆展厅给家人、朋友写信和明信片，进一步拓宽了展览的内涵与外延。为了配合此次活动，策展团队还以展览中的文物为素材设计了明信片和笔记本，活动与相关文创产品得到了观众的广泛好评。

展览的开展时间正好处在春节、寒假期间，趣味十足的展览内容丰富了兰州广大市民假期的文化生活。展览受到社会各界人士的广泛好评，特别是青年人的喜爱，累计参观人数达到156535人次。

陕西古代文明

陕西历史博物馆

"陕西古代文明"基本陈列由陕西省文物局主办，陕西历史博物馆承办，于2018年5月18日在陕西历史博物馆开幕。

此次基本陈列改造仍以"陕西古代文明"为主题，以崭新的内容和形式，突出展示陕西古代文明的辉煌成就。展览内容以陕西古代文明发展历程为主线，重点突出周、秦、汉、唐等辉煌时期的文明成果。按时代顺序分为"文明摇篮""赫赫宗周""东方帝国""大汉雄风""冲突融合""盛唐气象""文脉绵长"七个单元，展出文物2393件（组）。在原陈列基础上，体系更加完善，主题更加鲜明，内容丰富多彩，资料科学翔实，脉络清晰完整，主次详略得当，地域特色鲜明，充分吸收近10年最新考古发现及学术成果，力求完美呈现陕西乃至中国古代文明孕育、发展、鼎盛的历程。展览珍品荟萃，不仅遴选馆藏文物精华，而且还萃集近10年来新入藏及全省重大考古新发现文物，并根据文物所蕴藏的政治、经济、文化、艺术、信仰等内涵，合理布设，有机组合，疏密有致，突出重点文物、新发现文物。

展览设计秉持理念创新、风格特色、手法多样、效果震撼的原则。设计理念倡导"叙事"与"赏物"、"体验"相结合，突出文物"主角"，以新理念、新技术、新手段组织空间逻辑，全面提升展陈面貌。展览艺术风格鲜明，总体大气宏阔，细部精妙雅致。空间规划巧妙，动线宽敞通达，展示手法突出"以人为本"，改变原陈列将文物主要集中排布于墙面通柜的单一形式，以重点展品、展项串联中心轴线，结合四周文物与各类辅助展项，使空间与内容层次分明、组团清晰，使文物与信息关联紧密、视角多样。在三个展厅七个单元的空间格局中，集合艺术品、多媒体等多种辅助手段，加之精心设计的灯光渲染，串接起"一个展厅一场大秀，一个单元多个互动"的视觉表现体系。

展览依据建筑结构、内容体系和文物分布，合理划分空间布局和参观流线，突出重点和亮点。通过色彩、纹样、灯光及字体组合等强化各展厅、

展览序厅

展厅实景

各单元的时代气质。展览依据各单元叙事逻辑，以重点文物串联中心轴线，结合一般文物与各类辅助展项形成组团化的"信息包"，空间与内容恰当结合、层次分明、组团清晰，文物与信息关联紧密、视角多样。单线和多线并置的参观方式，勾勒出灵活自由的走线，给观众自主"发现"和"探索"的参观体验。

在宣传推广方面，馆方制定了展前、开幕式、展后三阶段宣传计划。开展前召开了三次新闻发布会；开幕式进行了现场网络直播；展览期间撰写多种宣传材料和稿件；出版宣传册、专刊、图书；制作海报、专题片和访谈节目；利用主流报刊、电视、电台、网络尤其是微博、微信自媒体和新闻发布会对展览内容、精品文物等展开持续性全覆盖式的宣传推广。

在公众服务方面，馆方专设咨询台、宣传资料柜架、留言台，为展览编制了中、英、日文讲解词。人工讲解含专家、专职、志愿者讲解，并配备1800台自动语音导览器、导览标识；专设休息区、文创产品区，配备轮椅、婴儿车、充电设施等。开展期间，馆方还举办了学术讲座、网络直播专家采访、"博物馆之夜"等丰富多彩的延伸教育活动。

在文创产品开发方面，围绕展览主题、重要内容和重点特色文物展品，结合观众审美需求和时尚潮流，馆方共开发了文创产品30多个品类205种，包括生活用具、服饰、首饰、摆件、邮品、挂画等，针对不同消费群体，呈现出多样化、层次化、品质化的产品风貌，兼具实用性、美观性、趣味性。开展8个月，共销售文创产品1650余万元。

此外，策展团队将实景和虚拟现实技术结合精确还原展览，把展览中的场景、文物、文字、图片、音视频等多媒体资料叠加在实景层上，细致、完整地把展厅内部空间完美呈现，观众可身临其境地进行网上互动参观。

金光璀璨　世代昌明——金昌古代文明展

金昌市博物馆

"金光璀璨　世代昌明——金昌古代文明展"由金昌市博物馆主办，于2018年6月9日在金昌市博物馆开幕。

金昌历史悠久，文化源远流长，是甘肃古代文明的重要组成部分。展览集中展示金昌地区新石器时代、青铜时代、汉魏晋南北朝时期、唐宋元明清时期丰富的文化遗产，全面体现金昌地区古代文明的特征。

展览共分为四个单元。第一单元"文明之光"，时代从史前文明到商周前后，展示金昌地区原始部落的生产生活、精神文明的进化与发展；第二单元"东西之融"，展示商周以后东西方文化对金昌文化的影响和相互交融，金昌地区作为古代丝绸之路河西走廊的重要地理位置，受到中原文化的影响和西方民族文化的相互影响，才呈现出现在的金昌文明；第三单元"窟塔之影"，时代从晋开始至明清，空间造型艺术化处理，从信仰和艺术两个角度来展示金昌佛教艺术；第四单元"边塞之韵"，展示元明清时期金昌的历史文化、物质文化、民族民俗风情以及金昌名人故事。

展览序厅

展厅一隅

展览共展出金昌地区各个历史时期文物200多件（套），文物种类有石器、陶器、铜器、木器、铁器、玉器等，具有鲜明的地域特色，能够反映金昌不同历史时期的文化特征。辅助展品包括敦煌莫高窟复原、永昌钟鼓楼建筑模型、明长城及沿线城障烽燧模型、清代永昌县城模型等。

展示空间根据展陈文本合理布局，每个单元的体量根据文本内容的比重合理规划，每个立面都能合理展示，给观众合理的参观流线。空间展陈手段突破历史展厅的一贯展示手法，通过大量的文物集中化展示及图文展示，结合多媒体等技术，利用场景化、模型化的艺术手法，给观众多重的视觉感受，为观众全方位地展示金昌悠久的历史文化。

在宣传推广方面，馆方在重大节假日、纪念日利用官方微信公众号开展相关宣传活动，并同步向各类媒体投递相关活动信息，提高了宣传力度。同时，馆方积极联系金昌市广播电视台、《金昌日报》、"金昌文化"等媒体，对展览进行相关报道，起到了良好的宣传效果。

为配合展览，馆方开发的文创产品主要有：以永昌水泉子墓群出土的博山炉为素材，按颜色不同制作的3种博山炉模型，共计2000个；以金昌市境内重点不可移动文物及珍贵馆藏文物为素材定制的各种图案的明信片，共3000张；以金昌市博物馆馆藏珍贵文物三兽纹铜镜纹饰为素材定制的"龙纹铜镜"小镜子，共1000件。

展览自免费开放以来，共接待观众4.8万人次，义务讲解200余次。针对不同目标群体和适用范围，对基本陈列制定了大众版、少儿版、精华版三个版本的讲解词，有专职讲解员8人，志愿者讲解员6人。开展社会教育活动30次，参与人数近5000人次。

唐蕃古道——七省区精品文物联展

青海省博物馆

"唐蕃古道——七省区精品文物联展"由青海省文化和旅游厅、青海省文物局主办,青海省博物馆承办,于2018年11月30日至2019年3月5日在青海省博物馆开展。

唐蕃古道跨越今陕、甘、青、藏四省区,半数以上道程在青海境内,是丝绸之路经青海通向尼泊尔、印度等国的重要廊道,更是藏汉民族团结的强劲音符。筹办本次展览旨在为公众展示辉煌的古道文明,进而助力丝绸之路南亚廊道申遗工作。

展览以文物支撑为主轴,以板块概述、图版展示、场景营造等为辅助,依据历史文献资料,运用"唐蕃古道"科学考察成果,针对道路主干线的走向、里程、沿途主要城镇、驿站、遗址等进行文字介绍,对于涉及古道上的历史人物、事件、民族传说故事择要述之。展览结构分为五个部分,第一部分讲述唐蕃古道的缘起,介绍了自史前至隋唐时期对道路交通的开拓和利用;第二、三、四部分为展览的主体,从唐蕃间的政治、经济、文化共融等内容着墨,再现唐蕃古道"金玉绮绣,问遗往来,道路相望,欢好不绝"的繁荣景象;第五部分从时间和空间上讲述古道的延续性。

展览共挑选唐蕃古道沿线七省区十家文博单位共计195件(套)文物参展,其中珍贵文物108件(套)。第一部分以史前至汉魏晋时期文物为主,第二、三、四部分以隋唐时期文物为主,第五部分以元明清时期文物为主。

展览的设计紧扣"唐蕃古道"这个主题,突出唐蕃古道的历史韵味、风土人情、时代特点和民族交流,以"古道"为核心线索,并以象征手法表现这条"古道"。设计紧贴展示内容,从内容之中提炼元素,力求主次分明、重点突出,通过搭建场景还原历史风貌,给观众强烈的视觉冲击和参

展厅一隅

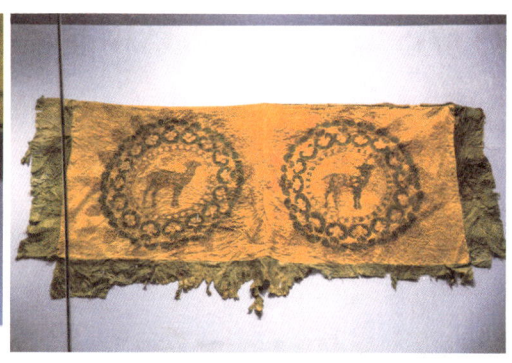

文物展示

观体验，场景之外的展厅空间则以简洁素雅的格调为主，突出展品之美，让观众将注意力聚集在展品上。选取深蓝色和赭石色，在面积不大的展厅内表现3000余公里的唐蕃古道，这条抽象的"古道"紧扣展览主题，既给观众一种仿佛走在古道上的感觉，也起到引导观众按顺序参观的作用。展厅为长方形，设计方案用两组半透明幕布将整个展厅分为三个空间。半透明幕布喷绘青藏高原风景画面，让观众有身临其境的感觉。

在整个空间划分及形式上，策展团队以顺时针安排展览的五个单元。为了烘托展览气氛，在展厅正入口搭建以钢结构为龙骨的仿唐建筑，门上悬挂一块匾额，书写"唐蕃古道"几个字。展厅入口处门框做成藏式风格，展厅内安置两个藏式亭子，亭子内布局为沙盘区；摆放数字魔屏，观众对感兴趣的展品信息可自行拖动360度旋转观看；同时设置大型视频循环播放、地面投影及二维码语音导览。主展厅与尾厅相连接的通道处搭建藏式建筑场景，仿制唐蕃会盟碑。在尾厅处设立多媒体放映厅，摆放座椅，让观众在休息的同时能再次细细品读唐蕃古道的文化魅力。

展览筹备阶段，博物馆就在《中国文物报》、中国文物信息网及省内报纸、电视等媒体上进行前期预热宣传。开展前，组织召开行业及省垣媒体推介会，介绍展览基本情况，增加公众观展兴趣。除了利用传统报纸、电视等媒体大力宣传，还充分利用互联网新媒体，在国家文物局微信公众号、新华网、中新网等客户端进行宣传报道。

为配合展览，博物馆深入挖掘展览主题及参展文物的文化特征，研发具有鲜明地域及民族特色的文创产品，如根据隋唐时期丝织文物图案精心研发出的丝质围巾、结合高原地域特色设计出的雪域高原藏香系列产品等，物美价廉，受到广大观众的青睐。

青海省博物馆还对现实展厅场景进行网上虚拟再现，同时在虚拟展览中加入重点器物讲解。在重点器物讲解过程中，创造性加入"文成公主"的动画形象（该形象来源于同步配合展览制作的"唐蕃古道"主题动画视频），增强参观趣味性体验。

朔色长天——宁夏通史陈列

宁夏回族自治区博物馆

2018年正值宁夏回族自治区成立60周年，9月20日，宁夏回族自治区博物馆"朔色长天——宁夏通史陈列"经过近一年的提升改造工作，以全新面貌向社会公众开放。展览保持体系结构基本不变，改变了文物展示的形式，增强了传播的功能，形成了更加完善的宁夏古代文明陈列体系。

展览从内容上分为"文明曙光""西戎春秋""帝都藩屏""丝路重镇""大夏寻踪""塞北江南"六个部分，较全面地展示了宁夏古代文明发展各个阶段的重要历史遗珍，以近2500件（套）展品，其中88件（套）一级品，勾勒出宁夏文明发展过程中华美的篇章。

宁夏博物馆馆藏鎏金铜牛、石雕力士志文支座、石刻胡旋舞墓门三件国宝集中亮相此次展览，同时还有一批文物首次向公众展出，其中有近年来入选全国十大考古新发现的青铜峡鸽子山遗址、彭阳姚河塬遗址最新的考古发掘出土文物。通过密集型集中展示的方式，借助复原景观、遗址模

展览序厅

展厅实景

型、多媒体、壁画、雕塑和照片多种辅助展示形式，直观地反映了宁夏悠久的历史，彰显了中华优秀传统文化魅力。

宁夏博物馆配合展览研发出相关的文创产品达数十种，包括文具套装、家居用品、电子产品、复仿制品摆件等。有契合现代文创理念、反映现代生活需求的文创衍生品，也有对文物高度还原、制作精美的复仿制品。如以"镇馆之宝"鎏金铜牛为原型设计的钥匙扣、以西夏建筑构件"妙音鸟"为参考设计出的书签等，深受观众的喜爱。这些产品也从各个角度完美呈现了宁夏博物馆丰厚的历史典藏，在满足广大观众"把博物馆带回家"的美好愿望时，也让人们对宁夏博物馆有了更加全面、立体的认识。

为发挥博物馆的社会教育职能、丰富青少年互动体验活动，让青少年在参观博物馆的同时增添知识性、趣味性、互动性，宁夏博物馆配合展览内容推出相关的青少年社会教育活动"中学生西夏木活字印刷体验"，通过现场体验西夏木活字印刷的操作流程，加深青少年对西夏文字的印象，激发青少年对西夏历史和西夏文化的浓厚兴趣。

此次展览通过对宁夏历史的简要回顾，既激发人们思古之幽情，更启发人们深入思考民族复兴的艰难曲折，奋力书写"建设美丽新宁夏 共圆伟大中国梦"的时代新篇。

尼雅·考古·故事——中日尼雅考古30周年成果展

新疆维吾尔自治区博物馆

为深入践行习近平新时代中国特色社会主义思想和党的十九大精神,庆祝改革开放40周年和中日合作开展尼雅遗址考古30周年,在新疆维吾尔自治区文物局的统筹指导下,由新疆维吾尔自治区博物馆策划创作并联合新疆文物考古研究所共同推出的"尼雅·考古·故事——中日尼雅考古30周年成果展"于2018年9月至2019年9月在新疆维吾尔自治区博物馆展出。

尼雅遗址是中国新疆塔克拉玛干大沙漠南缘一处闻名于世的汉晋时期绿洲城邦聚落遗址,因其发现之传奇、环境赋存之神秘、沙埋珍藏之绚丽、历史文化之丰富,长期以来一直是历史、考古、地理学界关注的焦点。改革开放以来,党和政府高度重视新疆地区历史文化遗产的管理与保护。1988年,伴随着国家改革开放的强劲东风,"尼雅遗址中日合作考古"成为新疆文化领域首个对外合作文物考古预备开展的项目。1991年,《中华人民共和国考古涉外工作管理办法》颁布实施后,该项目又成为国务院批准的我国首个国际间合作的考古项目。

尼雅考古是迄今为止在新疆乃至全国起始时间最早、持续时间最长、合作规模最大、科研成果最多、涉及学科领域最广的项目,出土了大量文物珍品并取得了一系列科研成果,如"五星出东方利中国"锦护臂在内的奢华锦绣等国家宝藏,这些文物正是准确、全面阐明新疆历史、民族史、宗教史、文化史诸领域重要而关键的证史、补史资料。

展览汇聚了新疆尼雅遗址出土的珍美文物300余件(组),以真实生动的讲述、简约质朴的展陈,通过实物展示、考古发掘资料、研究成果集锦以及研学课堂等互动体验,再现了中国古代新疆尼雅历史文明的深厚积淀和沧桑变化,"让文物说话 让历史发声",为社会各界带去考古科普的知识和赏心悦目的观展体验,激发各族群众对我们共同生活的这片热土的无限热爱之情,弘扬践行

展览开幕式

小岛康誉先生学术讲座

文创衍生品

社会主义核心价值观，共同为新疆社会稳定、长治久安、团结发展做出新贡献。

展览融合了文物的观赏性、知识性、参与性、研究性及教育性，主要有五大亮点。一是博物馆与考古所强强联手，充分吸收近年来的考古新发现和文物修复成果，很多尼雅遗址出土文物是第一次走出"深闺"，以"密集"的展陈节奏面向观众，让人目不暇接、扣人心弦；二是中日联合考古队日方队长小岛康誉先生亲临展览开幕现场，在"新博讲堂"为广大观众和考古爱好者带来了题为"中日尼雅考察历程"的学术讲座；三是打造了一个自然科学与人文社会科学融合的国民教育、终身教育品牌课堂，关注不同年龄、不同地域、不同知识层次等各个群体的兴趣和理解程度，配套有"新博研学课堂""五星出东方利中国——研学课程"和微信竞猜、互动游戏等多种手段以增强观众的参与度，拉近文物与观众的距离；四是新疆博物馆专门结合亮相于《国家宝藏》（第二季）的"五星出东方利中国"锦护臂举办的"国宝讲新疆"活动广受好评，各族群众纷纷来馆参加现实版"国家宝藏"，做"国宝守护人"；五是结合中华传统节日、寒假期间未成年人观众密集参观博物馆的时间节点推出"2019寒暑假小小讲解员培训及招募"活动，受到了各族青少年、亲子家庭的热切关注和积极参与。

为拓展展览的社会宣传效应，"新博文创"专门针对展览研发设计了一系列文创衍生品，包括丝巾、鼠标垫、充电宝、T恤、眼镜布、杯垫、研学课程材料包等，这些产品在"线上线下"销售和全国文创博览会的展销宣传中人气"爆棚"。同时，聚焦中华传统文化消费热点，为各族群众和国内外的朋友们提供花式"尼雅文化年货"。不少游客表示"尼雅文化年货"既有创意又具丝绸之路的历史内涵，是赠送亲友的佳礼。

展览展出一年，观众人数达到了125.4万人次，创新疆维吾尔自治区博物馆临时专题展观众人数新高，收获了新疆各族群众以及国内外观众的点赞连连和热烈关注。

令行天山　印证统一——汉朝颁授西域印章展

阿克苏地区博物馆

2018年9月26日，由阿克苏地委、行署，中国国家博物馆，新疆维吾尔自治区文化厅、自治区文物局共同主办，阿克苏地区博物馆策划并承办的"令行天山　印证统一——汉朝颁授西域印章展"开展。展览位于阿克苏地区博物馆一楼展厅，展期一年。

展览第一部分从"新疆考古学的先驱"——黄文弼先生四次赴新疆考察的经过展开。1928—1966年，黄先生先后四次到新疆，扎根新疆考古学领域近40年。1928年，黄先生第一次赴新疆考察时，在今阿克苏地区新和县玉奇喀特古城遗址中，发现了见证汉朝设置管理机构、委派官吏的印章——李崇之印信。在黄文弼先生的开拓和引领下，新疆考古工作者们陆续发现"汉归义羌长印""司禾府印""常宜之印"等珍贵文物；第二部分"跨越千年　忠诚守卫"，介绍阿克苏地区的汉代烽燧、古城遗址保存现状图片、视频资料，这些遗址跨越千年，历经风雨沧桑，至今仍守卫在祖国西北。其中，克孜尔尕哈烽燧是目前新疆境内建造时代最早、保存最完好、最具有代表性的汉代烽燧遗址，2014年被列入"丝绸之路：长安—天山廊道的路网"世界文化遗产名录；第三部分"汉之号令　班西域矣"，介绍汉朝西域都护府设置及委派的历任都护。公元前60年，西汉统

展览序厅

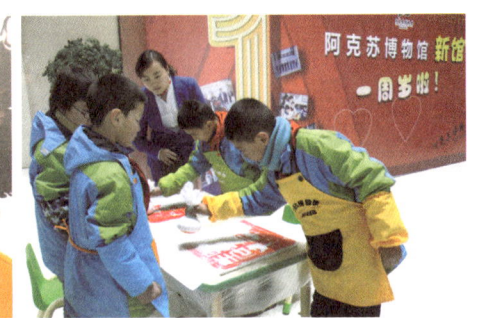

展览配套社教活动

一西域，于乌垒城（今轮台县境内）设西域都护府，标志着新疆正式成为祖国不可分割的一部分；第四部分"铸剑为犁 屯垦戍边"，介绍了公元前105年西汉政府派军队在眩雷（今伊犁河谷）屯田，此后屯田规模和地区不断扩大。今阿克苏地区沙雅县东哈拉塘的"汉人渠遗址"是汉代的屯田遗址，1953年出土于新疆民丰尼雅遗址的"司禾府印"是汉朝设置管理屯田事宜所设机构的印章；第五部分"归义羌长 炎帝后裔"，重点展示了1953年发现于阿克苏地区古城遗址的"汉归义羌长印"，是汉朝政府颁发给新疆南部地区古代羌族首领的印信。位于今阿克苏地区拜城县黑英山乡喀拉塔格山的"刘平国治关亭诵石刻"和"汉归义羌长印"充分印证了新疆南部塔里木盆地周缘一带，在汉晋时期为古代羌族活动的区域；第六部分"令行天山 印证统一"，重点介绍"李崇之印信""汉归义羌长印"是汉朝设置管理机构、委派官吏、册封地方首领的见证，"司禾府印"是汉朝在西域驻军屯田的见证，阿克苏地区出土的两枚"常宜之印"是汉朝在西域实行同中原相同官印制度的见证。

为扩大展览的影响力和宣传效果，阿克苏地区博物馆配合展览内容举办了"黄文弼考察新疆90周年"学术论证会，邀请了北京大学考古文博学院、中山大学人类学系、西北大学考古文博学院、新疆大学中亚研究院等20位疆内外高校顶尖历史、考古领域专家、学者参会。他们不仅带来了最前沿的研究成果，提供了最新的信息资料，还对阿克苏地区文物遗址保护提出了合理的建议，扩大了展览的影响力。

在展出期间，阿克苏地区博物馆还组织了"汉归义羌长印拓片制作""寻宝集章"等形式新颖、趣味性强的青少年体验活动，先后组织35个青少年团体参加活动，以通俗、生动的形式向青少年观众灌输文物知识，引导他们正确认识新疆历史。

展览内涵深远、政治站位高，充分考虑正确认识新疆历史对于维护新疆社会稳定的重要意义，"让文物说话"，以真实的实物，正本清源，向新疆各族群众做出正面引导和宣传，筑牢意识形态反分裂斗争思想防线。展览的成功举办是加强丝绸之路沿线文化、文物、旅游、考古等领域交往交流，推动沿线博物馆馆际深度合作迈出的重要一步。展出期间共吸引区内外观众10万人次，受到社会各界的广泛好评。

艺术篇

铁笔生花——故宫博物院藏吴昌硕书画篆刻特展

故宫博物院

"铁笔生花——故宫博物院藏吴昌硕书画篆刻特展"由故宫博物院主办,于2018年6月3日至8月15日在故宫文华殿展出。

吴昌硕是近现代最为重要的书画家、篆刻家之一,在艺术上是传统与现代交会点上坐标式的代表人物,是承古开今的艺术大师。清道光二十四年(1844),吴昌硕出生在浙江省湖州安吉县,一生历经道光、咸丰、同治、光绪、宣统数朝,再入民国,卒于1927年,终年八十四岁。吴昌硕一生名号颇多,初名俊、俊卿,中年后署名苍石、昌石、昌硕,别号有缶庐、苦铁、老缶、缶道人、石尊者、破荷亭长、五湖印丐等,七十岁后又署聋公、大聋等。

吴昌硕的艺术创作自金石篆刻入手,对《石鼓文》书法的毕生探索成就了他的篆书艺术,他在临学的过程中能够做到食古出新,形成自我面目,独步一时。吴昌硕四十岁后方始学画,他用书法的语言刷新了大写意的笔墨,成就了大写意花卉的艺术高峰,他融古开今、博采众长,显示了开放和博学的艺术态度。

吴昌硕生活的时代正是传统艺术走向近现代的关键转折时期,他的作品既有对传统的继承,又吸收了当时社会背景下特有的商业气息和时代精神,形成雅俗兼备的艺术风貌。吴昌硕的书画艺术在当

展厅实景

时即获得极大声誉，影响广泛。吴昌硕的艺术成就对近现代画坛的格局和流变起到了决定性的作用，予后世以深远影响。

故宫博物院现藏有吴昌硕书法、绘画、篆刻作品200余件（套），作品创作时间跨越四十载春秋，涵盖吴昌硕四十多岁至去世前不久的各个阶段，时代连续、题材丰富、形式多样，较为全面地呈现了吴昌硕的艺术发展轨迹和渊源脉络。此次展览集合绘画、书法、篆刻三类作品百余件，旨在展示吴昌硕多方面的艺术成就。

展览的四个单元分别从吴昌硕绘画的艺术渊源、大写意的绘画风格、交游与影响以及书法篆刻四个方面呈现，突出表现吴昌硕最具特色的画风和富有生命力的笔墨，展现这位艺术大师开放进取的博大胸怀和对时代变迁的积极融入。第一单元为"融古开今"，充分发挥故宫馆藏优势，将吴昌硕的作品与明清多位绘画大家的作品同时展出，例如明代陈淳、徐渭，清代八大山人、李鱓、赵之谦、任伯年等人的作品，与吴昌硕作品进行直观对比，体现吴昌硕对前辈写意花卉技法的继承以及对同时代画家的吸收；第二单元"缶庐花香"，展品打破以往以创作年代为序的陈列惯例，以四季花卉为表现主题，选取吴昌硕作品中各季的代表花卉，并穿插一些节令题材，以丰富的画面内容最大限度地展示吴昌硕的绘画面貌和艺术风格，使观众在吴昌硕的大写意世界里品四季轮转，赏花落花开；第三单元"石交传馨"，表现吴昌硕的艺术交往活动，既有吴昌硕与他人的合画作品，也展出了陈师曾、陈半丁、齐白石等受吴昌硕影响的后代大师的作品；第四单元"铁笔柔毫"，集中展示吴昌硕作为诗、书、画、印四绝的艺术大师在篆刻和书法方面的艺术成就。

展览中的《桃宴酒坛图》以及吴昌硕为故宫博物院第二任院长马衡题写的"凡将斋"匾额，都是经装裱修复后首次展出。此外，北京画院借展了吴昌硕为齐白石题写的润格及白石画集等手迹，浙江省博物馆友情出借任伯年绘吴昌硕画像两幅和带有金石全形拓的《鼎盛图》一幅，为展览更添光彩。举办吴昌硕个人的书画、篆刻艺术展在故宫博物院是为首次，对广大观众了解吴昌硕的艺术人生有一定的帮助，同时丰富了故宫藏近现代书画的展览类型。

故宫博物院南大库家具馆

故宫博物院

故宫博物院南大库家具馆于2018年9月19日起向公众开放，家具馆是故宫继陶瓷馆、书画馆等专馆之后，开设的又一大专题展馆。故宫博物院现存明清家具6200余件，数量为世界之冠。此前这些珍贵的家具文物一直藏在深宫大库之中。2015年，故宫博物院为进一步扩大展览面积，增加文物展示数量，将紫禁城西南角的南大库规划确定为宫廷家具专门展示场地，对当时几近荒芜的南大库地区进行整改。经过三年的建设，如今的南大库已经成为现代化的专业文物展厅和库房。

根据展览规划，家具馆共分三期展厅。一、二期位于南大库区域，三期位于南薰殿区域，汇集2000多件明清家具，既是库房又是展馆。家具馆一、二期全部为仓储式展示，三期则主要展示明代家具，未来可能以轮换展示形式让更多家具珍品与观众见面。在全部布展完成后，三期展厅将实现连通，并与武英殿和宝蕴楼共同形成新的展示区。

2018年9月，南大库区域一期展厅开放，除进行仓储式展示300余件清代家具外，还有30余件精品家具，以康熙、雍正、乾隆时期的家具为主，按照庭院、书房、琴房等主题进行场景设计，结合多媒体技术和灯光形成不同的文化空间，供观众近距离欣赏，徜徉其间。展览分为两个部分，其一为主题展览，以"清代宫廷家具中的国与家"为主要内容，展示与宫廷礼制、帝王生活相关的宫廷家具；其二为"仓储式"展览，对数百件家具文物按照库房保管要求进行陈列排架。仓储形式的家具文物展

展厅一隅

空间陈设

示在国内还是第一次。

展览从"国"与"家"两个大的方面入手，以清代康、雍、乾三朝为核心。康熙时期家具制作继承明代宫廷风格，在髹漆与螺钿镶嵌工艺方面卓有精进，整体风格浑厚质朴又不失庄重华美；雍正时期造办处的制作思路发生了较大的改变，在皇帝的授意之下创立了内庭恭造的式样。雍正帝始终坚持家具制作的文人元素，亲自参与家具的设计与打样，使这一时期的家具充满了清雅隽丽的特点；乾隆时期家具利用各种成熟工艺和珍贵材料，不仅样式丰富，而且融入了深厚的儒释道文化元素。从紫禁城到三山五园，从盘山行宫到避暑山庄，乾隆帝对室内家具进行了全面的改造，根据不同的环境配置不同的家具。

在家具馆开放之前，故宫家具文物中有不少是收藏在地面库房中，空间拥挤，保存条件欠佳。而且由于院内很多殿宇均进行原状陈列展示，展出家具形式和内容比较固定，因此大量不在展线上的明清家具难见天日，而"仓储式"展陈正是缓解库存压力、给库存文物更多亮相机会的有效手段。通过南大库的"仓储式"展陈，可以使古建筑得到更好的修缮和利用，家具文物得到更好的整理、保护和展示，也让观众欣赏到宫廷家具用料之考究、设计之精美、内涵之丰富，让"故宫行"再加一个不得不去的"新看点"。

在家具馆策展布展过程中，馆方尽可能考虑家具与人的关系、家具与环境的关系，尽可能还原家具的实际场景。通过结合内檐装修、宫廷陈设等，配合展出的家具文物，再现了一组组帝王理政、读书、休闲的空间，甚至通过家具、陈设还原了名画《是一是二图》，作为整个展览逻辑上的"题眼"，串联起一个个空间场景，完成了对乾隆皇帝生活环境的一次真实的历史再现，实现了用文物描绘历史和人物的展览表达。

行山 —— 中国传统文化的当代形塑

河北博物院

"行山 —— 中国传统文化的当代形塑"由河北博物院主办。此次展览为临时陈列,于 2018 年 9 月 27 日至 12 月 9 日在河北博物院免费向公众开放。

展览主题为立足河北博物院馆藏资源,用现代的雕塑手段表达一脉相承的河北文化基因。雕塑艺术家在对河北的历史乃至河北博物院的基本陈列进行学术研究甄别的基础上,在突出作品思想与美学张力的前提下,将河北地域文化与博物院的文化特征整合到展览的空间视觉呈现中。此次展览遴选具有传统文化精髓的当代雕塑作品共计 45 件(组),根据主题、材质、形态分为风骨、勇猛、风物、远方四个单元。所有作品在文化形态上重视传统美学的复兴,手法上注重当代精神的创造性转换。尤其是《永恒》《导向》等作品表达了"志存高远"的文化意向;《松》《迷·藏——城》《灵山》《汉社》《砥砺铸魂》等,不仅有北方气度的写照,更有河北历史文化的弘扬与传承。展览题材新颖,个性鲜明,立意高远,具有较强的思想性、知识性、学术性、原创性。

在展厅空间设计方面,策展团队选取墨绿和灰白为主色调。墨绿源于河北博物院中山国展厅山字形器的青铜锈色,刚毅厚重;白色源于河北博物院石雕造像的颜色,意蕴灵动。以墨绿和灰色墙面的衔接形成墙面视觉叠加及反衬的效果。选择重颜色的作品放在颜色明度较高的灰墙前面,而颜色明度

展览序厅

展厅实景

高、质感轻盈、组合散碎的作品则以墨绿色为背景。在展厅色调的变化以及格栅的辅助下，形成移步换景的情境感。整体布局重点突出、错落有致，参观路线顺畅合理。

为了扩大宣传以及更好地服务与推广，主办方运用官方网站、微博、微信以及其他公众号对展览进行多层面、多角度的宣传报道。利用电视、广播、报刊、互联网等媒体对展览进行报道，如《河北日报》《燕赵都市报》和新浪网、长城网、新华网、腾讯网等。在官方网站设虚拟展览，再现展厅的真实场景，扩展了展览的广度和深度。线下宣传与线上宣传齐头并进，主办方组织开展形式新颖的开幕式，在展厅内由舞蹈家、音乐家以"人与雕塑"为主题进行箫舞表演，对作品立意进行延伸和展示，开幕式后组织专家学者进行三场学术研讨，并针对性地深入社区、高校，张贴展览宣传海报。

为全方位地向公众展示形塑作品的魅力，主办方安排讲解员、志愿者提供免费讲解服务，并在展区内设置二维码，观众扫码后可收听作品解析。除此以外，还举办了"行山·琴水·遇知音""匠心独运·抟土塑形""刻在青铜上的历史"等多种形式的社教活动，邀请国内著名雕塑家及著名学者开展三期讲座，对展览进行深入解读，使展览达到展教合一的目的。

塑形艺术是社会文化形象化的表现。此次展览是河北博物院尝试着与当代雕塑艺术家的首次跨界合作，意在创造出更多有"传统中国"意味的当代艺术，实现传统与现代、历史与艺术的有机结合。展览在展出期间累计接待观众25万人次，其中未成年人2.5万人次。

海派巨擘——任伯年绘画作品展

辽宁省博物馆

"海派巨擘——任伯年绘画作品展"由辽宁省博物馆原创策划，策划制作团队包括博物馆业务办公室、设计部、信息中心等部门。展览于2018年8月28日至11月25日在辽宁省博物馆一楼1号临时展厅展出，展期3个月。

"近现代书画名家系列"是辽宁省博物馆近年来推出的重点系列展览项目，此系列已陆续推出了齐白石、张大千、溥心畬、傅抱石、丰子恺、徐悲鸿、黄宾虹、吴昌硕等名家作品展。"海派巨擘——任伯年绘画作品展"即是该系列展览项目之一，也是辽宁省博物馆2018年的重点书画展览，更是近年来全国范围内举办的任伯年展览规模最大的一次。

任伯年是海派绘画承前启后的巨擘，通过对其绘画作品的梳理及其所处的特定时空背景的分析，展览在内容设计方面以任伯年的艺术发展脉络为线索，通过"艺术成就""师承起源""游历交友""后世影响"四个部分呈现他与多位师长、友朋和后辈的绘画作品，借此管窥任伯年其人其艺以及对近现代中国画的变革产生的深远影响。参展展品汇集了辽宁省博物馆、故宫博物院、中国美术馆、上海博物馆、南京博物院、天津博物馆、沈阳故宫博物院和旅顺博物馆共八家博物馆（院）的98件（组）任伯年及相关艺术家的绘画精品，涵盖任伯年不同时期艺术风貌个性鲜明的人物、花鸟、山水画代表作

展厅序厅

展厅实景

品，如早期《东津话别图》《任淞云像》，中期《山水花卉人物屏》《仕女观梅图》以及晚期《钟进士斩狐图》《赵德昌夫妇像》等。此外，展品中还包括与任伯年相关的艺术名家如陈洪绶、任熊、任薰、虚谷、吴昌硕、任预等的精品佳作，力求为观众展现一个全面、真实的任伯年，并领悟更深层次的艺术启示。

展览形式设计方面，策展团队沿用传统书画展览设计的方法，围绕内容单元划分的主题展开叙事，并在空间布置上设计两个艺术小景，以提升观众参观兴致，达到移步易景的雅趣景观效果。新技术应用方面，展览序厅处的视频设计首先为观众提供了丰富、清晰的关于任伯年及其艺术风格的介绍，使展览主题得以充分呈现。

在展览宣传方面，开展前辽宁省博物馆官方网站、微信公众号等平台均发布展览消息，进行预热宣传，并于展览开幕当日邀请策展主创人员及参展单位代表为报纸、电视及网络等近20家媒体进行展览现场解读，与展览同步进行宣传报道。针对此次展览，馆方编辑出版了《海派巨擘——任伯年绘画作品集》。同时，为了使观众更深入地了解展览感受任伯年独特的艺术风貌，辽宁省博物馆特邀学术顾问鲁迅美术学院中国画学院硕士研究生导师、副教授冯朝辉先生做了一场题为"时代之举大木者——论任伯年的绘画艺术"的专题讲座，收到了很好的反响。

在为期3个月的展期中，展览共接待观众27万余人次。观众通过欣赏任伯年不同时期的绘画作品，充分体会到了其臻于化境的笔墨趣味以及雅俗共赏、清新隽逸的独特绘画风格，以及当时的特定时空背景对中国画的发展所做出的贡献。

达斡尔族服饰展

齐齐哈尔市博物馆

"达斡尔族服饰展"由齐齐哈尔市博物馆主办,齐齐哈尔市博物馆多个部门通力合作,历时一年时间共同完成。展览于2018年11月15日在齐齐哈尔市博物馆一楼西侧展厅展出。

此次展览为齐齐哈尔市博物馆最具社会影响力的展览之一。展出服饰由齐齐哈尔市达斡尔族服饰手工匠人倾力制作完成,展览大纲经过齐齐哈尔市达斡尔族多名专家、学者多次研讨最终确定,从而使此次展览具有极高的观赏价值、学术价值及研究价值。展览系统地展现了齐齐哈尔地区少数民族达斡尔族民族服饰的艺术特点和在漫长历史进程中创造出的民俗灿烂文化,旨在加强广大参观者对少数民族及其赋予的民族服饰文化进一步认知和了解,从而加强中华民族的凝聚力和创造力。

展览按历史时期分为辽代、外兴安岭时期、清代、民国、现代五大部分,分别为参观者展示了不同时期达斡尔民族服饰在面料、色彩、装饰、款式及整体造型等方面的演变过程,从而让观众了解自然地理环境、宗教信仰、文化交流等因素对达斡尔族服饰的影响。展览还对达斡尔族传统手工技艺刺绣、剪纸、哈尼卡艺术等进行了集中展示。展览共展出各时期民族服饰43件(套),各类实物200余件(套),其中还包括国家级非物质文化遗产第一代达斡尔族刺绣传承人"多黑哥"、第四代达斡尔族刺绣传承人"何莉莉"的达绣作品10件。

"梯形台场景布置"是此展览的一大特色,不同时代的达斡尔族服饰以模特展示的方式在梯形台上一一陈列。为了增加趣味性,展览还为观众准备了达斡尔族新娘和新郎大婚时的服饰,满足参观者拍

展厅实景

展厅一隅

照留念的需求，同时体验了一次当模特的感受。

为增强此次展览的宣传力度，齐齐哈尔市博物馆积极转发"卜奎文博"微信平台上关于此次展览的连续报道，并且在官方网站、大型宣传展示牌等显著位置以文字和图片的形式进行大力宣传，大型室外显示屏全天候滚动播出展览预告。齐齐哈尔市《鹤城晚报》《齐齐哈尔日报》等知名报刊，齐齐哈尔市一套节目、齐齐哈尔市二套节目等主要电视频道巡回播报展览讯息，取得了较好的宣传效果。

为了满足参观者"把展品带回家"的需求，齐齐哈尔市博物馆联合齐齐哈尔市非物质文化协会、民间艺术家协会共同设计研发了达斡尔族刺绣作品"松鹤延年"及古老玩具"哈尼卡"等两大系列文创产品，让成年人领略了"达绣"艺术的精美，让广大儿童体会了玩"哈尼卡"的乐趣。在新技术发展的今天，馆方引进了智能机器人"小胖"，通过程序的设定，智能机器人会在固定的时间出现在展厅门口等待需要听讲解的观众，然后根据设定的路线为观众进行讲解。

齐齐哈尔市博物馆还举办了"齐齐哈尔达斡尔族的发展和贡献"讲座，讲座邀请著名达斡尔族研究专家现场讲授，并组织齐齐哈尔市各大、中学校在校学生前来听讲。学生们纷纷反映这是一次对本地区少数民族历史的再教育，通过讲座了解了达斡尔族对齐齐哈尔市建城史和社会经济做出的贡献。

此次展览将以巡回展览的形式对外展出，让它走出原来封闭狭窄的展览模式，成为一个便捷的展览让广大人民群众所熟悉，从而扩大齐齐哈尔市博物馆宣传教育工作的影响力。巡回展览方式将实现馆与馆之间、城市与城市之间的文化交流，实现资源共享，促进彼此文化之间的了解，加强文化和友好关系，活跃广大人民群众的业余文化生活。

丹青宝筏——董其昌书画艺术大展

上海博物馆

"丹青宝筏——董其昌书画艺术大展"是由上海博物馆主办策划制作的临时陈列展览，展期为2018年12月7日至2019年3月10日。

晚明书画家董其昌（1555—1636）集前人之大成，融会贯通，在创作实践与理论上双双得以超越，翻开了文人画史上的新篇章，具有承上启下的重大历史意义，影响身后的画坛300余年，学界甚至将其提升至"看不懂董其昌，就看不懂中国画"的高度。

展览以上海博物馆馆藏为主，遴选海内外15家重要机构的相关藏品计154件（组），共分为三个部分。第一部分"董其昌和他的时代"，主要包含两条线索，即董其昌的古书画鉴藏以及对董氏艺术、人生与画学思想具有深远影响的前辈墨迹，旨在探讨董氏置身的"时代土壤"，梳理其于书画理论、创作实践两方面的师承脉络与艺术渊源。第二部分"董其昌的艺术成就与超越"，以董氏创作时间为序，大致分为早、中、盛、晚四个时期跨时48年的创作，且尽可能涵盖其各时期代表作，旨在较全面地呈现董氏的艺术成就。第三部分"董其昌的艺术影响与作品辨伪"，包括受董其昌影响的主要画派、画家之作，并关注与董氏书画代笔、作伪相关的艺术家，集中了上海博物馆历代研究者对董其昌的最新研究成果。

展览首次通过电子数据手段将上述学术观点予以重点演绎。除了绘画、书法作品外，展示版面用一本线装书的形式衬托，还配以辅助展品如文房四宝、石头、青铜器等作为装饰，与展品有机结合在一起，烘托展览的艺术氛围。

展览在艺术表现上主要呈现三大亮点。一是外围设计。中国历代书法馆外用董其昌大幅书法作品《临颜真卿裴将军诗卷》及黄公望巨幅山水《富春山居图之剩山图卷》覆盖墙面，将原作放大几十倍，以营造展厅外墙的气势和震撼力，并引领观众走向中国历代绘画馆入口，《富春山居图之剩山图卷》位于书法和绘画馆之间，起到了巧妙的连接作用。二是展厅入口处设计。在绘画馆入口处搭建长廊屋檐，并在门厅左右特制了两扇假窗，内以竹叶点缀，配以灯光，富有情趣和诗意。会标采用董其昌与友人的大幅合影图片。中文前言用竹简形式做装饰置于墙面，并配音朗诵，使观众在了解展览内容的同时，又有听觉上的享受；英文前言设计成一本打开的书的形式，以吸引观众步入展厅。三是"画禅室"设计。在书法馆内特辟一间集董其昌书法作品的"画禅室"，室内左右为一副对联："宇宙在乎手，万化生乎身"。中间置一多媒体圆屏，形成横竖圆的美感布局。桌椅以对称方式摆放，符合中国的传统风格，下面铺有竹席映衬。整体色调用原木的淡雅来表现，多媒体屏上展示春夏秋冬的动感画面，雪在

展厅实景

下,船在行,配以古琴音,通过现代的展陈手法呈现远古的"董其昌"艺术虚拟世界。

展览的文创产品也是一大亮点。文创产品共涵盖了四大系列,共计160余款文创产品。"玄赏"系列包括松江米糕、绿豆糕、茶包等;"画禅"系列包括董其昌小楷心经随心包、文房用品系列、胶带、手账系列、手机壳、充电宝、金箔画等,运用珂罗版传统工艺的再现,选取馆藏经典董其昌"秋兴八景图"进行复仿,限定100套;"烟云供养"系列包括饰品、眼罩、香囊、丝巾等;"文士天下"系列包括尚友针织帽、茶杯、帆布包、手工香皂等。产品种类丰富,造型精美,赢得了广大观众的青睐。

在宣传方面,展览从展前准备、开幕现场到相关后续情况都引起了全国各地媒体的争相采访与报道。截至2019年2月24日,关于展览的新闻报道1069条(不包括转载)。上海博物馆官方微博发布展览信息近50条,累计阅读量379万次。官方微信推送十余次,其中首次预告阅读量近10万次,展览开幕微信阅读量超过10万次。此外,展览还开发了手机互动应用"将董其昌带回家",让观众通过董画元素的DIY体验了中国山水画的美术创作手法。

此次展览为大陆首次举办,具有填补空白的意义,有助于学界与公众认识一个真正的董其昌,推动中国美术史研究在海内外的进一步发展。同时也是响应上海打响"上海文化"品牌,大力挖掘与弘扬江南文化、海派文化号召的重要举措之一。

衷藏雅尚　海上流晖——王水衷捐赠服饰展

上海市历史博物馆（上海革命历史博物馆）

"衷藏雅尚　海上流晖——王水衷捐赠服饰展"由上海市历史博物馆（上海革命历史博物馆）主办，胡江担任展览策划人，制作团队包括上海市历史博物馆研究部、展览部团队。展览于2018年8月10日在上海市历史博物馆东楼一楼特展厅开展。

此次展览从台湾收藏家王水衷先生捐赠的338件旗袍等服饰和相关饰品中精心选取合适的海派旗袍进行展陈，这些海派文化的优秀作品能够入藏上海市历史博物馆，是因为王水衷先生希望海峡两岸同胞共重中华文化之根。

展览以民国海派旗袍为线索，讲述现代女性和城市文化转型的故事。此次展览通过女性视角解读近代城市文化转型，将各学科的最新相关成果吸收融入其中。展览分为"时尚盛宴　文化沙龙""现代女性　摩登生活""民族工业　上海制造"三部分，通过讲述海派旗袍的发展源流，揭示海派旗袍风靡与社会观念进步、生产生活方式转变有着怎样的联系，反映近代中国女性对美好生活的追求。展览共展出民国海派旗袍及老照片、油画、文献资料共计81组。

展览序厅

展厅一隅

展览以丰富的旗袍展品及逼真的场景相融合，寓教于乐，增强了展览的沉浸体验感。展览根据史料还原了云裳公司建筑外立面街面造景、阮玲玉身着旗袍的电影室内造景、旗袍裁缝店铺的场景，复制了老上海黄包车等辅助展品，可供观众互动拍照。并在展厅内设置了小影院，让观众更直观地了解旗袍文化。在旗袍展品的选择上注重表现服饰的社会性，务求通过整体的展示，使观众如临其境，仿佛回到20世纪三四十年代上海的时尚生活之中。其中更是展出了历史同款旗袍，即在历史影像或描述中找到对应的"同款"，使文物获得历史定位，观众获得直观感受。展厅内还特别设置了影视放映区，播放《海派旗袍的小故事》。

在宣传推广方面，展览宣传报道以数量多、覆盖广、影响大为思路，联合《中国文化报》、《中国文物报》、新华社等中央媒体及上海电视台、《解放日报》、《文汇报》、《新民晚报》等上海主流媒体对展览进行专题报道。同时，在文化上海、上海发布、澎湃等网络媒体平台进行宣传，并在微信公众号同步进行宣传报道。

在展览期间，馆方还举办了丰富的社教活动。于2018年8月9日，特邀东华大学教授、博士生导师包铭新老师开讲座，介绍美学视野中的旗袍及其来世今生。并在9月、10月为观众开展了两场旗袍盘扣制作活动，大家在活动中学习了两种盘扣制作方法，将盘扣做成装饰品带回家。10月16日，在内容策划人员的讲解下，特邀东华大学中老年模特队开展旗袍走秀活动。

在新技术应用方面，上海市历史博物馆为展览重点展品匹配了相应二维码及编号。参观者可以利用馆内WiFi免费上网，通过扫描展品对应二维码、输入展品编号等方法打开展品的图像及声音介绍。展厅内还设置了互动体验区，扫码即可穿上属于自己的旗袍。

通过展览可以看到上海的时尚舞台、女性的婉约风情、民族工业的蓬勃发展，还能发现周璇、阮玲玉、唐瑛、陆小曼等老上海明星、名媛的同款旗袍，领略当时名媛身着旗袍的绰约风姿，体会旗袍制作工艺背后的匠心匠意，感受被誉为中国女性国服的旗袍经久不衰的魅力。观众不仅感受了服饰的更替和现代女性观念的蜕变，也领略了文学、艺术、工业、商业为城市生活带来的力量。

攀古奕世 —— 清代苏州潘氏的收藏

苏州博物馆

"攀古奕世 —— 清代苏州潘氏的收藏"展由苏州博物馆主办，于 2018 年 12 月 15 日至 2019 年 3 月 17 日在苏州博物馆地下一层临展厅、二楼吴门书画厅展出。

自 2016 年起，苏州博物馆开始实施"清代苏州藏家"系列学术展览，已成功举办"烟云四合 —— 清代苏州顾氏的收藏""梅景传家 —— 清代苏州吴氏的收藏"特展，获得海内外观众的欢迎和广泛好评。此次展览为"清代苏州藏家"系列学术展览的第三展，展出清代苏州藏家潘氏五代收藏。

清代中后期，苏州是收藏家会聚之地。其中，尤以郡中几大家族最为著名，涌现出一批收藏家，他们对中国青铜器、玉器、书画、碑帖、文房的搜集与鉴赏，既代表了传统文人的趣味，也代表了苏州这座城市文化的面貌。苏州潘氏从乾嘉时期"奕""世"两辈开始，以科名重于乡里，子孙中人才辈出，不少都具有诗人、学者、收藏家等多重身份，潘氏家族的收藏囊括青铜器、书画、碑帖、古籍、文房等多个门类。晚清时期，潘祖荫攀古楼的青铜器、滂喜斋的善本古籍收藏均名重一时，尤其以盂鼎、克鼎、宋刻《梅花喜神谱》、宋刻《金石录》等著称于世。民国时期，宝山楼主人潘博山，在继承祖父辈藏品的基础上继续搜集，宝山楼藏书增至 30 万卷，成就潘氏藏书之最，名人书札、古籍善本、古墨等，各有专藏，雄于侪辈。

展览序厅

展厅实景

此次"攀古奕世"特展是苏州博物馆经过两年多的周密筹划,成功将故宫博物院、中国国家图书馆、上海博物馆、南京博物院、贵州省博物馆、苏州图书馆以及香港中文大学文物馆等七家文博机构的潘氏五世所藏青铜器、陶器、书画、古籍、碑帖、文房精品汇集一堂,与苏州博物馆馆藏一同展出。内容涵盖了商周青铜器,唐、宋、元、明、清历代书法、绘画以及潘氏一门手稿等。通过展览为观众勾画潘氏数代人的收藏概貌,呈现历史演进中的文人家族,并通过对文物的解读联结古今,诠释苏州城市文化与精神。

围绕特展,苏州博物馆策划邀请策展人和业内多位专家举办系列文博论坛讲座,开展"古金留影——青铜器全形拓制作课程""古画临摹——仿古风意山水临摹课程""以你兰花笺,写我雨霖铃——花笺纸手账制作""梅花喜神谱图案橡皮雕版刻制""摹古抱素——潘家收藏展之陶埙赏习体验活动""国之重臣——寻找潘祖荫的京城印迹"研学活动等多项展览专属教育活动,力求实现学术性与普及性并重、知识性与观赏性兼顾的办展思路。展览期间,总计举办文博论坛9场、体验活动13场、展厅内《梅花喜神谱》刷印活动166场,参加人数共1.8万人次。

为更好地开展宣传推广,苏州博物馆全面发力,官方网站特意开设了"攀古奕世"特展的专题页面,浏览次数超12万次。苏博官方微信公众号共推送文章29篇,阅读总量约17万次,官方微博发送信息53条,总阅读量达111万次。发布内容涵盖了"攀古奕世"特展从展品本身到布展细节等方方面面的信息。为了让观众能够有更好的参观感受,展览配有专职讲解员、志愿者义务讲解、语音导览设备以及微信自助导览等多种导览形式,为不同需求的观众提供全面的展览解读。展览期间共接待观众超过532797人次,专职特展讲解57批次,志愿者特展服务324场次,参与人数55人次,观众满意度达95.81%。

此次特展的成功举办,让观众充分了解了以攀古楼、宝山楼为代表的潘氏数代人的收藏概貌,并进一步追寻到以潘氏为代表的苏州收藏家的日常生活与精神世界。在获得良好观展体验的同时,让观众深切感受到了苏州传统文化的底蕴。

梁溪折桂——无锡博物院开放10周年特展

无锡博物院

"梁溪折桂——无锡博物院开放10周年特展"由无锡市文化广电和旅游局主办,无锡博物院承办,展览于2018年9月28日至2019年1月8日在无锡博物院中区三层展厅展出。

此展览是为纪念无锡博物院对外开放10周年所举办的特展。2018年是无锡博物院新馆正式对外开放的第十个年头,以此为契机,无锡博物院举办"锡博十大宝藏评选活动",并适时推出"梁溪折桂——无锡博物院开放10周年特展",向广大市民揭开院藏"宝藏"的神秘面纱。这既是满足公众文化需求的新举措,也是献礼10周年院庆。"锡博十大宝藏评选活动"提供了15件院藏珍贵文物的备选名单,通过传统媒体、微信、微博等多种投票通道,历时2个月,最终由广大市民投票评选出无锡博物院十大宝藏。

展览以选出的十大"宝藏"为主线,汇集了青铜器、玉器、瓷器、雕像、泥塑、紫砂、金银器、竹木牙雕、文房、书画等门类,每一门类推出相关珍贵文物,展出文物共77件(套),分为"兵戈相见""应物象形""金奢银华""人间瓷话""紫玉金砂""泥塑大千""玉成其美""文心匠韵""砚田墨海""落纸云烟""石渠之宝""吴地风雅""梁溪画史"13个单元。通过评选活动和院庆特展,让公众亲历一次"探索宝藏"的文化之旅,揭开文物背后的故事与历史,让更多人在懂得如何欣赏文物之美的同时,了解文物所承载的文明和中华文化延续的精神内核。

展览序厅

展厅实景

在展览宣传方面，无锡博物院在开展前2个月召开院庆新闻发布会，公布以特展为主线的院庆系列活动。2018年7月底，正式启动"锡博十大宝藏"评选活动，官微发布具体内容、投票环节、评选规则等，同时在院微信公众号上持续发布锡博15件文物介绍，8月中旬开启首次投票、下旬开通第二期投票，于8月底结束投票活动。此外，与无锡日报报业集团合作开发本土文化栏目"无锡宝藏——无锡人讲无锡文物故事"，统筹拍摄"无锡宝藏"融媒体产品（15件无锡博物院藏品文物背后的故事），8月上旬完成拍摄，并陆续在无锡移动公交电视、无锡观察等新媒体网络平台宣传推广。9月中旬，官网、官微、官博发布特展展览预告，将展览开展时间和展览主题尽可能多地传播到不同受众群体，系列院庆海报同步公布。展览前两周，外立巨幅海报及院内立柱海报就位，展览预告信息同步推送在艺App、中国博物馆协会等文博类网站以及多个本地微信公众号。馆方还与无锡地铁集团合作，打造无锡博物院品牌专列，于9月15日正式开通。展览开幕当天，邀请媒体（各新媒体、纸媒、广播、电视台等）到场采访、现场直播，并在《中国文物报》《大观》《无锡日报》等纸媒和杂志上做深度报道。

无锡博物院针对此次特展开展了丰富有趣的社教活动和学术讲座。如：发簪制作体验活动，配套特展中的金银器部分；山水团扇绘制体验活动，对应书画艺术部分；陶瓷釉下彩绘体验活动，对应陶瓷器具等。这些主题活动的开展使观众在观看展览的同时，能亲自去参与、体验文物背后的内涵。"锡博讲坛"则邀请国内知名专家、学者莅临开讲。如：故宫博物院专家汪亓主讲"漫谈故宫博物院藏《石渠宝笈》著录书画"，南京博物院专家万俐主讲"青铜器修复与鉴赏"等。同时，与无锡市第四届文化创意设计大赛联动，承办文博创意衍生品设计大赛。大赛以"文化遗产与美好生活"和"锡博和你在一起"为主题，利用无锡特色文化、锡博院藏文物等元素，设计兼具文化生活气息的创新实用性产品。

在新技术应用方面，无锡博物院为展出的精品文物制作了详细的文字说明和展品二维码，参观者通过手机扫描相应的二维码，就可以欣赏到高清图片并收听到文物的语音介绍。

此次展览进一步丰富了无锡公众的文化生活，总参观量达到13.4万人次，成为无锡博物院近年来策划举办口碑与影响力兼具的临展，受到社会各界的广泛好评。

古俑焕彩——徐州博物馆馆藏历代陶俑特展

徐州博物馆

"古俑焕彩——徐州博物馆馆藏历代陶俑特展"由江苏省文物局主办,徐州博物馆承办,于2018年5月16日在徐州博物馆一楼邓永清收藏书画馆开展。

此次展览是江苏省馆藏文物巡回展的重要展览项目之一,展览从两汉、南北朝、隋唐、宋元明等不同时期徐州地区陶俑的时代特点着手,反映各时期的政治、经济、军事及文化面貌。展览分为"威仪如生——两汉时期陶俑""隽永惠中——南北朝时期陶俑""盛邦妙造——隋唐时期陶俑""代象肖形——宋元明时期陶俑"四个部分,汇集了馆藏陶俑珍品,古陶俑的历史、艺术、科学价值得到了充分的还原和展示,侧重展现汉代以及隋唐时期徐州地区陶俑的时代特征。展览充分利用了最新的考古发掘和研究成果,许多陶俑首次呈现在观众面前,尤其是花马庄唐墓出土的彩绘女俑、文吏俑、甲胄俑、各式镇墓兽、"千秋万岁"俑等。

为了让更多的观众了解展览相关信息,徐州博物馆制定了多种宣传方式对展览进行宣传,并拟定相应的宣传计划和宣传方案,系统、高效地开展宣传工作。徐州博物馆代表性展览均通过电视、报刊、户外广告、网络媒体和社区宣传等方式进行宣传推广,确保临时展览有更高的知名度,吸引更多的观

展览序厅

展厅一隅

众进入博物馆。在展览开幕前，通过各种多媒体渠道营造声势，宣传展览的主题、展览特色。除此之外，展览宣传过程中还实现系统联动式宣传，覆盖网站、微博、微信等媒体形式，定期分阶段从不同视角投放展览信息。

同时，徐州博物馆还根据陶俑文物元素或陶器符号进行文创产品设计，侍俑文件夹设计、乐舞俑书签、抚瑟陶俑镜子等。此类文创产品根据汉代陶俑出土场景进行设计，提炼出展览特有的设计元素，根据设计元素再融入当代设计理念，产品不仅重视美观性，更重视实用性。产品制作精美，富有美感，将文创融入大众生活之中。

为了使观众有更好的观展体验，展览配有 3 台 iPad 在开馆时间随时供观众查阅展览信息，序厅处放置展架并摆放展览画册供游客取阅。展览期间提供免费行李包裹等寄存服务，为了服务不同的特殊人群，凭身份证免费提供轮椅、拐棍、婴儿车、盲人棍、药品、母婴室等服务。"5·18"国际博物馆日当天以及其他的节假日期间，提供多场免费讲解，并专门配有英语讲解员解说。此次展览采用三维互动体验方式，以传统展馆为基础，利用虚拟技术通过声音、文字、视频在互联网上进行展示、宣传与教育活动，使更多的观众通过三维立体多视角查看展厅布局，可在虚拟展馆中自由行走，全方位观看展厅设计及展览文物，用在线互动的方式体验"身临其境，畅游无限"。

此次特展先后在连云港市博物馆、张家港市博物馆、东海县博物馆、扬州博物馆、扬州汉广陵王墓博物馆、仪征博物馆等省内博物馆之间巡回展出，巡展期间均受到当地人民群众与广电媒体的热烈欢迎和追踪报道。其中，首站徐州博物馆开幕以来，观众达 5.2 万人次，扬州博物馆站观展人数则超过 8 万人次。据不完全统计，各巡展分站总观展量超过 20 万人次，观者如潮，盛况空前。展览不仅拉近了博物馆与人民群众之间的距离，而且也让沉睡的历史文物成为人民群众对美好生活向往的重要精神寄托。

久远的记忆——宁夏岩画展

中国湿地博物馆

"久远的记忆——宁夏岩画展"由中共西湖区委、西湖区人民政府主办,中国湿地博物馆承办,宁夏岩画研究中心协办。展览自2018年11月13日至2019年2月19日在中国湿地博物馆免费向公众开放。

岩画是岩穴、石崖壁面和独立岩石上的彩画、线刻、浮雕的总称。岩画是记录人类想象和艺术创造的最早证据,也是人类社会中一个普遍、持久的文化现象,是人类先民们留给后人珍贵的文化遗产,被称为"刻在石头上的史书"。宁夏有着悠久的历史,文化沉淀丰富,而宁夏岩画又是中国北方岩画的代表。展览从世界岩画、中国岩画入手,以宁夏岩画为主线,通过遴选不同历史时期、北方各游牧民族所刻制的岩画拓片、岩画石、岩画石模板,多形式、多角度地反映了古代先民们的宗教信仰、哲学思想、美学倾向、经济生活等方方面面。

展览内容结构主要包括世界岩画、中国岩画、宁夏岩画和宁夏岩画图形揭秘四个部分的内容,通过对世界不同国家和地区的岩画、中国各地区岩画和宁夏岩画的介绍,以及对宁夏岩画的发现保护、制作方法、内容题材、图形释义和艺术风格的讲述,让观众深度解读岩画对于历史学、人类学、民族

展览序厅

  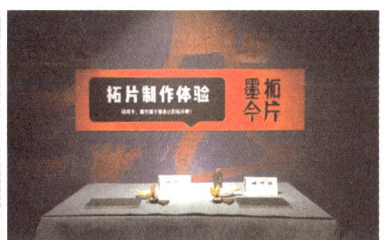

展厅一隅

学、民俗学、考古学、美学等学科的学术价值和研究意义。

在展品选择方面，展览遴选宁夏地区岩画4件、岩画模板3件，拓片60件，包括了人面像、动物、符号、狩猎、放牧、战争、舞蹈等图案，其中以人面像和动物最为丰富，最具代表性的是一幅拓印自贺兰山口的人面岩画"太阳神"。

展览主要分为博物馆中庭、回廊及三楼专题展厅三个区域。自然采光的中庭空间层高充裕，悬挂"岁月失语、惟石能言"的展览巨幅海报；一至三层的回旋长廊悬挂了图文版，用于连接中庭及专题展厅；三楼专题展厅主要展示岩画、拓片等展品。展线规划采用传统的走道式，同时又强调突破传统，运用岩画拓片的展品本身以及作为氛围营造的悬空之石组合形成隔断，给人以强烈的视觉冲击力。同时，采用半透明的浅米色无纺布和灯光投影字增强展览效果。

展览整体风格简洁现代。展陈设计以"岩石"作为主要创作元素，将岩画拓片、岩画石、岩画石模板与"岩石"进行有效选择、利用、改造、组合，对其进行艺术性的创新演绎。利用悬空的石头为视觉亮点，以突出表现"石头的力量"，借以明之岩石在人类文明进程中的重要作用，并呼应展览的主题。展陈设计在色彩上选择黑灰色为主色调，并用浅米色与之中和，配以多处展览主题文字的地面灯光投射，营造出幽暗神秘的空间氛围。

在展览宣传方面，展览主要通过《杭州日报》《西湖报》和浙江省文物局官网、浙江24小时、杭州网、"杭+新闻"、杭州群文网等知名新闻媒体进行宣传。馆方充分利用网站、微博、微信公众号，借助网络平台投放新闻报道、设置关键词链接，让受众更便捷地从网络、手机了解展览。多元化、多角度的展览宣传获得了良好的宣传效果，观众络绎不绝。

中国湿地博物馆还围绕展览自主创收进行了有益尝试。策展团队根据此次展览专门设计开发了一批文创产品进行推广销售，亮点特色产品如拓印小套组，内有木制拓板、宣纸、墨汁、拓包等工具，游客可带回家自行体验拓印。不同规格的宁夏岩画拓片复制画，可进行居家装饰。此外还有拓片图案笔记本、书签、冰箱贴等产品，定价主要集中在50—300元，销售情况良好。

展览自开展以来共计接待观众31万人次，其中未成年人观众12.5万人次。宁夏岩画作为中国北方岩画的代表，不仅是中华各民族文化长期交融的结晶，也是各少数民族古老文明的历史见证。展览通过对岩画、拓片的展示和相关知识的阐述，让观众感受到了宁夏岩画独特的艺术魅力。

潘多拉的盒子——两依藏20世纪欧洲化妆盒手袋艺术展

杭州工艺美术博物馆（杭州中国刀剪剑、扇业、伞业博物馆）

"潘多拉的盒子——两依藏20世纪欧洲化妆盒手袋艺术展"由杭州工艺美术博物馆（杭州中国刀剪剑、扇业、伞业博物馆）主办，王英翔担任展览策划人，实施团队包括展览陈列部、社会教育部等。展览于2018年4月29日至8月5日在杭州工艺美术博物馆一楼临展厅开展。

西方设计与工艺的现代传承和转向，从第一次工业革命以来经历了重大的变革。在这一特殊阶段中，化妆盒基于其功能、审美、身份等多方面的需求而诞生，成为集工艺、艺术、社会、时尚诸多层面内涵于一体的载体，其发展对中国传统工艺与现代设计的发展具有很高的参考价值。

作为博物馆群"美美与共"艺术史系列展的首展，展览联合香港两依藏博物馆以及中国丝绸博物馆，在选题上充分呼应当下对时尚与审美的文化需求，以19—20世纪的装饰艺术史为轴——从"工艺美术运动"到"新艺术运动"，从"装饰艺术运动"到"中国风趣味"至20世纪下半叶经典品牌的独立设计发展。整个展览的内容解读在展现了西方近现代工艺与设计、艺术与时尚的融合发展、东西方审美文化交融的同时，也将女性独立运动等20世纪西方社会文化史的发展纳入了展览的宏观叙事中。

230件（套）来自欧洲黄金时代的艺术品，以及特别挑选的27件具有中国工艺特色与审美趣味的伞、扇工艺品和4套贯穿20世纪西方服饰史的礼服，构成了一个具象、丰满的历史文化与艺术审美情

展览序厅

展厅一隅

境。同时出版图录《化妆盒的黄金年代——两依藏20世纪欧洲化妆盒手袋艺术》，收录了此次展览中两依藏博物馆全部展品的高清图片及英译研究文章，包括展品解读文字共计2万余字。

展览序厅以"钥匙"的造型作为入口，西方内容的叙事围绕着中间的"东方空间"依次延展。整个空间被设计为一个"大盒子"，内嵌单元组团的"小盒子"，穿插展柜"橱窗式格景"；紫色、灰色、金色对比红色、青绿色，使不同区域的视觉氛围个性鲜明。设计风格在总体上与展览主题"盒子"的空间概念以及"西方复古""女性审美"的视觉特质相呼应。开放式的展台造景与展柜内几何化结构造型的组合，在展线中交叉呈现；精细化的展品支架与藏品随行随色，显得精致而又别致；模块化的菱形积木，高低错落，视觉层次丰富。陈列中特别使用了大量镜面材料，光线的折射、影像的倒映，更加突出了此次展品的视觉精美程度。空间中运用了大量图像，根据观展节奏的不同节点，以静态结合动态的形式出现。在整体较暗的展厅中，经典的电影画面、循环播放的原声配乐，一个犹如回到20世纪初舞会晚宴的沉浸空间，使得观展体验获得一种如电影般的舞台感。

展览实行免费参观，全面落实配套服务，包括提供微信语音导览、定期人工免费讲解，现场设有展览形象宣传及免费宣传品。宣传实施展前预热、开幕媒体预览、展中系列跟踪，以互联网自媒体贯穿，省市主流媒体并进，艺术专业媒体深度解读，并在线上推出720°虚拟展。开发特色文创产品"倾城""恋物语""织梦"3个系列，丝巾、杯垫、团扇、饰品、手机壳等18个品种。教育活动围绕"复古时尚"，策划"VINTAGE复古"、"手作体验"及"导览讲座"3个不同系列的教育活动，共计18场，参与观众达488人次。

展览作为一个联合境外艺术收藏资源策划的原创展，并不仅仅停留于西方艺术的介绍，更多地呈现出东西方艺术文化之间的对比与关联，也为观众进一步解读西方设计与工艺中国艺术的影响，以及当代时尚审美中的历史延续。展期中共吸引58家媒体参与报道，累计直接报道119次；观众调查抽样共计486人次，机动性访谈涉及展览的68人次，97%的观众对展览表示感兴趣，其中，53%表示十分喜欢。

这一部"双城记"在媒体的广泛传播和业内的全面解读下，通过展期中针对不同受众人群与观展目的的系列宣教活动，回应了当下社会关注的热点，吸引了更多样的观众群体，延展了博物馆文化传播的边界，开拓了杭州文化交流的国际视野。

国之祀典 —— 清代宁波府孔庙祭祀礼乐器展

宁波博物馆

"国之祀典 —— 清代宁波府孔庙祭祀礼乐器展"由宁波博物馆主办,李军担任展览的总策划。展览于2018年6月30日至11月12日在宁波博物馆对外开放。

展览内容分为"大哉孔子 千载传承""崇儒兴学 遵礼循乐""红墙黄瓦 奠基天下"三个部分,系统详尽地介绍了孔子生平、孔庙沿革,宁波州府县孔庙的兴盛与儒学教育的发展、宁波府祭孔释奠礼以及儒家文化在海外的传播等内容。展览从孔庙"庙学合一"的特点展开,一方面围绕儒家学说的核心"礼",重点突出宁波府孔庙的建筑规制、释奠礼流程、祭祀礼器用途和陈列规范,以及祭孔乐章、乐器、佾舞等,体现祭孔仪式制度化的特点;另一方面介绍随着州府县孔庙的兴盛,宁波地方教育事业快速发展,尊师重教的传统传承至今。

此次展览展出的文物系清同治十二年(1873)宁波府制造的成套孔庙祭祀礼乐器,为民国时期宁波古物陈列所旧藏,传承有序,民国《鄞县通志》有详细记载,现为宁波博物馆藏品,且均为国家三级文物。经过前期调研,馆藏的孔庙祭祀礼乐器种类齐全,囊括了祭孔所用器型种类的3/4,且保存情况良好,是国内除曲阜孔庙外,收藏最为完整、最成体系的一套,具有重要的历史和文化价值。

展览序厅

展厅一隅

宁波博物馆按照展览内容设计的主线形成参观动线，合理规划各篇章空间布局，突出重点部分。在展厅前段打造空间再现，营造沉浸式环境，泮池、灵星门、大成门、大成殿等孔庙核心建筑一纵列排开，重点营造祭孔仪式氛围，同时交代了展览的大背景。龙柏、红墙、黄瓦等孔庙典型元素巧妙地穿插在一级版面、辅助版面等形式设计中，形成整体设计风格。展览背景多用山水，传达传统文化寄情山水之意。灯光运用合理，重点器物照明、版面照明，不仅营造了沉浸式的观展氛围，还突出了重点展品，尤其在多媒体互动上运用了灯光结合声音装置来传达孔子思想的精髓。展品布展上，在主位孔子像前精选了一套礼器按照祭祀的规制摆放，其他则按照礼乐器和器型来分类，兼顾了孔庙现场陈设与博物馆展陈的双重要求。

此次展览共开发描红本、书籍、摆件三种文创产品，产品集生活性、功能性、实用性和艺术性于一体，与大众的生活紧密相连。同时，文创产品对展览文物的文化精神、美学理念和艺术价值等起到了一定的传播作用，成为继承、发扬和创新传统文化的重要载体。

为扩大展览的影响力，宁波博物馆与本地及区域媒体合作进行展览的宣传推广。除利用传统纸媒外，还运用微信公众号等新媒体进行宣传推广与跟进，并结合展览期间的各项活动，开辟专栏、专家论述等方式做专业介绍。此外，展览于2019年1月28日至3月28日已在南孔圣地衢州的市博物馆开启省内巡展首展，社会反响强烈。

宁波博物馆对讲解员、志愿者进行了系统的培训，让观众得到了更好的参观体验。并在此基础上，积极做好各项与展览相配套的活动，有在馆内长期举办的青少年探索体验活动，有针对学龄儿童的开笔礼、软陶、制作手机壳、写生等活动，也有针对成人的文物修复活动，取得了较好的社会效应，展览期间共接待观众34.9万人次。

此次展览依托目前存世稀少的清代州府级成套孔庙祭祀礼乐器文物，力图通过对清代宁波府祭孔仪式的再现，诠释孔庙在中国封建社会意识形态领域和教育事业中发挥的重要作用，弘扬以孔子倡导的儒家"礼乐文化"，唤起社会各界对中国传统文化的尊重。

金钩玉带入梦来 —— 中国古代带钩展

宁波中国港口博物馆

"金钩玉带入梦来 —— 中国古代带钩展"由宁波中国港口博物馆主办,李蜜担任策展人,策展团队包括展陈部、学术研究部等部门。展览于2018年4月21日至7月2日在宁波中国港口博物馆临展厅开展。

展览以"带钩"为主题,在策展理念上,摒弃了"献宝式"的展览方式,而是选择"信息定位型展览",把带钩放到中国古代文化的大背景下去诠释,深入发掘带钩蕴含的文化因素。配以图文、陶范、画像砖和瓦当拓片等辅助展品,使带钩不仅成为参观欣赏的对象,更成为故事叙述的主角,从而办出一个雅俗共赏、以小见大的中国文化展。

展览以中国古代文化为纽带,以带钩自身附带的最明显的文化因素为节点进行分类编组,而后通过辅助展品与文物的组合,对该文化信息进行强调和阐释,达到信息传播的特定化和最大化。展览分三个单元,从文化、工艺、美学三个角度去诠释带钩。第一单元"带钩与华夏文化",主要展示带钩的历史及用途,阐释带钩与民俗民风、图腾崇拜、等级制度的关系。第二单元"带钩与中国工艺",主要展示带钩的铸造工艺和装饰工艺。第三单元"带钩与东方美学",主要阐释带钩的纹饰和造型。

为确保展览的科学性、准确性和学术性,馆方特邀省文物鉴定站选派专家开展鉴定,在此基础上再由策展人精选了409件(套)带钩呈现给观众。如战国鸭首纯银贴金伏羲形带钩,反映的民俗学意义深远;春秋虎咬夔龙环链青铜带钩,形制特别,体现出杰出的青铜器铸造工艺;战国龙首错金银镶嵌绿松石凤鸟几何纹青铜带钩,工艺繁复,纹饰精美,代表着古人的审美高度。

展览的形式设计充分考虑了文物特征和内容

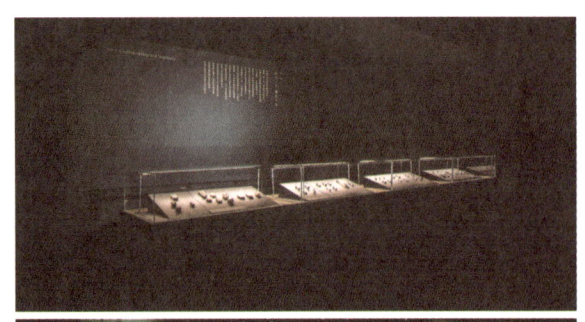

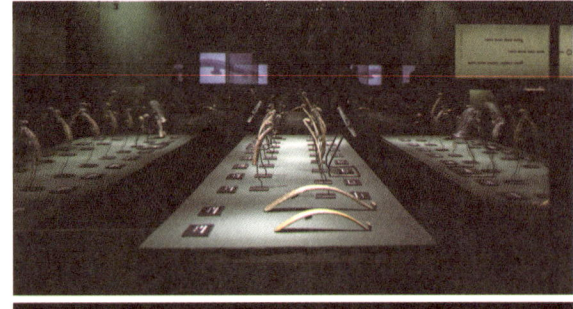

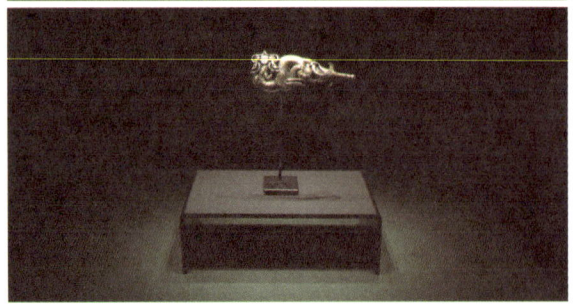

展厅实景

主题。从带钩青铜质地及镶嵌的绿松石中汲取墨绿色为主色调，以金色和黑色为副色调，体现出历史的沧桑感和带钩的尊贵感。灯光设计强调在提供良好的观赏清晰度和视觉舒适度的同时，充分考虑文物展品的光学保护。序厅的灯光设计采取了降低环境照明的方法，较少使用大角度照明设备，使用了12盏造型灯，在地面上投射出绿色、白色圆形光斑来营造"梦境"的空间感受，从而紧扣"金钩玉带入梦来"的主题。采用半弧形造型门框及嵌入式绿色背景发光灯带效果来作为各个单元的空间分割，使展览内容层次清晰易读。"带钩与东方美学"部分利用展厅6米的层高优势，设计了4个6米高的展示装置，既具有展品的展示设备功能，又利用其高度体量将带钩上仅有毫厘大小的精致图案放大至2—3米进行展示，营造极具冲击力的视觉效果。

"带钩与中国工艺"展柜

展览充分利用官方网站、微信公众号、微博等网络自媒体宣传，并在开幕式当天进行了网络直播，以现代化的网络社交公共平台构筑大众与博物馆陈列展览之间沟通的桥梁，推动展览的宣传推广和博物馆教育传播功能的实现。展览免费对外开放，并针对不同类型的观众准备不同的接待方案。提供了专家、讲解员和志愿者三种讲解服务，并实现了数字虚拟展览。展览期间邀请专家学者开展专题讲座，并举办了8期青少年社教活动，精心制作了展览图录。配合展览共开发出饰品、文具、腰带等多个品类的文创纪念品。电视台、报纸、网络等各级传统媒体和网络媒体多角度、多层次宣传报道了此次展览，其中《典藏》杂志专版刊登介绍此次展览。

通过观众留言可以看到，大家不仅看到了带钩的精美，也感受到了中国文化的博大精深和中国人传承历史的责任。孩子们通过互动活动在享受乐趣的同时学习知识，接受美的熏陶。展览展出带钩多为私人所藏精品，难得一见，许多专家、学者前来观看，并高度肯定。

展览开展后，除了宁波本地人，许多浙江省内甚至外省观众也专门前来参观此次展览。在短短不到3个月的展期里，共接待观众11.9万人次，其中青少年观众2.3万人次，取得了巨大的社会效益。

清风隽永 —— 明清江南扇面精品展

金华市博物馆

"清风隽永 —— 明清江南扇面精品展"由金华市博物馆主办，徐卫担任展览策划人，制作团队包括陈列网信部和保管研究部等部门。展览于2018年9月28日至11月28日在金华市博物馆一楼"诗书传家"展厅向公众开放。

金华市博物馆馆藏明清扇面数量众多，且题材丰富。此次展览是该馆迎接开馆三周年的年度重点展览。举办此次展览，可以使观者在了解扇面制作工艺、欣赏扇面绘画艺术的同时，探寻蕴藏在扇子背后的意义。展览共计展出明清扇面106幅，轮换展示当代扇面书画作品26幅。

展览核心章节"山水寄情""花鸟娱心""诗文咏志""容影随性"，分别以山水、花鸟、人物、书法等为题材，为观众展示传统书画艺术的审美情趣与思想境界。同时此次展览还是"有生命的""可生长的"展览策展团队在展览尾声创造性地设置了"舒合之致"章节，该区域在展览开展时为留白展柜，当代书画家们可在展览期间为博物馆投稿，并在此区域予以展示。该章节有如给观众抛出一个问号，让观众感受以扇面艺术为视角的中国传统书画艺术在当代的传承与发展，思考传统美学思想与当代生活的关系。为了区别于普通书画展"极简式"展陈手段，策展团队在形式设计和展厅气氛上都做了一系列的尝试与突破，力求通过这个展览倡导传统美学在博物馆陈列展览上的继承和复兴，表达一种带有现代主义特征的，强调"清雅、境界、气韵、留白、虚实"等以古典美学理论为核心价值的，以现代形式演绎呈现的亦古亦今的简约之美。

展厅总体氛围把握"清雅"，形式设计讲究"渗透"而非"凸显"，有意识地在色彩选择上降低展厅的色彩对比度，在烘托观众气氛的同时谨防过度设计。序厅提取了折扇、团扇以及山石、明月等古典美学元素，营造出古人寄情于山水、笔耕砚田的思想境界。展柜背板在满足展品描述、解读、诠释

"山水寄情"展示单元

"花鸟娱心"展示单元

"诗文咏志"展示单元

的基础上,风格化地提取书画核心元素,对应展示板块的表达诉求,烘托展品"气韵"。展厅布置如同古典水墨画,"于方寸之地勾勒天地,于无画处凝眸成妙境"。展览节奏疏密有致,"留白"有度,浓淡得宜,搭建的竹影小景是对传统美学"虚实"变幻的一种当代化的诠释与致敬。

展览宣传方面,博物馆在开展前举办了开幕式,与《金华日报》《金华晚报》《浙中新报》和金华电视台、"百姓零距离"、"直通8890"、"金华之声"、金华新闻网等媒体合作,对展览进行了多渠道、全方位的宣传。展览迄今在平面媒体上报道10篇,网络媒体报道120余条,电视媒体报道20余次。

配合展览,博物馆开展了丰富多样的社教活动,其中工艺书法课堂"纸扇题词"与扇面手绘课程"丹青墨韵"最受观众喜爱。活动邀请专业老师进行授课,在注重传授传统书法、绘画知识技巧使用的同时兼具创新。此外,博物馆还邀请国家级书法家、美术家进行现场"笔会",与东市街小学、环城小学等学校进行馆校合作举行绘画课外实践活动,邀请了中圣小学的14位小小书法家,在金华博物馆大厅为观众展示书法表演等活动。展览正值炎炎夏日,博物馆特地选取展品中部分素材,制成既有纪念意义又实用的折扇,作为本次展览的文创产品,展览还出版了《清风隽永——明清江南扇面精品展》图录。

结合线下展览,金华市博物馆网站特别设置了虚拟展厅展示精品扇面高清图像及文字介绍。展览结束后,观众依然可随时随地通过手机、电脑等客户端观看展览。同时,在展览期间通过微信公众号、网站开展线上观众问卷,了解公众的需求,听取意见和建议,更好地为公众服务。

展览日参观量逾2000人次,2018年参展人数达57683人次,受到了社会各界广泛好评。

幽香氤氲——香具·香品·香文化

安徽博物院

"幽香氤氲——香具·香品·香文化"展是安徽博物院策划的原创临时展览，由安徽博物院主办，安徽省考古文物研究所、阜阳市博物馆、无为县档案局、金寨县文物管理所、安徽省沉香博物馆协办。展览于2018年9月28日至2019年2月28日，在安徽博物院新馆二楼临时展厅向公众开放。

我国用香历史悠久，最早可追溯至新石器时代。熏香、燃香在古人的生活中占有重要的地位，文人读书作画、宴请宾客要熏香，女性熏衣取暖、相思感伤会用香，子孙祭拜先祖、礼天礼地亦需燃香。不同时代、不同场合、不同身份的人所用香具、香品也有所区别，古人在漫漫时间长河中逐渐融入各类香具、香品与用香方式，从而构成了中华民族源远流长的香文化，作为古代丝绸之路贸易往来的大宗——香料，也曾在东西方经济文化交流中大放异彩。展览进一步践行了继承与发扬丝路精神，弘扬中国优秀传统文化，丰富公众的精神文化生活宗旨，引领观众走进历史中的馨香世界，重拾香文化的记忆，为置身喧嚣忙碌中的观众开辟了一方修身、修心的净土。

展览选取在不同场合、不同身份的人所使用的精品香具、书画以及雕刻艺术品，从汉代的博山炉到宋代的繁昌窑青白釉斜直纹杯式炉，从宋代的绿釉狮盖香薰再到清代的鸭形带座铜香薰，抽丝剥茧地深度解读展品所蕴含的文化信息与艺术情趣。在内容结构上，展览分为"馥郁缭绕：香具发展小史""香之神：香具与信仰礼仪""香之韵：香具与世俗生活""香之道：香品与品香"四个单元。第一单元以时间为主线展示香具的时代演变；第二单元、第三单元分别阐释香具在不同场合中的运用与思想内核；第四单元通过对香品、沉香雕刻艺术品以及品香的展示将展览升华至对香文化的剖析上。展览通过对香具的展示、香文化在宗教信仰、世俗生活中发挥的作用的阐释，打造出一个视觉、嗅觉、听觉皆备的沉浸式展览，使观众在展览中感受古人的用香生活，增长知识、愉悦心情。展览展出各种香具、沉香雕刻艺术品共计95件（套），其中还包括承载用香场景的书画及雕刻艺术品。

展览形式设计以营造浪漫的氛围、构建清雅的意境为原则，利用明暗相映的灯光将古人在用香时的环境、心境烘托出来。展厅布局合理，着重突出对重点文物的展示，形式上多采用虚实和借景的手法。运用文字、图表、场景、实物、多媒体等手段，达到温馨、静谧、简朴、儒雅的展示效果。

教育活动方面，馆方举办了三场"空灵之约——香文化"主题活动、一场"谈香论道"雅集活动、一场"香萦紫禁：清代宫廷香文化"专家讲座、多场青少年手工体验活动以及多场策展讲解导览。这些教育活动增补了对香文化的阐述，延伸了展览外延。

媒体宣传方面，通过安徽博物院官方网站、微博、纸媒、电视台、公众号的信息传递，有效增加

展厅实景

了展览的参观量,展览期间共计 30.7 万人次参观展览。展览在展期间,对配合展览的社教活动、学术讲座通过自媒体进行及时宣传,比如对 2018 年国庆期间围绕展览推出的观展讲解、互动课堂、香艺展示、手工体验等多项社教活动进行网站、微信、微博多渠道宣传,针对展览的宣传报道 17 篇次。通过安徽博物院官方网站、微博、微信等媒体及时持续地宣传展览 40 条,微博策划推出的"约会博物馆""展览推介""展厅寻宝"等话题,阅读量 80.19 万次,互动 836 次,反响热烈。

安徽博物院针对此次展览,在展览入口旁另开辟了文创产品销售点,产品包括沉香手串、线香、精油、面膜、神皂等一系列文创产品及自主创作的《一日香事:带你认识古代香炉》绘本等。

在展览创新方面,策展人尝试开拓器物类展览内容设计的新思路,将历史研究使用的"三重证据法"运用到展览中,即将"器物"(香具)、"传世文献"(记载用香场景、用香方式的文献)、"承载展览主题情节的书画、雕刻及其他器物"相结合的展示方式呈现用香场景。其中,第三种证据的运用尤为重要:一来以古证古使展览内容更有说服力,二来第三种证据可以补充展览中缺少的香具。

此次展览为生活繁忙的观众提供了一方静心、内观、审视自我的小天地。在电视台对参观观众的随机采访中可见,观众对展览给予较高的满意度。此外,展览尤其受到香文化爱好者、国学爱好者的欢迎。

笔墨传承——新安画派、黄宾虹、赖少其艺术渊源研究展

安徽中国徽州文化博物馆

"笔墨传承——新安画派、黄宾虹、赖少其艺术渊源研究展"由黄山市文化委员会和合肥市文化广电新闻出版局主办,由安徽中国徽州文化博物馆和合肥市赖少其艺术馆承办。展览于2018年5月16日至6月14日在安徽中国徽州文化博物馆专题一、二展厅展出。

展览向观众展示了赖少其山水画传承新安画派、黄宾虹的艺术理念及笔墨之道,在内容结构上分为三个专题,展示了不同历史时期的徽派版画作品,有利于进一步传承徽派文化,宣传中国传统艺术和时代精神,加强当代美术创作的研究、启示和引导,弘扬中华民族优秀文化。此次展览共展出相关作品60余件(套),文献史料100余件(套),展览内容都和黄山以及中国徽州文化博物馆二层"徽州艺术"展厅陈列的古代徽派版画、新安画派、黄宾虹文献有着密切的关系,充分展示了新安画派及代表人物和黄宾虹的作品风格、艺术理念及笔墨之道,以及赖少其认真临摹学习、注重研究传统、积极弘扬黄宾虹艺术,体现了赖少其山水画的笔墨传承及艺术渊源,以及他弘扬徽州文化艺术精华的重要贡献和"以文载道"的艺术追求。

赖少其雕像

展厅一隅

此次展览是安徽省第一次全面研究和完整展示各历史阶段徽派版画艺术，系统梳理和深入研究从古至今徽派版画艺术，特别是"新徽派版画"的表现形式及发展脉络，丰富的图文资料完整地反映了徽派版画不同时期的作品风格和艺术特色，体现了新徽派版画的艺术价值和对国内外的广泛影响，以及艺术馆收藏、研究、展示和专业化建设水平的提升，特别是突出了以赖少其为代表的新徽派版画传统继承、创立发展以及承先启后的历史作用，具有深刻的学术内涵和强烈的艺术特色。

策展方在馆藏版画的基础上深入挖掘和整合各处的版画藏品资源，先后征集了安徽博物院、安徽中国徽州文化博物馆、歙县博物馆和绩溪县博物馆及图书馆馆藏古代徽派版画的文献资料、老一代版画家和当代中青年版画家的代表作品及创作资料，体现了国家美术藏品和版画家作品的资源共享，有益于准确评价新徽派版画艺术在中国和安徽美术史上的学术定位，进一步促进新徽派版画艺术的传承、创新和发展。

展览主要以赖少其的原创版画作品和书信以及当代中青年版画家的代表作品为主，辅以展厅内的触摸一体机播放相关视频。展陈设计主要采用清新素雅的颜色并采用暗纹予以点缀，在视觉上给人安静古朴的感觉，展厅一角通过摆放赖少其的雕像并通过灯光投射来烘托整体氛围。

在展览宣传方面，博物馆利用官方网站和微信公众号对展览进行宣传，同时邀请《黄山日报》《新安晚报》和黄山电视台等新闻媒体对展览开幕式进行现场报道，收到了良好的成效。展览现场还通过易拉得展架的形式，向观众详细介绍赖少其的生平和艺术成就以及徽派版画的发展历程和艺术特点。此外，馆方还精心制作了宣传画册在展览现场供观众免费领取，更好地向观众传达了赖少其的艺术成就和徽派版画的艺术特点。

此次展览吸引了大量观众前来参观，在展出的一个月内博物馆共接待观众2.74万人次，社会各界对展览给予了很高的评价。此次展览是优秀文化成果的一次分享，不仅丰富了黄山市民的文化生活，为广大群众提供了优质的公共文化服务，加强了公共教育和推广，更促进了合肥、黄山两地文化艺术的深入交流，有利于加强徽派版画艺术的传播交流和学术研究，扩大徽派版画艺术的影响。展览还入选了"文化和旅游部2018年全国美术馆馆藏精品展出季"项目。

潍坊地区出土青铜器特展

潍坊市博物馆

"潍坊地区出土青铜器特展"由北京大学历史学系、山东省考古学会、山东大学历史文化学院、山东省博物馆学会主办,北京大学出土文献研究所、潍坊市文物局、山东省文物考古研究院、潍坊市博物馆承办,于2018年10月18日至2019年3月18日在潍坊市博物馆开展。

潍坊作为东夷和海岱文化的核心区域,吉金与方国繁若星辰、异彩纷呈。自后李、北辛经大汶口龙山至岳石文化,三代文明与氏族古国相互交融,分布广泛且传承有序。由历史反映到实物,潍坊地区馆藏出土青铜器极为丰富。此展汇集全市考古发掘、学术成果、馆藏精品之大成,举十数馆之力,汇聚212余(套)件潍坊地区出土青铜器于一展,为潍坊市建市70年以来首次。

此次青铜器特展以考古发掘和学术成果为基础,旨在推出精品展览,展示华夏文明之绚烂多姿、潍坊文化之厚重与磅礴,以更加强大的文化自信彰显中华民族自信,从而践行习近平总书记"让文物活起来"的重要讲话精神,让博物馆更多的文化成果惠及社会。

潍坊北濒渤海,南望泰沂,左挽潍水,右领淄河,地兼山海,继之夏商周三代至秦汉,时势与历史深度交融碰撞。作为海岱区域东夷文化的核心,从亚醜方国、纪氏王侯、太公营丘、望留九台等众多商周遗址,到臧家庄、西辛至、马家冢等战国两汉墓葬,从中出土的殷商斧钺、春秋钟镈、战国剑戈、秦汉熏壶与镜鉴钱币等精美青铜器物,亦是数量庞大,光彩夺目。

展览由"礼乐文明""金戈铁""基金万象"三部分组成,较为全面地展示了潍坊地区历史传承和青铜文化的特点。为提升展出效果,馆方将展览内容加以延伸,增加了"金石永寿"版块,主要展示

展厅一隅

全形拓、仿古铜、文创产品，还设有观众3D打印体验互动区，成为展览的"最后一个展厅"。

在进行文物展品选择之前，馆方充分调查研究了各县市区博物馆和文保所所藏商周至秦汉考古发掘出土青铜器的特点，从年代、铭文、纹饰、器形等方面拣选各类青铜器展品。由于青铜器展览学术性和专业性较强，在展览中恰如其分使用辅助展品，能使展览的内容和形式得以升华和延伸。展览的第三部分第一单元，特拣选汉代五铢铜钱6枚，置于钱范之内；展览的延伸部分将毛公鼎、曾伯簠、楚公钟的青铜器复制品，同清代毛公鼎、曾伯簠、楚公钟全形拓立轴进行对比展出，增加了展览的感染力和展示效果。

在展览的形式设计上，展厅整体以"故宫红"和"国博灰"为基础色调，采用可调式低照度光源，展厅展线设计为"回"字形结构。博物馆公共空间位置布局合理，游客服务中心、休息区域、博物馆餐厅、博物馆商店公共配套设施齐全、运行正常。

为做好展出期间的宣传和推介工作，潍坊市博物馆专门制订了详细的展览宣传推广计划。展览受到全国各大媒体的高度关注，展览期间《中国文化报》、《中国文物报》、《人民日报》（海外版）、大众艺术网、《走向世界》杂志、《潍坊广播电视报》、潍坊电视台、中国文物信息网、中国社会科学网、齐鲁网、山东网、博物馆头条等20余家媒体，对展览进行了深度报道。北京大学出土文献研究所朱凤瀚研究员、全国展陈评审专家徐乃湘研究员参观了展览，并对展览的各个层面给予高度评价。

展览制订了详细的观众接待计划，做到"因人施讲"，同时在观众服务中心设立了"展览讲解咨询处"并放置展览宣传页10000份，投放无线语音导览机60台。在展览的序厅设置影像设备放映考古发掘现场的影视短片，重点文物设置两台电子触摸屏。

在文创产品开发方面，博物馆专门成立的研发团队依托青铜器文物资源优势，研发制作文创产品和文物衍生品六大类20余种，包括青铜重器毛公鼎的复制品、古印玺的复制品和艺术衍生品以及毛公鼎全形拓的复制品等。展览期间专门设立了文创产品商店，同时在展厅放置3D打印机为观众现场打印毛公鼎，深受观众的欢迎。

为了满足观众网上观展的需求，博物馆借助网络增加展览的认知度和影响力，在官方网站制作了展览网页。将展览内容浓缩为精华版，每部分文字说明严谨简练，选取重点文物展品，形成了图文并茂的网上展览。

天下无双品　人间第一花——故宫博物院藏牡丹题材文物特展

洛阳博物馆

"天下无双品　人间第一花——故宫博物院藏牡丹题材文物特展"由洛阳市人民政府、故宫博物院主办，洛阳博物馆承办，于2018年4月19日至7月9日在洛阳博物馆开展。

展览以牡丹为题，以牡丹题材文物为载体，在第36届洛阳牡丹文化节期间向社会公众免费开放。展览遴选故宫博物院典藏的明清时期牡丹主题文物108件（套），使故宫沉淀着历史、艺术之美的皇家牡丹文物菁华与洛阳活色生香盛开的牡丹花卉争奇斗艳、相得益彰，公众可充分领略古今牡丹文化意趣的传承与弘扬。

展览以牡丹题材文物为主线、以牡丹文化为辅线，共分七个单元，包括了以牡丹做装饰展现牡丹艺术世界的"芳菲独秀"；展现牡丹与龙、凤相组合，彰显皇权尊贵的"嘉瑞呈祥"；展示牡丹与花鸟组合，蕴含美好寓意的"鸟语花香"；表现以写实技法绘制牡丹图谱、图卷的"写真传神"；以淡彩水墨传达牡丹风神的"淡雅清新"；或用工笔设色、刺绣缂丝透露华贵的"富丽浓艳"；以及将牡丹永恒

展厅入口

展览开幕式　　　　　　　　　观众合影留念　　　　　　　　"花开梦圆"展示活动

凝固于丝线光华之上的"华章焕彩"。此次展出文物类型丰富、各具特色，不同单元主题文物分别穿插介绍牡丹的生存小常识、牡丹掌故、颂美牡丹的名词佳句等，与展品相呼应，更好地诠释了展览的内涵。

展览紧扣"故宫牡丹"主题，在形式设计上既营造出浓郁的宫廷氛围，又贴近牡丹主题。展馆门头营造宫廷氛围，序厅主展标以牡丹作装饰的照壁显得雍容华贵；第一单元精品独立柜以"阵列"的形式在中央摆开，给参观者以强烈的第一印象；第五、六单元之间巨型独立柜作为展厅软隔断将大幅作品展示，使展厅流线更加通畅；尾厅中央地面"花开富贵"地面互动投影系统，有效提高展览的趣味性。

展览以故宫典藏牡丹文物为主，在展厅氛围上以文物为中心营造，配合适当辅助展品，巧妙利用空间，直观表达主题，诠释牡丹文化深厚内涵。展览空间采取"九宫格"阵列、独立柜与墙柜相结合的形式，使得展厅空间布局合理，展线流畅自然。展览在原有建筑布局基础上，合理规划建筑空间，利用展厅原有自然光，庭院借景，采用技术手段合理控制自然光。展览采用多媒体播放、互动投影系统、投影灯与触摸系统组合，提高展览的趣味性和参与性，拉近与公众之间的距离。

展览充分利用自媒体、新兴媒体加强对牡丹文物特展的宣传；各知名媒体、摄影师、媒体人等相继对展览做出相应报道；与传统媒体全方位合作，在河南电视台、洛阳电视台、洛阳广播电台、《洛阳日报》等多家传统媒体制作电视节目和新闻快报等。洛阳博物馆也利用官方网站、官方微博以及微信公众平台进行了展览介绍、网络直播等宣传推介活动。

配合展览，博物馆开展了形式多样的社会教育活动，诸如花道展示、DIY体验、展览直播和特色深度讲解活动等专题互动体验项目。邀请专家学者在"洛博国学讲堂"进行了"漫话牡丹题材古瓷"免费讲座作为展览的背景和延伸。博物馆文创部门以"牡丹"为主题，设计了牡丹图案真丝丝巾、牡丹图案真丝茶席、牡丹图案女士手袋等精美多样的文创产品，深受观众喜爱。

此外，博物馆还推出了虚拟展览，分为各单元介绍、展品展示、展厅实景图、展览快讯、电话预约等，通过互联网平台，为网上观众呈现出整体展厅的气氛和意境，全方位地诉说文物展品价值与其中的历史文化背景。

天涯咫尺 —— 武汉博物馆藏明清书画手卷精品展

武汉博物馆

"天涯咫尺 —— 武汉博物馆藏明清书画手卷精品展"由武汉博物馆主办，刘庆平担任展览策划人，制作团队为武汉博物馆展览交流部、藏品保管部、信息部等部门。展览于2018年11月12日在武汉博物馆交流展厅开展，展期至2019年1月20日。

手卷是中国书画装裱的一种式样，亦称"长卷"或"横卷"，以能握在手中顺序展开阅览得名，主要供文人雅士于案头揽赏之用。随着手卷的徐徐展开，咫尺之间，千里江山尽收眼底，使观者犹如悠游于山水之间。武汉博物馆古代书画馆馆藏丰富，名家作品瑰丽多姿，尤以明清最为丰富，珍藏的手卷多为名家丹青墨宝。为了丰富武汉市民的文化生活，武汉博物馆以近年来的书画研究成果为基础，通过馆藏明清手卷和相关知识讲座，让观众了解书画手卷相关知识，领略中国优秀传统文化的深厚魅力。

在内容设计上，展览将武汉博物馆馆藏明清手卷精品10件全卷展出，展出的手卷虽数量不多，但风格多样、品类丰富。"可感可知、可读可赏"是此次展览所追求的重要目标，为此，展览特别使用了大量展板对展出作品进行逐一详细解读：大至全景构图、谋篇布局，小到局部面貌、山水一角、笔墨留痕，作者信息与鉴藏者题跋印鉴，等等，内容丰富、图文并茂，旨在对展出作品进行全方位的深入

展览序厅

展厅实景　　　　　　　　　　　观众参观　　　　　　　　　　　观众参观

解读，为观众开启中国古代书画艺术宝库的大门提供钥匙。

　　长卷巨幅，立意高雅，丹青翰墨，印跋生辉，尽展中国书画手卷之内涵风貌。画卷方面，既有江天叠嶂、波澜壮阔的巨幛大幅，又有竟陵胜景全景式展示的风物长卷；既有渔歌唱晚于山水之间的幽雅闲情，亦有黄澥诸峰巍峨峭拔的凛然风采。书卷方面，风骨高骞如张瑞图之书《后赤壁赋》，激越跳荡如王铎之书《杜子美赠陈朴阀诗》，气势轩昂如八大山人之书《南江天子障诗》，书迹淋漓，墨香悠远。其中，明代郭诩《竟陵四景图》卷和清代黄均《招鹤亭图》卷真实再现了湖北天门和武汉的历史风貌，显得尤为珍贵。不仅是山水佳构，更具备极高的史料价值。

　　在形式设计上，展览总体设计古朴质雅、幽静深远，突出展品艺术美及内涵表达。根据展览内容合理布局，层次清晰。展板设计追求淡雅、精致，与展品协调统一。通过对主题和内容的解读，从展品中抽取传统色彩及图案元素，进行创作设计，利用铝型框和软膜材质，并配以立体字和灯光的衬托，突出展览主题，给人引人入胜的感觉。手卷作品长达几米乃至几十米，为了将手卷全卷展开，又不显得紧凑，利用传统的木质展架和流线型的展台进行分隔，知识的展板搭配历代文房作为辅助展品的合理穿插，使空间分布张弛有度。

　　在宣传方面，博物馆按时间段逐级升温的方法，加大了展览的宣传力度，通过公共及自有媒体平台、报纸、电视、广播、宣传册页多种形式进行全面宣传。开展之前，制作了既有学术价值又具备一定互动性的展览简介；展览展出期间运用网络平台进行网络直播，专家现场为公众解读珍稀手卷，吸引了3.9万人次观看；馆方特别为展品录制了语音导览，观众只需扫描二维码，就可以获取作品对应的音频故事，聆听翰墨淋漓、丹青妙笔的动人故事；在《长江日报》、《武汉晚报》、《楚天都市报》和搜狐网、武汉一台、武汉六台、科教生活频道、武汉教育电视台等主流媒体发布展览信息，利用自有媒体平台资源，在官方网站、微博、微信等发布展览信息；配合社教活动，深入学校和社区进行宣传推广。

　　针对不同群体的观众，展览还开展了以文字的流传和书写材料为主题的"字传千百年——文字的书写材料""请君为我倾耳听——武汉博物馆藏明清书画手卷赏析"等系列社教活动，引导公众感知古人的智慧，理解传统文化的深刻内涵。

　　展览期间，累计接待观众14.6万人次，收到了良好的社会效益。参观观众对于全卷展出的形式给予了高度评价，为武汉博物馆举办同类型书画展提供了有益经验。

风·尚——18至20世纪中国外销扇

广东省博物馆

"风·尚——18至20世纪中国外销扇"展览由广东省博物馆主办，中国扇博物馆、广东民间工艺博物馆、广州十三行博物馆、广州迪士普音响博物馆协办，于2018年12月18日至2019年5月5日在广东省博物馆开展。

扇子在东西方都具悠久的发展历史，最初是身份、地位、礼仪的象征。中世纪以来，欧洲宫廷贵妇往往以拥有一柄奢华精美的扇子作为炫耀攀比的资本。18世纪是全球贸易的黄金时代，大量中国制造的奢华精美、匠心独运、中西艺术风格共融的外销扇极大满足了西方市场对扇子的热切渴望和需求。清代外销扇是中国工匠应海外市场需求而制作的，具有中西艺术风格共融的特征。它们是清代海上丝绸之路中西贸易与文化交流的产物，是粤港澳大湾区历史记忆的承载，体现着精益求精的中国"工匠精神"，掀起西方世界中国风的时尚热潮。

展览从"东西相遇""艳惊西方""香扇物语""扇艺纷呈"四个方面讲述中国外销扇出现的时代背景和对欧洲产生的影响，并通过解读中国外销扇的题材与特征，比对同期中国扇、欧洲扇和"中国风"扇，从而感悟扇子是世界文化交流、融合与互鉴的产物。

在展品选择上，第一部分选取带有商标的扇盒与扇，对有扇铺商标的外销扇与扇盒进行组合展示，让观众直观感受这些风靡世界的外销扇所散发的独特魅力；第二部分选取外销扇精品与服饰品，组合展示扇对欧洲女性的影响；第三部分按扇面题材解读外销扇品种；第四部分比较中国与欧洲扇的异同，认识扇是文化交流互鉴的产物。

展览序厅

全景图

展览紧扣"优雅与时尚"这一策展理念,将传统和现代重新糅合,采用后现代的设计手法,以主题式的展示方法重新唤醒展品的艺术价值,达到内容与形式高度统一。亮丽时尚的空间色彩是本次展览的一大特色,时尚的淡紫、粉红、薄荷绿,运用几何切割的方式配搭优雅高贵的黑色和深紫,再赋予奢华的金色勾勒点睛,营造优雅与时尚的观展氛围。

在空间设计上,展览利用展厅无承重立柱的优势根据展览内容进行合理设计,修长错落的商业街铺、圆形开阔的舞台式聚会场所、张弛有度的空间节奏为观众带来丰富的空间体验。空间间隔采用玻璃和实体墙交替使用,空间虚实变化,视觉通透。展线流畅,设有欧式风格休息区,灯光明亮舒适,以优雅的圆舞曲为背景音乐,观展氛围轻松惬意。为更好地烘托展品,展览遵循适度原则,将辅助展品与文物展品组合展示,浸入式营造外销扇使用的宫廷聚会空间。扇语互动区通过洛可可风的壁纸、镜子、桌椅与扇子营造欧洲室内氛围,观众通过图版及视频提示,自由演绎扇语内涵。

展览得到来自新华网、《广州日报》等中央和省市媒体的高度关注。截至 2019 年 1 月底,粤博官方微信、微博和豆瓣共发布展览相关内容 24 篇,阅读量累计 175 万次。展览策划"马丁的海淘日志"学习纸和爱阅读两类读物,展览宣传视频两个,并与广州地铁、广州大剧院、易简传媒等机构达成合作,线上与线下联动传播,引爆关注。

在公众服务方面,展览采用了多样化的导览方式:包括专家、讲解员和志愿者定时免费人工导赏及微信语音电子。开设扇语互动区、"FAN 起涟漪"戏剧工作坊、扇文化系列主题活动、学术讲座与沙龙,面向不同年龄层观众开展不同主题的教育活动。还通过留言簿、现场和网上问卷等方式,对到访和潜在观众进行调查。

展览文创产品紧扣主题、特色鲜明、精致时尚、贴近生活。馆方共推出产品 12 种 32 款,涵盖日用品、装饰品、文具、食品、饮品等方面。备受赞誉的是集颜值与味蕾盛宴于一身的风尚主题蛋糕,外形取自珍藏在扇盒中的香扇,为观众带来一份法式的优雅与浪漫。

展览采用新一代 AI+ 立体光场数字化技术,让观众利用私人电脑(PC 端)、手机端、虚拟现实(VR)头盔都能沉浸式进入 100% 真实还原的 3D 虚拟展览空间,不仅能够以第一视角自由行走模式近距离高清欣赏 163 件精美展品,还可以听取超过 20 件推荐重点展品的高清影像和讲解音频。

扇子上的东方与西方：18—19世纪的中西成扇

广东民间工艺博物馆

"扇子上的东方与西方：18—19世纪的中西成扇"展览由广东民间工艺博物馆主办，英国维多利亚与艾伯特博物馆、格林威治扇子博物馆、剑桥大学菲茨威廉博物馆协办。展览于2017年12月1日至2018年4月1日在广东民间工艺博物馆后东斋、后东厢展厅展出。

为了展现中西文化交流的风采，并配合当下"一带一路"国际化文化交融的大背景，以及2017《财富》全球论坛12月6—8日在广州举办，广东民间工艺博物馆向协办方的三个英国博物馆商借展品，结合馆藏广州外销成扇策划举办此展览，进一步挖掘与讲述海上丝绸之路上中西交流的故事，让公众加深对中外贸易与文化交流之复杂性与多样性的认识。

展览分为三大版块，从多角度展示18—19世纪中西成扇在工艺、材质、纹饰等方面的对比与交流。第一版块为"引子：广州扇、欧洲扇"，选取特点鲜明的18—19世纪中西成扇4把，作为"中西对比"主题的概览。第二版块展示西方的成扇，突出"欧洲成扇的中国元素"，细分为"西方扇风尚掠影"、"成扇的'中国风'"与"欧洲成扇中的'中国制造'"三个部分。为与西方的成扇形成对比，接下来的第三版块展示中国的扇子，即"中西交汇下的广州外销成扇"，具体选取馆藏广州外销成扇，展示市场需求影响之下广州外销成扇在材质、纹饰等方面的特色与变化，体现中西文化的交织碰撞。

展览的展品有相当一部分为首次展出的精品。为展示中西贸易的背景与文化交流的主题，馆方一方面特意挑选了两种类型的欧洲成扇：一是纹饰与题材受当时流行的"中国风"影响的扇子，二是部件为广州制作、从广州进口至欧洲再进行组装的扇子，充分体现了欧洲成扇中丰富多彩的中国元素；另一方面，从馆藏广州外销成扇中按材质、工艺以及有外销特点的纹饰等方面来挑选、组织展品。这

展厅实景

展厅一隅

些外销成扇以广州工艺传统为依托，专为西方市场而制作，基本涵盖了广州外销成扇制作史上各个阶段和种类的典型，在时间序列和材质变化上，大致反映了清代广州成扇外销的历史发展脉络。

展览的设计思路突出历史感与对比感。前言场景中利用广州博物馆藏品《广州城远眺铜版画》图像作为底图，呈现出展品的中西贸易历史背景。此外，将中、英前言文字分别放在扇子造型当中，一中一英、两个扇子左右对应，中文扇形的前言为红色，代表东方，英文扇形的前言为蓝底，代表西方，形成鲜明对比。同时，两个扇形的排列方式又如同一对玉璧的两个部分，两相结合，体现了合璧的意蕴，充分体现了展览中西成扇对比、交融的主题。结束语场景同样利用扇形来装饰文字，与前言的设计呼应；而扇形取自展品的原型，保留了展品原来的亮丽色彩与精致纹饰，相对前言有了变化，也为展览增添了丰富色彩。

经统计，展览从策展以来共有25家国家级媒体分别在其报刊、网站、微信、微博等平台对展览进行了共计33次报道，8家省级媒体分别在其报刊、网站、App平台、电视台对展览进行了共计9次报道。为更好地让公众特别是学生群体，理解展览的丰富内涵，体验中西文化的交流，广东民间工艺博物馆实施了一系列社会教育活动，包括三场相关领域专家的学术讲座、"非遗工坊"工笔画扇青少年体验活动以及"中外汇聚，扇随你意"扇面设计活动。同时，博物馆还编辑出版了《扇子上的东方与西方：18—19世纪的中西成扇》图录，收录了四个中、英博物馆的馆藏成扇精品，以细节清晰的图片与详尽的说明向更广大观众呈现中西贸易与文化碰撞、交流的历史。展览开展期间，参观总人数达35万人次。

广东名片——清代通草水彩画精品展

鸦片战争博物馆

"广东名片——清代通草水彩画精品展"由鸦片战争博物馆主办,展览于2018年9月28日在海战博物馆一楼临时展厅开展,展示面积857平方米,展出文物332件。

清代通草水彩画色彩艳丽、纸质特殊、画幅精致小巧,记录了神秘东方风物,曾是19世纪来华外国人馈赠亲友的心仪手信。它在19世纪广州口岸生产并销往国外,是随着中西文化交流而产生的特殊绘画作品,同玻璃画、油画和水粉画等外销画一样,与中国传统绘画的历史文化背景、审美情趣及风格都有着截然不同的特征。

鸦片战争博物馆自2008年征集第一幅清代通草水彩画至今,馆藏通草水彩画达700余幅。2018年恰逢征集通草水彩画10周年之际,鸦片战争博物馆精心挑选300余幅藏品,特别推出馆藏清代通草水彩画专题展览,给观众呈现精彩而又神秘的文化盛宴,向公众展示西方人眼中的东方世界。

展览分"为科学解读""艺术解析""贸易流通""画中印象"四个部分,在对展示文物充分科学研究的基础上,展览的内容策划力求推陈出新,为参观者展示了通草水彩画"奇""美""售""忆"四个方面的特征。通草水彩画穿越200多年的时光隧道仍然有着耀目光彩和丝般质感,它带给人们许多未解之谜:通脱木是如何从树变成纸?色彩艳丽的绘画颜料是天然取材还是人工合成?此次展览从科学角度来揭开通草水彩画的神秘面纱,在艺术角度解读对中国近代写实绘画艺术起到了重要的"启蒙"作用的绘画技法,从贸易角度展示它像一张可以传递中国文化和商贸的明信片,从画中印象角度向观众展示外国人涉猎中国风情的历史见证,如今成为人们回望清王朝缩影的窗口。

展览在设计方面有自己的独到之处,做到了沉浸式、直观式、体验式形式设计。通过搭建35米弧形区域清代十三行街市百业长廊,营造繁华的街景氛围。以外销通草水彩画册为设计灵感,将副展

展厅实景

清代十三行街市百业长廊

线设计成画册展开的版面形式，形式上更活泼，打破固定展柜的沉闷之感；以民俗类通草水彩画人物为原型，设计小童剪影模型，辅助灯光照明，直观再现通草水彩画西方明暗绘画技法，使展览更具直观性。

展览还设置了多个互动体验式项目，比如：通过"科学实验室"显微镜观察传统手工制纸和通草纸，让观众对通草纸有一个"深入到细胞的透彻了解"；"画师工坊"电子绘画、拼图游戏的人机交互知识驿站体验，让观众感受"通草画师"的乐趣；猜一猜清代早期"广式英语"的阅读体验，成为展览中最火爆的体验区之一；文物的增强现实（AR）展示体验，用手机扫一扫文物，就能召唤小卡通"虎门宝"担任专属讲解员，听取趣味版的讲解；方形印章留言体验，则为观众提供了更加便捷的"盖章打卡"留言平台。

围绕此次展览，博物馆还开发出丰富多彩的社会教育活动，既在馆内实施多样化的教育项目，又走出博物馆举办巡展，主要分为三大版块。第一版块：馆内教育活动系列化，活动内容巧妙地依据展览线索层层递进，参与人数近300人；第二版块：馆外活动注重跨界推送，选取展览部分内容，策划"古今对照——十九世纪通草画VS当代插画"微型展览，巡展20场次，受惠观众2万余人次，同时还实现了从线下到线上的跨界，推出了网上"火眼金睛"益智游戏，深受观众喜爱；第三版块：非遗活动进校园，让学生们参与非遗项目的学习和传承，为非遗传承注入新鲜血液，让非遗焕发新活力。

在宣传推介方面，鸦片战争博物馆多措并举，做到传统媒体与新媒体结合、展前预热与展期报道结合、多渠道与新形式并驾齐驱，开幕式当天联合网易直播，点击量达8.9万次，受到了较为广泛的关注。

展览由15位展览策划经过3年筹备、8个月奋战精心打造而成，可以说是个用心、用情、用力的展览，是个可看、可听、可触及的展览。虽然只展出了3个月，展览却迎来了65万观众，在展览中观众与传统交会、与历史沟通、与心灵对话，观众带走了百年通草记忆，留下了一段连接过去、现在与未来的通草情缘。

金色记忆 —— 中国 14 世纪前出土金器特展

成都金沙遗址博物馆

为响应国家"一带一路"文化倡议,并配合第二届中国考古学大会在成都举办,同时进一步推动古蜀金沙遗址出土金器的研究,成都金沙遗址博物馆、成都文物考古研究院联合全国19个省、自治区、直辖市的40家文博单位共同举办了"金色记忆 —— 中国14世纪前出土金器特展",展览于2018年9月20日至11月20日在成都金沙遗址博物馆临时展厅开展。

展览以金器所承载的不同地域、时代、民族的文化交流为主线,以多域的文化视野,系统展示了中国古代金器起源、发展、创新、融合的过程,同时也为探寻14世纪前金器的发展演变提供了绝佳的机会和崭新的思路。展览内容以时代为序,根据金器发展不同阶段的特征进行单元划分,共分为"初现 —— 夏商西周时期""盛放 —— 春秋战国时期""融汇 —— 秦汉时期""耀世 —— 魏晋隋唐时期""异彩 —— 宋元时期""专题展示:黄金面具"六个部分,每个部分都对展品进行系统梳理,并从地域和时代的视角来重点呈现不同阶段的金器特征,使展览观赏性与学术性并重。在展览结尾还系统地介绍了中国古代黄金工艺的发展历程,并设计了历史上的黄金之谜版块,引发观众的探索热情。与此同时,策展团队还将中国黄金文化的内涵与外延贯穿于整个展览之中,"黄金与信仰""黄金与贵族""黄金与贸易""黄金与盛世""黄金与时尚"分别对应五个单元划分,反映出黄金在发展过程中作为信仰习俗、身份等级、贸易往来、开放包容、生活装饰等方面载体的重要表征,再结合与黄金有关的文献、诗词等纱幔,让观众立体化、全方位地深切感受黄金与人类历史的息息相关。

展览主题墙

公开学术讲座现场

　　此展览为成都金沙遗址博物馆原创设计，汇集了先秦至元代出土金器精品350套（850余件），展出的金器中珍贵文物的比例超过70%。不仅囊括了多家文博单位的镇馆之宝，还包括大量最新考古发现出土的精美金器，是我国迄今为止规模最大、参展单位最多、时代跨度最广、展品品类最全的金器专题展。策展团队还通过大量辅助设施，以知识链接的形式拓展展览内涵，并通过全新的线上线下多种互动项目构建立体展示体系，第一次全方位、多角度地展示中国14世纪前金器发展的历史脉络。

　　在宣传方面，展览开展前先通过官方自媒体和本地媒体进行了一系列预热活动，展览期间央视新闻和新华社等多家国家级、省市级媒体对展览进行直播报道，在微博上发起的超级话题"金色记忆"阅读量达750多万次，展览的先导视频播放量达48万次。展出期间，中央电视台"探索发现"栏目还专门为展览拍摄了专题纪录片，并在黄金时段连续两日播出纪录片《金色记忆》。整个展览期间媒体报道共计39500余条，其中平面媒体报道53篇（中央级3篇、省市级50篇）；省市电视媒体报道15次；新媒体网络报道300余篇；PC端专题网络报道300余篇。

　　展览期间还开展了一系列不同主题的社教活动，如结合"专题展示：黄金面具"设计了"面具贴金"的活动。此外，"巧手做金饰""小小金器制作师"等多场动手动脑的主题社教活动也备受小朋友喜爱。同时，为配合展览特别制作的亲子导览手册以金器加工工艺故事为线索，并搭配互动问答和小游戏，让小朋友们在玩乐中进一步了解中国古代金器的加工工艺。

　　此次展览不仅特意设置了增强现实（AR）互动区，观众用手机便可以和展出文物进行互动，还专门对展览空间进行了全彩色深度数据采集及三维虚拟重建，以数字化的形式永久保存此次特展，并且观众也可随时随地在网上重温"金色记忆"；此外，博物馆官方微信不仅推出了专题语音导览，还特别增设了"专家版"的语音导览和360°在线观展，并与超星合作为展览开发了在线学术平台，以满足观众对中国黄金文化知识拓展和延伸的需求。

　　展览期间，多位文博领域领导和专家先后莅临参观，对展览以多域的文化视野、丰富多彩的展品组织来展示中国古代黄金发展史给予了高度评价。在62天的展期中，参观人数达25万人次，受到社会各界人士的关注与赞誉。

妙香秘境——云南佛教艺术展

云南省博物馆

"妙香秘境——云南佛教艺术展"由云南省博物馆主办,展览于2018年4月22日至7月20日在云南省博物馆一楼临展厅开展。

此次展览为云南省博物馆的原创展览,是关于云南佛教艺术文化的专题陈列。展览选取了云南省有代表性的佛教文物,如佛像、经卷、法器、唐卡、供器等结合著名佛教寺院、石窟、石刻图片,以通俗的语言描绘出云南佛教艺术文化的基本面貌,试图向观众介绍历史悠久而又丰富多彩的云南佛教艺术文化。

云南佛教主要有两大特点,一是独具特色的南诏大理国佛教,二是云南为中国唯一同时保留着藏传金刚乘佛教(藏语系)、南传上座部佛教(巴利语系)和汉传大乘佛教(汉语系)的省份。根据云南佛教的这两大特点,展览分为四个部分。第一部"分苍洱佛韵",展示南诏大理国的佛教历史与佛教艺术,除了佛像、法器外,大理国佛经集中展出是此次展览的一大亮点;第二部分"如是我闻",展示大乘佛教艺术,汉传佛教在云南的影响是最久,传播范围也是最广的,在云南中部和东部的各民族中广为流传;第三部分"雪域佛光",展示传播于滇西北的藏传佛教艺术;第四部分"雨林梵呗",展示南传上座部佛教艺术。

展览选取了云南省有代表性的佛教文物,如佛像、经卷、法器、唐卡、供器等结合著名佛教寺院、石窟、石刻图片,以通俗的语言,描绘出云南佛教艺术文化的基本面貌。展览共展出文物125件(套),其中一级文物35件(套)、二级文物15件(套)、三级文物26件(套)、一般文物45件(套)、辅助展品4件(套)。

展厅实景

展厅一隅

在展厅设计上，根据云南佛教具有明显地域特征与民族特色的特点，云南省博物馆使用颜色对展厅内四个部分做了区分。灵感来源于佛教旗帜，其中：南诏大理国佛教使用深蓝色；大乘佛教使用土黄色，这也是大乘佛教僧侣服装的颜色；藏传佛教使用绛红色，这是藏传佛教僧侣袈裟的颜色；南传上座部佛教使用明黄色，这是南传上座部佛教寺院装饰中经常使用的颜色，也是上座部僧侣袈裟的颜色。展板设计更注重深入浅出介绍佛教历史与文物知识，还加入了一些不可移动佛教文物的介绍，如大理崇圣寺三塔、鸡足山、卡瓦格博与西双版纳总佛寺，希望观众在有限的空间与时间内更立体地了解云南佛教文化。在场景设计上，选取了滇西北的藏传佛教与滇南的南传上座部佛教做了两个场景。藏传佛教场景为皑皑雪山下的转经筒，南传上座部佛教为佛寺佛龛场景。

在宣传活动方面，云南省博物馆设计了一系列的宣传活动。首先是与OFO、摩拜合作，组织了集齐佛像卡，换取《妙香秘境——云南佛教艺术展》图录的活动，提高了公众参与的积极性；其次是通过微信平台、报纸、电视台、网站、大巴车等宣传媒介，向公众发布展览信息，吸引观众来参观展览；最后，配套此次展览，出版了《妙香秘境——云南佛教艺术展》图录，其中包含专业论文四篇。

在展览教育方面，云南省博物馆组织了配套的社教活动。首先是策展人专业导览，组织了四场策展人讲展览活动，在展厅为观众讲解展览，与观众互动，使观众能更好地理解展览；其次是展览期间组织了云南不可移动佛教文物、唐卡历史解读与传拓文化三场专业学术讲座，让观众能更有深度地了解云南佛教文化；最后是面对青少年组织了"青少年文化遗产课堂"，围绕大理三塔、南诏国梵僧及坛城沙画等主题进行讲解。此外还在展厅内设置了传拓技艺体验活动，观众可以在专业人士指导下现场体验传拓佛塔，传拓作品可以免费带回家，让观众在传拓体验中感知云南佛塔建筑之美。

新技术运用方面，展览首先利用3D技术制作了网上展厅，无法到达现场的观众可以通过网络进入展厅虚拟场景，对重点文物设置了重点讲解；其次是设置了展厅智能导览，利用微信扫描二维码及专业展览App，观众可以在展厅内自助了解展品信息。

此次展览受到社会各界的关注，开展期间共有39.6万人次参观了展览，丰富了公众的文化生活，取得了很好的社会效应。

书写的温度 —— 从古代文献到书籍艺术

敦煌研究院

"书写的温度 —— 从古代文献到书籍艺术"展由法国国家自然博物馆、敦煌研究院联合举办,敦煌市博物馆协办。敦煌研究院石窟保护研究陈列中心作为策划制作团队,邀请法国国家自然博物馆主任研究员柯孟德先生、法国天主教大学美术史系主任顾朗蓉博士两位学者担任学术顾问。展览于2018年7月31日至10月31日在敦煌莫高窟开展。

展览作为第三届丝绸之路(敦煌)国际文化博览会展览项目之一,是体现中法两国文化友好交流的一项重要活动,展览以视觉语言叙述丝路文化交流的当代性,寻找丝路沿线文化中的共同性和连接点。以"敦煌走向世界,世界走近敦煌"的文化交流方式,更好地促进丝绸之路东西两端的人文交流,表达出"一带一路"的现代意义与精神。

展览分为"书的诞生""书的演变""书的温度""书之问"四个部分,由多件文物和艺术书籍组成。展览通过呈现出从古代到现代,东西方多形态文字图像所承载的人类思想历程,以展现它们背后蕴含的人文意义和文化魅力。展览的法国展品中不乏知名艺术家,如马蒂斯、赵无极的作品,展现了诸多以充满艺术趣味的方式亲手完成的作品,表达了人人可通过书籍制作来呈现个体的自我,递送出触手可及的温暖的展览意图。来自中国的展品则出自多元文化交融之地的敦煌,此地因考古出土和藏经洞文献的发现,使书籍的装帧演变方式再现于世,以视觉语言回溯了中国古代书籍装帧发展的脉络。

展览的策展理念是以古代文献为起始直到"艺术家之书",以人类历史上书籍装帧方式的变化为脉络,延展出书籍作为知识载体,由古代特殊阶层作为知识垄断的工具,逐渐变为当代艺术家乃至每一

展厅实景

展厅一隅

个人都能书写、绘制的记忆载体和表达途径。

　　展览展出了法国收藏的三件苏美尔文的楔形文字泥板文书，这也是此类别文物首次来中国参展。展览强调互动性，意在与观众一起在探寻图文并茂的历程中，将目光投向更贴近生活并富有质感的艺术作品，既发现书籍独有的美感和生命力，也体会到作者的至情至性，感受每本书背后所蕴含的情感与温度。随同展览，敦煌研究院邀请法方专家举行了"书写的温度"系列学术讲座。

　　在宣传方面，展览通过中新社、每日甘肃网进行前期预热，以开幕式为节点，新华社、中新社、《甘肃日报》等媒体进行了报道，并同时通过敦煌研究院官网、微信、微博进行推广与链接。展览期间，共接待观众16万多人次，开发文创衍生品6项。

　　为配合展览，敦煌研究院邀请本地区的中小学生200人次参加了主题教育活动，通过社教活动与青少年一起在探寻图文并茂的历程中，将目光投向更贴近生活并富有质感的艺术作品，让孩子们既发现书籍独有的美感和生命力，也体会到作者的至情至性，感受每本书背后所蕴含的情感与温度。同时鼓励学生们自己创作艺术书，为人生留下美好的记忆以及培育审美能力。

　　此次展览以丝绸之路重要节点——敦煌为起始，首次与法方合作在世界文化遗产地——敦煌莫高窟展出，以书籍文献为契机看到丝绸之路上中法两国艺术的共鸣与当代性。

人物纪念篇

伟大抗战 伟大精神——纪念全民族抗战爆发81周年主题展览

中国人民抗日战争纪念馆

"伟大抗战 伟大精神——纪念全民族抗战爆发81周年主题展览"由中国人民抗日战争纪念馆主办，李宗远担任展览策划人，制作团队包括抗战馆编辑研究部、文物保管部、展览陈列部等部门。2018年7月7日在中国人民抗日战争纪念馆开展。

展览着力展现抗日战争时期中华民族所体现出来的以天下兴亡、匹夫有责的爱国情怀，视死如归、宁死不屈的民族气节，不畏强暴、血战到底的英雄气概，百折不挠、坚忍不拔的必胜信念为主要内容的伟大抗战精神。展厅面积1200平方米，共展出120余幅真实历史照片、281件（套）珍贵抗战文物，其中包括杨靖宇杀敌马刀等来自全国21家抗战类纪念馆的83件（套）经典抗战文物。

展览通过文物、照片、抗战家书、图表等表现手法，讲述了中华民族浴血抗战的故事，体现了伟大的抗战精神。如对聂耳的小提琴展示，采用全息、高亮、透明的显像系统，数字采集聂耳用过的小提琴，再结合三维模型360°成像技术，将聂耳用过的小提琴结合现场小提琴演奏的《义勇军进行曲》以呈现当时创作此曲时中国人民对帝国主义侵略的强烈愤恨和反抗精神，体现了伟大的中华民族在外侮面前勇敢、坚强、团结一心共赴国难的英雄气概。在对《黄河大合唱》的展示中，采用简约、明快、当代构成形式的高清超亮LED显像系统，打造一个半沉浸式体验空间，运用三维模型、3D粒子特效等技术，介绍《黄河大合唱》的创作过程，以及迅速传遍大江南北，为前线的战士加油打气。此外，还将著名的抗战题材的油画进行动态3D化处理作为歌曲的创作演绎元素，在立体环绕音响的配合下，全方位、多维度，为观众呈现一场严肃、庄重、大气蓬勃的合唱乐章。对抗战家书的展示，充分结合当

序厅雕塑

《黄河大合唱》多媒体展示

展厅入口　　　　　　　　　　　　　　　　　　　　展厅一隅

今身处信息时代的博物馆中，手机与展馆多媒体互动技术应用变得越来越广泛和重要。用一个多媒体终端集成展示每一封家书的创作内容和创作背景，结合了手机扫码的方式，听取每封家书的朗读，有温度地展现这些诞生在抗日烽火岁月里的珍贵家书，用朴实的语言、真挚的情感彰显展览主题。

在展览宣传方面，针对此次展览，抗战馆通过多种途径提前在中央及北京市相关媒体进行预热，介绍展览筹备进展。展览开幕后，邀请人民网、新华网等主流媒体进行现场报道，搜狐、网易等主要网站均做了大篇幅深度报道，在短时时间内掀起新闻宣传的高潮，形成了纸质、网络等多渠道、全方位的宣传模式，引起社会各界的高度关注。

展览以珍贵的抗战文物、真实抗战历史照片与场景复原相结合，重点展示重点照片、重点文物，以物证史，以物叙史，突出展览主题，以史感人，以史育人，全面细致地阐释抗战精神的深刻内涵，给观众不仅是视听的享受，而是巨大的精神震撼和精神的洗礼。

抗日烽火在京津冀燃烧——纪念冀东抗日大暴动80周年专题展

平津战役纪念馆

2016年7月28日,习近平总书记在视察唐山时强调,"1938年冀东20万人武装暴动,点燃了华北大规模的抗日烽火,震撼了日伪在冀东的统治,显示了中国人民抗击日本侵略者的巨大力量"。为落实习近平总书记关于冀东暴动的相关讲话精神,纪念冀东大暴动爆发80周年,增强推进京津冀协同发展的自觉性、主动性、创造性,展示京津冀"地域一体,文化一脉"的特点,弘扬革命精神、传承红色基因,平津战役纪念馆在京津冀相关纪念馆和地方党史部门等单位的大力支持下,推出"抗日烽火在京津冀燃烧——纪念冀东抗日大暴动80周年专题展"。该展览由平津战役纪念馆主办,王培军担任展览策划人,陈列保管部具体负责展陈大纲和展览设计制作。展览于2018年6月22日在平津战役纪念馆二楼临时展厅开展。

展览通过260多件(套)图片、美术作品和文物,重温八十年前为反抗日本帝国主义侵略,京津冀地区广大工人、农民和各界爱国人士在民族危亡的紧急关头,表现出的团结一致、同仇敌忾、不屈不挠、不畏艰险、万众一心、勇于战斗的奋斗精神,突出中国共产党在冀东大暴动中的重要作用。铭记一切为中华民族和中国人民做出贡献的人们,通过铭记历史、缅怀先烈更加珍爱和平,勠力同心为实现"两个一百年"奋斗目标,实现中华民族伟大复兴的中国梦而努力奋斗!

以展览为契机,对进一步深入研究中国革命史,特别是进一步了解在平津战役中参加冀东暴动及冀东抗日根据地的如邓华、詹才芳、李中权等老一辈无产阶级革命家,使观众进一步加深了对中国革命史、包括平津战役历史的理解,启迪人们在以后的工作中可以更好地服务于社会。平津战役纪念馆收藏了大量共产党人缴获日军的战利品,包括缴获侵华日军使用的各型枪支、侵华日军使用的望远镜、

展览前言

展览结束语

展厅实景

侵华日军穿用过的各种制服等，这些文物通过展览进行了集中展示，让观众对侵华日军的装备有了一个直观的认识，提高了文物的利用率，达到了让文物"活"起来的目的。

配合此次展览，冀东抗日暴动80周年座谈会在平津战役纪念馆举行。参加冀东暴动的主要领导的子女及亲属，京津冀三地党史、军史专家参加了此次活动。与会嘉宾对展览充分肯定，并对该段历史研究、红色基因传承、京津冀文化协同发展、展览大纲编写等问题进行了深入交流。

展览从2018年6月开展，到12月撤展，时间虽短，但极大地丰富了观众的文化生活。《天津日报》、《今晚报》、北方网等天津市主要媒体进行了相关报道。由于该展览是全国首个纪念冀东大暴动80周年的展览，受到社会各界的广泛关注，特别在七一、七七、八一、十一等重要时间节点上，观众络绎不绝，在近半年的展览期间，参观人数超过50万人次。

周恩来邓颖超的家风

周恩来邓颖超纪念馆

"周恩来邓颖超的家风"展览由周恩来邓颖超纪念馆主办，陈列保管部策划制作，于2018年6月23日至9月24日在周恩来邓颖超纪念馆主展厅三楼临时展厅展出。

家风建设是党的建设的重要组成部分，党的十八大以来，习近平同志高度重视家风建设，多次在不同场合谈到家风。特别是2016年1月12日，习近平同志在十八届中央纪委六次全会上强调："每一位领导干部都要把家风建设摆在重要位置，廉洁修身、廉洁齐家，在管好自己的同时，严格要求配偶、子女和身边工作人员。"习近平同志还指出："不论时代发生多大变化，不论生活格局发生多大变化，我们都要重视家庭建设，注重家庭、注重家教、注重家风。"

家是最小国，国是千万家。家风的"家"，是家庭的"家"，也是国家的"家"。展览展现了身为一国总理的周恩来高度重视家风，严格要求自己、配偶、亲属以及身边工作人员，在家风建设方面为广大共产党员特别是领导干部树立了光辉典范。展览在内容结构上共分三个部分：第一部分"模范夫妻 严以律己"，反映了中华人民共和国成立后，周恩来、邓颖超虽身居高位，却始终严以律己、廉洁奉公，在衣、食、住、行等方面依然保持勤俭节约的生活作风。他们一身正气、两袖清风，把全部精力投入为人民服务之中，成为令世人景仰的模范夫妻。第二部分"对待亲属 严中有爱"，展示了周恩来、邓颖超把家风建设摆在关系党的生死存亡的战略高度。他们对亲属严中有爱，教育亲属不能有任何特权思想、不搞特殊化，要求亲属一切服从国家与人民的利益，一切靠自己奋斗，做一名自食其力的普通劳动者。第三部分"对待工作人员 言传身教"，介绍了周恩来、邓颖超对身边工作人员在政治

展厅实景

上严格要求、工作中耐心指导帮助、生活上周到照顾。周恩来、邓颖超的言传身教,深深地影响着身边工作人员,成为他们终身的行动指南。

展览共展出历史照片近150张,珍贵文物、文献50余件(套),包括周恩来、邓颖超的通信、办公用品、生活用品等,其中两位伟人穿过的衣物、使用过的餐具、在外就餐付费的收据、周恩来的"为人民服务"纪念章等重要文物,都从不同侧面表现了两位伟人注重家风、清正廉洁的高尚品德和无私奉献的精神。

展览在内容选题上契合习近平总书记相关指示精神,选材视野比较开阔,内容全面、史料准确、评价客观到位,具有较高的学术价值和教育意义,得到了相关专家的高度评价。形式设计方面,主创团队根据各个部分的主题内容充分运用文物、图片等全方位诠释主题,组合为有机联系的整体,突出展示了重点文物,让观众充分有效地感知展览所传达的知识信息。展览设计美观大气,整体布局合理有序、科学统一。

在展览宣传和推广方面,周恩来邓颖超纪念馆利用纪念馆网站提前公告展览信息。展览开幕时,通过新华网、《天津日报》、天津电视台文艺频道、纪念馆微信公众号、纪念馆新浪微博等主要媒体对展览进行推介宣传,并印制展览宣传折页,在馆内发放。此外,结合线下展览,纪念馆还在微信公众号上推出了与该展览相关的10个重点文物故事,使展览内容更加生动具体,更能激发观众的参观兴趣,丰富了观众的参观体验。

同时,纪念馆针对此次展览开展了多个社教项目。2018年7月27日至28日,纪念馆举办了"军营忆先烈 家风代代传"2018年度夏令营活动,邀请天津市南开区西营门外小学和川府里小学学生及家长共同参加。纪念馆讲解员带领大家参观了此次展览,为同学们讲授了两位伟人的朴实家风。参观结束后,特别邀请同学和家长代表讲述自己的家风。此次活动让青少年懂得从自身做起,学习伟人严以修身、廉洁自律的崇高品格。此外,2018年8月至9月,纪念馆举办了"迎中秋 庆国庆——'周恩来邓颖超的家风'巡展进社区"系列活动,先后将该展览送至天津市和平区新兴街新兴南里社区、南营门街香榭里社区、卫津路社区,并与各社区的主题党日活动相结合,给广大社区党员们上了一堂别开生面的党课。在场观众均受到深刻教育,表示要将周恩来和邓颖超当作榜样,重视家风建设,弘扬社会正能量。

展览自开放以来,吸引了大量观众前来参观,引起强烈反响。以此作为爱国主义教育和党员活动的重要方式,各单位踊跃组织党员来馆参观。截至展览结束,共接待观众30余万人次,观众满意率98%以上,观众对展览给予了充分肯定。

智启津沽 —— 严修与天津近代文化教育

天津博物馆

"智启津沽 —— 严修与天津近代文化教育"展览由天津博物馆主办,郭辉担任展览策展人,制作团队包括历史研究部、展陈部等部门。展览于 2018 年 12 月 28 日在天津博物馆五楼展厅开展。

近代以来随着开埠通商,天津作为北洋重镇和直隶省府,在当时"教育救国"和"实业救国"浪潮的影响下,逐渐形成了以"商绅"和"学绅"为主的新绅士阶层,严修就是其中的典型代表。

严修(1860—1929),字范孙,号梦扶,别号偍屭生,天津人,我国近代著名教育家、南开系列学校"校父"。作为我国新旧社会转型中的重要人物,他在贵州学政任上首倡经济专科;在积极推广新式教育过程中他又成为北洋集团教育界的关键人物;他既是诗人、藏书家、书法家,又是我国博物馆和新剧事业的重要开拓者。2018 年是天津博物馆建馆百年,2019 年是严修逝世 90 周年、南开大学建校 100 周年、南开中学建校 115 周年,为了纪念这位天津近代历史上的杰出人士,天津博物馆特筹办此次展览。

展览以严修为主线,汇集了天津博物馆、中国第一历史档案馆、天津图书馆、周恩来邓颖超纪念馆、南开中学、南开大学、天津市档案馆等单位藏严修相关文物和展品,用大量相关历史图片、文物、文献,让人们系统了解了严修对天津近代教育和文化建设事业的贡献,用文物讲好中国故事,讲好家

展厅序厅

展厅一隅

乡故事，传承和弘扬严修这种淡泊名利、矢志不渝教育救国的家国情怀。

展览共分为"严修家世及科举仕途生涯""严修与天津近代文化事业""严修与天津近代教育事业"三个部分，共展出历史图片200余张，文物163件（套），其中严修上奏的发科举改革戊戌新政之先声的《奏为时政维新破格迅设专科敬陈管见事》奏折、严修拟撰的《奏为学部初立拟定教育宗旨请明降谕旨宣示天下事》奏折底稿、严修寄陈天津广智馆的大明通行宝钞、严修请天津著名画家刘小亭临摹的《秋庄夜雨读书图》卷、严修撰写的《张明山事略》，以及天津图书馆珍藏的严修日记、手稿和捐书等诸多珍贵文物都是首次向公众展出。

在展览宣传方面，天津博物馆将此次展览纳入"百年天博"相关纪念活动之中，通过天津电视台、《今晚报》等传统媒体和新浪微博、微信公众号、弘博网、天博网站等新媒体进行推送宣传。此外，结合展览，馆方还邀请策展人和相关历史研究学者举办三期"文博讲堂"，就展览内容和严修相关历史向观众进行深入解读，三期讲座分别为"严修与超越古今的士人精神""严修与城南诗社""北洋良才严修"。

以展览为平台，天津博物馆还联合南开大学、天津市张伯苓研究会发起成立天津市严修研究会，并共同筹办了"严修与近代教育"国际研讨会，极大地推动了严修先生思想生平的深入研究。此次研讨会和展览还被确定为南开大学百年校庆活动之一。展览进一步丰富了天津公众的文化生活，自开放以来吸引了众多观众前来观看，同时也得到了多方知名专家学者的一致好评，特别是严修和张伯苓后人参观后，对展览给予了充分肯定和高度评价。

黑土英魂 —— 东北抗日战争和解放战争时期烈士事迹陈列

东北烈士纪念馆

"黑土英魂——东北抗日战争和解放战争时期烈士事迹陈列"由东北烈士纪念馆主办,于2018年9月30日向社会开放。

展览为东北烈士纪念馆基本陈列提升改造项目之一,在内容结构上分为"东北沦陷 抗日斗争兴起""联合御敌 组建抗日联军""艰辛苦斗 配合全国抗战""坚持斗争 赢得抗战胜利""争取民主 建立东北根据地""捍卫和平 进行防御作战""扭转战局 转入战略进攻""解放东北 迎接新中国诞生"八个部分,共突出展示烈士280位(其中,抗日战争时期烈士162位、解放战争时期烈士118位),英烈群体8组,烈士姓名5.6万个,照片610张,场景5处,文物354件(套),油画、国画、雕塑等艺术品27件(套),幻影成像1处,大数据多媒体展示和查询系统1处,视频2组。

展览全面反映抗日战争和解放战争时期,为民族独立、人民解放牺牲以及在东北有过重要活动和做出突出贡献的英烈的感人事迹。抗日战争部分立足世界反法西斯战争必胜的历史高度,以1931年九一八事变到1945年抗战胜利,东北人民抗击日本侵略14年的历史为主线,集中展示在民族危亡之际,有血性的华夏儿女从自发到有组织抗击侵略者的不朽业绩,讴歌中华儿女为民族独立和解放及为世界和平而战的英勇无畏精神。解放战争部分集中展示的有为建立巩固的东北根据地而献身的革命先烈,有身经百战的纵队司令员、师长,也有刚翻身解放参军参战的农民和儿童团团员;有在前方战场上牺牲的普通战士,也有土改斗争中英勇就义的工作队队员、新闻工作者、根据地内的文化战士以及国际主义战士。展览突出展示杨靖宇、赵尚志、李兆麟、赵一曼、"八女投江"、朱瑞、董存瑞、杨子

展览序厅

展厅一隅

荣等英烈和英雄群体的可歌可泣的感人事迹。

展览以东北抗日战争和解放战争历史发展进程为背景主线，以历史发展主要阶段为依据划分为八个部分，在各部分中以烈士功绩和影响或牺牲时间先后为依据进行烈士事迹展示。陈列遵循历史唯物主义原则，融入近现代史研究的最新成果，从内容到形式进行较大幅度的创新和提高。内容上既展示东北抗日战争时期的烈士，同时恢复展出解放战争时期的烈士事迹（这部分内容自1992年撤展后一直未恢复展出，在征求社会各界专家、学者和广大观众意见和建议后，重新恢复展出）。

在陈列形式方面，采用大数据多媒体展示和查询系统储存陈列图片、文物信息，馆藏烈士的生平资料和烈士名录供观众查阅，内设向烈士献花的形式表达对烈士的缅怀之情。在智慧博物馆建设中增设团队智慧讲解系统和智能手机App导览，使观众根据时间确定参观展线，让参观趋于多元化、智慧化。

东北烈士纪念馆在展览开展之际，充分利用各类媒体资源，全方位宣传展览陈列内容，在光明网和《人民日报》《黑龙江日报》及黑龙江电视台等大众媒体和网站、微信公众号等新媒体上多渠道宣传，在社会各界引起广泛关注。展览迄今为止在平面媒体报道82篇，网络媒体报道300余次，电视媒体报道50余次。同时，将文物资源与社会需求相结合，不失时机地寻找和制造亮点题材，结合展览陈列基本内容开展各类宣传教育活动，包括固定化、系列化的品牌活动和结合时事热点的创新活动，提高展览陈列的公众亲和力与社会影响力。

为更好地发挥爱国主义教育功能，培育打造红色文化阵地，东北烈士纪念馆通过流动展览小分队和宣讲报告团将展览数字化展示设备送进社区、学校、农村、军营和机关、企事业单位等地，改变以往静态、传统的展板宣传，让更多边远地区的观众通过数字化展示形式与文物近距离接触，了解纪念馆最新的展览动态。

展览得到社会各界的广泛关注，各机关团体把展览作为开展"不忘初心、牢记使命"主题教育、进行共产主义理想和信念教育的生动课堂。高校和中小学将展览作为思想政治课教育内容，组织学生前来参观，重温英烈初心，深刻体会伟大的民族精神。许多观众自发走进展厅，驻足每一件展品和英烈、文物背后的故事，并留下催人奋进的参观感言。展览开放以来共接待社会各界观众150余万人次。

不忘历史　为了和平——中国劳工血泪史特别展

"九·一八"历史博物馆

"不忘历史　为了和平——中国劳工血泪史特别展"由"九·一八"历史博物馆主办，展览免费向公众开放，展期为2018年9月18日至12月20日。

展览以日本侵华期间强征强掳大批中国劳工为日军控制下的煤、铁等矿山劳作，甚至将中国战俘和普通百姓运往日本本土，驱使他们在恶劣的环境下从事高强度的劳役，并以对他们进行残酷的迫害和屠杀为主题。展览内容包括"劳工产生的历史背景""伪满统治下的劳工""关内沦陷区的劳工""中国劳工在日本""战后劳工问题"等五个方面，近200张真实的历史照片、图表、50余件（套）实物展品，记述了日本在侵华期间为了继续扩张侵略版图，并弥补国内劳动力严重不足等问题，肆意抓捕、奴役迫害、残忍屠杀中国劳工的罪恶历史。展览旨在缅怀遇难同胞，警示人们铭记历史、珍视和平。

展览以"增强视觉冲击力，运用颜色刺激感观"为设计理念，以红色和灰色作为主要基调。灰色代表饱受日本侵略之苦的14年，红色代表中国人民与侵略者不屈不挠的斗争精神。展览在运用基层展板展现历史的同时，运用了大量的空中垂吊下来的帷幔以及多组劳工名录展示架等独特的展示方式，直观地反映了日本侵略者对中国劳工的迫害和屠杀。另外，展览所展出的文物多是首次公开对外展出，如满洲劳工协会发给劳工的身份证明书、黑龙江孙吴胜山要塞劳工用的扳子、日伪时期中国劳工原始档案、募集劳工组织名称明细表、日本强掳中国赴日劳工档案、被强掳至日本北海道的中国劳工任福润保存的中国象棋棋子等珍贵文物。

馆方配合展览举办了"中国劳工受难史与新时期史学价值研讨会"，来自中日双方劳工问题的专家学者围绕"中国劳工受难史与新时期史学价值"这一主题进行深入的交流，进一步探讨劳工问题的相

展馆外景

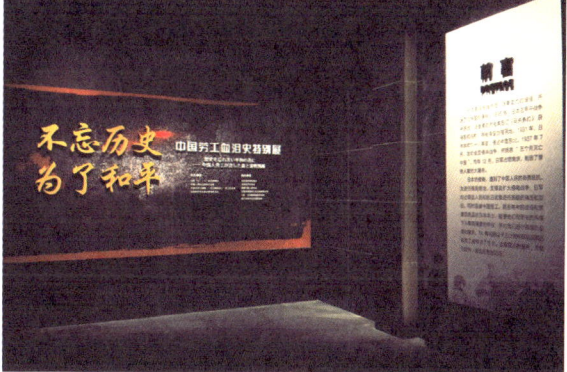

展览序厅

展厅一隅

关内涵,加深了相关问题的研究,对客观还原历史、促进对历史的客观认识、在历史中寻找经验、面向未来共同维护世界和平起到了积极作用。展览还对展厅进行全景数字化拍摄,并制作成720°全景展示视频,经后期处理生成全景数据在博物馆网站和移动媒体端供观众浏览。

展览在开幕前、开幕式与展览期间邀请国内各大媒体对展览进行宣传,辽宁卫视、沈阳电视台和《中国文物报》《沈阳日报》与央广网、搜狐网、新浪网、新华网、大众网、微信平台等线上线下媒体对展览进行了系统报道和转载。作为2018年"勿忘九·一八撞钟鸣警仪式"系列活动的重要组成部分,邀请省市领导参观展览。在展览举办期间印刷展览简介,供观众免费取阅。在展览举办前培训讲解员与志愿者,为观众提供通俗易懂的讲解,让观众更好地理解展览的主题和创意。配合展览开发相关的文化创意产品,尤其是适合青少年群体的、具有教育性和实用性的产品,如手绘木质拼图、手绘明信片、金属拼装军事模型、三维立体冰箱贴等。

为更好地发挥展览的教育辐射功能,馆方在展览举办前向大中小学校发出邀请函,邀请各学校组织青少年参观展览。另外,作为展览的重要组成部分,邀请参加开幕式的同学们一起参加了"摆鞋活动"。从残历碑东侧起至展馆入口处呈"S"形的步道上,数千双黑色的布鞋整齐摆放在那里,这是为纪念二战期间在日本遇害的6830名中国劳工。当年这些被强掳到日本的中国劳工并没有鞋穿,今天将象征着维护遇难者尊严的鞋子,整整齐齐地摆放在这里,既是对遇难同胞的缅怀,也是让中日两国人民铭记历史、珍视和平。馆方联合辽宁省委宣传部与国家关心下一代委员会开展送展大篷车活动,将临时展览办到学校。展览开展期间,馆方通过"辽海讲坛"以及"抗战大讲堂"等知名讲座举办展览专题讲座等。

2018年是九一八事变爆发87周年、《中日和平友好条约》缔结40周年,展览以厚重的史料和实物资料为支撑,文物和辅助展品相结合,运用多种陈列艺术形式烘托突出主题,受到社会各界的广泛好评。在为期3个月的开展时间内,展览总参观量达15万人次。

吾行——抗联遗迹的故事

吉林省博物院

"吾行——抗联遗迹的故事"展览由东北抗日联军纪念馆主办,于2018年6月27日至12月3日在吉林省博物院向公众开放。

展览展示的核心内容是吉林省的抗联遗迹。抗联遗迹凝结着中国共产党的光荣历史和优良传统,展现了中国人民英勇奋斗的壮丽篇章,承载着催人奋进的红色传统和红色基因。然而,抗联遗迹广布于吉林省6个地区25个县(市),将户外的遗迹搬进展厅,才能够让更多人了解抗联资源和遗迹故事,这是弘扬抗联精神的新方法,也是增强全民文物保护意识的新途径。

展览分为"听,那些故事""看,沧海桑田""做,历史新篇"三个主体部分。"听"的部分首次运用独立声音展区,强调观众的听觉感受,减少因画面等其他因素对于"听"抗联故事的干扰;"看"的部分分为六个单元,通过对遗迹的分类归纳展示,全面再现党领导的东北抗日联军的不朽历史,在出土文物展区,首次运用第一人称的写法撰写文物说明,增强文字的可读性和画面感;"做"的部分主要

展厅实景

展示了多年来吉林省文物工作者在革命遗迹保护方面所做出的努力，并对未来进行了展望。尾厅首次用"策展人的话"代替传统的展览结语，向观众交代了展览的立意、内容、形式、团队、目标等，使观众更深层次地了解展览。

展览精心选取从吉林省各抗联遗迹出土的文物10件，其中国家一级文物2件，二级文物3件，三级文物1件。其中向磐石市博物馆借展文物2件，向中国革命军事博物馆复制文物1件。文物涵盖了抗战时期各阶层、各阶段，是对抗联遗迹内容的重要补充。

展览的形式设计紧密围绕着展示内容。第一，在色调处理方面突破传统的红色元素，以象征山野密林的绿色为主基调，实现同类展览色彩构成方面的创新。第二，在造型运用方面强调烘托主题，造型与内容紧密结合，达到提升内容表现力的作用。第三，在细节处理方面刻画立体感，如将序厅的大型遗迹列表做出立体效果，通过大量遗迹名称的呈现，给予观众视觉上的冲击感。第四，合理规划空间，第一部分以"听"为展示内容，空间相对独立；第二部分通过造型、展板等进行路线规划，避免观众走"回头路"；第三部分运用人物剪影的形式，将平面设计提升出了立体效果。第五，合理利用视频、互动展板、场景复原、雕塑等辅助展品，提升观众的参观兴趣。

结合展览内容，馆方制订内外两套宣传推广计划。一是院内宣传推广，以"讲解员+互动"的方式进行展览宣传，通过讲解员的讲解对观众进行爱国主义教育。同时，培训8—12岁的"小小讲解员"，既加深了他们对展览内容的印象，也更能提高观众的关注度。在策划主题教育活动时，以展览为依托，"找先烈、找文物、找故事"，将展览与活动紧密结合；二是对外宣传推广，利用现代化的信息技术手段如微博、微信和官网，及时更新展览筹备及展出信息，使观众随时掌握展览详情。同时运用电视、报纸、广播、网络等传统媒介，对展览进行预热和宣传，增加宣传推广的辐射面。

文创产品大量应用展览当中的元素，真正实现了观众"把博物馆带回家"的构想。学习用品类多应用展览当中的图片素材；生活用品类结合展览的创意，将"饮水思源"等元素充分利用；玩具类则选取"岔沟突围""靖宇将军印"等知名战斗和文物作为设计元素。文创产品既依托于展览，又将展览更加生动化地进行展示和宣传。此外，展览附以投影、视频等多媒体展项，健全展品体系，用声、光、电的形式加强视觉冲击力。观众互动区采用扫描二维码的形式，听文物"说话"，拉近了观众与文物之间的距离，增强了展览的互动性，丰富了展区的内容。

展览展出期间，全省各机关、企事业单位、军队、学校等百余个团体、12万观众参观了展览，观众留言2000余条，展览取得了良好的社会效益。

陈毅与上海——陈毅同志生平图片史料展

上海市历史博物馆（上海革命历史博物馆）

"陈毅与上海——陈毅同志生平图片史料展"由上海市历史博物馆（上海革命历史博物馆）主办，上海仲弘公益基金会与上海福寿园人文纪念馆联合举办。张岚担任展览策划人，制作团队包括上海市历史博物馆研究部、展览部及上海仲弘公益基金会及上海福寿园人文纪念馆团队。展览于2018年3月26日在上海市历史博物馆西楼第一展厅开展，陈毅家属文物捐赠仪式同日举办。

展览以陈毅一生的经历为主线索，侧重于叙述陈毅与上海的渊源，纪念新中国的第一任上海市市长陈毅在这一重要的历史转折点，为上海的城市建设与发展做出的贡献，同时也反映出解放初期的新上海在中国共产党的领导下展现的新时代风貌。展览分为"从老宅院走出'新青年'""投身革命即为家""新上海的第一任市长""和平花可贵，友好树须栽""继承前辈革命志，争当中华好儿女""真红不枯槁，霜重色愈浓""专题展项——将军妙语绝人间"共七个部分，通过翔实的文物与影像资料全面回顾了陈毅生平，突出表现了陈毅在任上海市市长期间对上海城市发展做出的卓越贡献。展览共展出陈毅相关文物、文献86件（组），力求每个历史故事真实、完整。

展览序厅

展厅一隅

此次展览首次将收藏在全国各地的陈毅相关文物在上海集中展示，汇聚了上海市历史博物馆、上海档案馆、上海博物馆、上海鲁迅纪念馆和上海音像资料馆等多家单位的藏品资料，以及四川乐至、江苏盐城、北京等地博物馆、纪念馆的相关文物。同时展出了陈毅子女新近捐赠的文物，大多数文物为第一次公开亮相，全面展现陈毅对上海的贡献，提升了展览的新鲜感和可看性。

展览中专题展项"将军妙语绝人间"通过多媒体和实物相结合的方式展现了陈毅的才情与豪情，通过多版本的诗集表现出陈毅对后世的深远影响力。这几部分内容的设计让人物形象更加立体真实，增加了历史脉络的延续性，拉近了历史伟人与当代观众的距离。展厅中更是开辟放映室播放上海音像资料馆提供的珍贵历史影像，使人物形象更加丰满，也使整个展览更具节奏感，更加多元化。

展览和捐赠仪式在《解放日报》《新民晚报》《新闻晨报》《文汇报》《中国文化报》《党史信息报》《人民日报》和东方网、央广上海频道等多家媒体、网站对进行了预告和报道。展览一经推出，即成为上海各企事业党组织进行红色教育的学习点，上海市委党校等单位组织党员领导干部前来参观学习。

在展览期间，上海市历史博物馆积极发挥爱国主义教育基地作用，组织观众及学生聆听陈毅后人的采访口述，与共建学校联动开展话剧汇演沙叶新经典话剧作品《陈毅市长》。丰富学生的课余生活的同时，让青少年们体验话剧艺术，感受革命前辈的人格魅力，了解生活中的陈毅，并深入了解新中国成立初期的上海乡土历史。

在新技术运用方面，上海市历史博物馆为展览重点展品匹配了相应二维码及编号。参观者可以利用馆内 WiFi 免费上网，通过扫描展品对应二维码，输入展品编号等方法打开展品的图像及语音介绍。

此次展览是上海城市历史发展到当代的延续，不仅能让市民们更好地缅怀、纪念这位人民的市长，更能让市民们了解中国共产党领导的新上海如何一步步脱胎换骨走向新生，受到了社会各界的欢迎。

一个人的电影史 —— 纪念郑君里特展

上海电影博物馆

"一个人的电影史 —— 纪念郑君里特展"由上海电影博物馆主办，任仲伦担任展览策划人，范奕蓉担任展览总执行，制作团队包括上海电影博物馆发展管理部、展陈管理部等部门。展览于2018年1月在上海电影博物馆二楼、四楼开展。

该展览是上海电影博物馆继成功举办上影著名导演谢晋、汤晓丹文物精品展后，策划的第三个上海著名影人展览，这既是上海电影博物馆迎接开馆五周年而推出的重磅展览项目，又是对大师的致敬。此次展览定名为"一个人的电影史 —— 纪念郑君里特展"，是国内首次全面呈现郑君里创作生命和艺术品格的大型展览。归纳起来，此次展览陈列呈现以下亮点与特色。第一是创新，特展采用艺术创作展（物展）及肖像图片展（照片展）双展联动形式，展陈的文物近百件，品类丰富，涵盖面广，大多是首次与公众见面，既有手稿、照片，也有著述、实物，具有无与伦比的学术性、稀缺性。第二是珍稀，除艺术创作展（物展）及肖像图片展（照片展）外，上海电影博物馆整合了多方的优质资源，将此次展览打造成一次立体的全方位展示。与中国电影资料馆合作，特别放映《奋斗》《枯木逢春》《宋景诗》等郑君里导演的经典佳作，这批影像极少面世，其放映本身已是别具价值的影坛事件。第三是权威，邀请著名评论家毛时安、上海电影家协会主席张建亚等文化名人为公众带来"郑君里电影美学论坛"，从学术上为郑君里导演做了一次重要的回顾和总结，堪具权威性。第四是互动，由上海文化出版社出版的《郑君里全集》在此次特展开幕式上首发，将《郑君里全集》与展览实现静与动的互动。

展厅一隅

展厅实景

整个展览通过以上物展、照片展、影展、论坛、首发等五个版块的设计,创新地为展览的核心郑君里先生画出了一幅完整、饱满的肖像图。

展览由"'南国'旧事""明星风采""影路跋涉""画外笔耕""故人君里"五大主题版块构成。展区的出口设有"观众留言"台,展览充分考虑了对博物馆公共建筑空间的利用,努力营造参观氛围。展览选取郑君里电影男女主角人物形象及电影气氛图场景作为设计元素,运用到各种实用类产品上,相继推出了系列文化产品,包括郑君里电影男女主角头像素描明信片、郑君里电影气氛图插页记事本、郑君里经典电影海报、《郑君里全集》纪念图册等。

在展览宣传方面,电影博物馆旨在打造立体的宣传平台。一是充分调动上海电影博物馆自媒体平台,连续发布原创文章近15篇,展览信息累计送达20余万名观众。二是吸引主流媒体资源的热情关注,《人民日报》《解放日报》《文汇报》《新民晚报》、人民网、新华网、新浪网、东方网、腾讯网、上观网、SMG新闻综合频道、东方电影频道等数十家主流媒体及网站对开幕式以及展览进行了深入报道,得到了社会各界的广泛关注,参观者络绎不绝。三是充分使用新媒体,值得一提的是,本次展览期间特别策划直播节目"看见郑君里,阅读《民族万岁》",通过直播手段将活动最大程度地送达观众,累计观看已达到2万余人次。此次展览让中华民族优秀传统文化得以弘扬,让一脉相承的上海电影精神得以传承,同时体现了上海电影博物馆对影迷关于走近大师、走进经典的承诺,受到社会各界的广泛好评。

顾维钧陈列室 —— 中国近代外交家顾维钧生平陈列

嘉定博物馆

"顾维钧陈列室 —— 中国近代外交家顾维钧生平陈列"是由上海嘉定博物馆策划制作的常设陈列展览，于2018年12月8日在嘉定博物馆面向公众开放。

爱国外交家顾维钧，上海嘉定人，是中国近代史上卓越的外交家之一。他终其一生，通过外交努力，争取国家利益、维护民族尊严。

顾维钧生平陈列展览吸收了中国社会科学院近代史研究所、复旦大学历史系关于顾维钧的最新研究成果，结合顾维钧家属新一批的捐赠，分五部分展示其一生历程。第一部分"一代外交家的诞生"，主要展示顾维钧家庭背景和求学经历及报国志向的确立；第二部分"声震外交界"，展示顾维钧初涉外交时的非凡外交才干和坚定维护中国权益的爱国立场；第三部分"抗日外交"，重点展示九·一八事变后顾维钧为抗日赴多地进行外交活动，寻求各方国际援助；第四部分"奠定中国的大国地位"，展示顾维钧参与筹建联合国，并回顾他的外交生涯；第五部分"月是故乡明"，展示顾维钧的晚年生活及对祖国和家乡的怀念与热爱。

此次展览共展出143件（套）展品，其中除陈列原馆藏文物外，新增了一批家属近期捐赠的顾维钧生前所用物品，文物种类包括护照、日记、勋章、书画、学籍档案、外交礼服等。展览结合130幅历史照片，从各个方面生动解读顾维钧贯穿一生的爱国外交梦。展览辅助展品的设计以"内容决定形式、形式凸显内容"为原则，根据展陈大纲内容的需求，辅助展品采用沙画、多媒体音视频、翻页画册、触摸查询、雕塑、立体字、场景复原等形式，对重点内容予以演绎，同时丰富展陈手段。

展览在空间设计上采用古朴精致的欧式风格，契合顾维钧作为使节常驻异国的生平。展览以图文版面、实物陈列为主，实物展柜因地制宜采用通柜、桌柜、壁龛等多种形式。重点内容辅以多媒体展

顾维钧陈列室入口

展览入口

大事记　　　　　　　顾维钧纪念胸像　　　　　　顾维钧手书

项、艺术品、场景等加以演绎。版面设计上，由于展览展示了丰富的黑白历史照片、历史文献，设计时五大部分各引入特定的背景色，既从视觉上形成段落分隔，帮助观众区分顾维钧的五个人生阶段，又有效烘托出历史图片、历史文物。此外，展览注重展厅环境照明、版面照明与重点照明的组合，形成层次感丰富、凸显主题的展示氛围。

策展团队采用传统媒体与主流新媒体结合的宣传方式，通过辅助展览"家族的故事——顾维钧家族旗袍展""一代外交家顾维钧纪念音乐会"等多种形式，在嘉定建县800年之际，用爱国外交家顾维钧的生平陈列唤起人们的家国情怀。展览开幕前后一周内，30家市级以上媒体刊发专题报道36篇。

顾维钧陈列室平均年接待观众25万人次，提供周末定时免费讲解、微信语音导览、讲解器租借等服务，开展"专家带你去看展""专家面对面"等活动，讲述爱国外交家顾维钧的故事。向中小学开放现场课程"顾维钧的爱国外交梦"，组织开展"月是故乡明"亲子课程，辅助以微信公众号的文字解读，满足不同观众的多样化、多层次的需求。

展览较好地弘扬了顾维钧尽自己最大能力去争取国家利益、维护民族尊严、热爱祖国和家乡的精神，对于大众了解顾维钧的一生，引导大众树立和坚持正确的历史观、民族观、国家观、文化观等起到了有益作用。

我家四十年——庆祝改革开放40周年特展

江苏省江海博物馆

"我家四十年——庆祝改革开放40周年特展"由中共海门市委宣传部、海门市文化广电新闻出版局、江苏省江海博物馆共同主办。策展团队为江海博物馆展陈部，制作团队包括文物研究部、陈列文创部等部门。展览于2018年12月28日至2019年3月28日在江苏省江海博物馆一楼临展厅开展。

此次展览从前期策划、征集展品到施工布展前后共历时6个多月，征集展品378件（套）。展览以"小家"见"大家"，从一个个小家庭场景的再现中刻画出了四十年间大时代的变迁，歌颂了"改革开放"的伟大成就。

一滴水可以映照出太阳的光辉，一个小家可以反映伟大祖国的风貌。"我家是世居江北的通东人家，我家是江南移民的沙地人家，我家是滨江临海的江海人家；我家是中华民族大家庭中的小家，是千家万户中的寻常人家。"广大人民群众既是改革开放的建设者、促进者，又是受益者和见证者。改革开放由"摸着石头过河"，正朝着体制、机制深度变革的深水区稳步挺进，全党、全军、全国各族人民在习近平新时代中国特色社会主义思想指引下，为建成全面小康社会，为实现中华民族的伟大复兴努力奋斗。1978—2018年，壮阔东方潮，奋进新时代。

展览分为六个区域，包括前言、结束语（还包含留言墙、"时光邮筒"、展品征集感谢信）和"八十年代"、"九十年代"、"千禧年"和"新时代"四个章节。展览通过场景重现、影像装置、互动体验等展示方式，以展现四十年来民众的家庭生活状态变迁为轴线，将丰富的实物展现和章节式叙事体的场景相结合，寓教于乐，突出展示的生动性，符合改革开放四十年举国庆祝的大叙事，使得各个年

展厅一隅

物件展示

龄层的观众进入语境,并在这富有互动性的展览中得到很好的体验感。

观众对于展览的喜爱是最好的宣传推广,馆方在江海博物馆微信公众号平台连续报道展览及活动详细内容,同时在其他网络媒体、报纸、电台等媒体上宣传推广此次展览。如雅昌艺术网、海门电视台的"东洲城事"栏目专题报道,《海门日报》、海门电台、自媒体"海门哈特虎"等对此次展览进行持续报道。

展览开发的文创产品有迎春主题抱枕一套(四件)以及"年年有余""长生吉祥""寿比南山""万事如意"等结合馆藏文物的系列红包设计产品。因产品设计新颖喜庆,收到了很好的社会反响,并使很多观众增强了对该展览的喜爱和认知。

展览期间的活动非常丰富,通过展厅出口处的"时光邮局",观众可以通过给十年后的自己写信并投放到邮筒中来参与活动,届时博物馆将为观众保留信件十年后一并展出或"寄出"。留言墙是让观众书写直观感受的互动区域,为老中青不同年龄层的观众提供了很好的交流空间。展览时间刚好经历了一个农历春节,也是抒发迎春除旧、忆苦思甜的思绪墙。"时光邮局"则是对未来的一个畅想,也是从未来"回望",将展览"我家四十年"延续到下一个十年。这都是对展览互动性设计的一个创新和实验,为以后的展览提供策展经验。此外还有"金猪献瑞·江海迎春"剪纸活动、"年年有余·带福回家"迎新春活动、"消失的老行当"专题讲座等众多活动。

在新技术应用方面,江海博物馆开发并使用了360°全景在线展厅,这为更多的观众提供了更加真实的线上观展体验。展览参观总人数达13万余人次,受到了社会各界的广泛好评,观众们也留下了很多珍贵的展厅合影照片,在众多社交媒体上留下了多样的观后感小文章。展览生动地回顾改革开放一路走来的同舟共济、砥砺前行,回望这段难忘的流金岁月,期待更加美好的未来!

人民总理周恩来

周恩来纪念馆

"人民总理周恩来"是江苏淮安周恩来纪念馆基本陈列展览,由周恩来纪念馆主办,陈明为展览改陈工作主要负责人。展览改陈后于2018年2月25日在周恩来纪念馆对外开放。

"人民总理周恩来"陈列展是为贯彻落实习近平总书记"把周总理家乡建设好很有象征意义"和"周恩来的优秀品德和优良作风至今仍是我们学习的榜样"重要指示精神,而组织实施的纪念周恩来诞辰120周年重点项目。

展览以人民总理周恩来为题,展示周恩来光辉的一生。展览在内容结构上分为五个部分。第一部分"求学立志"。内设淮安启蒙、求读辽津等三个单元,主要展现周恩来为中华之崛起而求学和探索真理。第二部分"革命历程",内设谱写黄埔新篇、领导南昌起义等七个单元,展现周恩来为建立新中国而艰辛奋斗。第三部分"建设伟业",内设担任开国总理、领导发展经济等七个单元,着重展现周恩来为新中国繁荣昌盛而殚精竭虑。第四部分"晚年岁月",内设苦撑危局、外交新篇等三个单元,展现周恩来为维护新中国鞠躬尽瘁。第五部分"风范永存",内设心系百姓、清风照人等四个单元,重点展现周恩来为中华民族谱写的高尚风范。展览吸收近10年最新的研究成果,如周恩来协助国民党创建旅欧支部、主政东江、党的六大前后、与国民党十年艰辛谈判、领导"两弹一星"研制、在生命的最后时刻等新的研究成果都是首次运用在展览中。展览深刻展示了周恩来是近代以来中华民族一颗璀璨的巨星,是中国共产党人一面不朽的旗帜。

展览坚持用展品解说历史、讲述故事,展览布展经典图片550张,珍贵文物98套122件(一级文物16套24件),历史文献178套335件,纪实影像15部。重要展品包括见证中美破冰周恩来会见尼克松时穿的毛呢大衣,周恩来首次登上国际舞台展示大国总理风度携带的钢纸箱,"文革"期间周恩来一直佩戴的"为人民服务"胸章,周恩来邓颖超爱情信物"小银人",周恩来为国民党游击干部培训班授课的原始影像,体现总理与人民心连心的邢台地震灾区慰问的纪录片等物品。

展览序厅

展厅实景

展览设计了两条展线,即展示周恩来生平的"事迹线"和周恩来鞠躬尽瘁的"情感线"。通过艺术手段将两条展线巧妙地融合在一起,真实地展示了周恩来的丰功伟绩和崇高的精神世界。

展览情绪注重一个"情"字,重点展示周恩来与党、国家、人民休戚与共的感人事迹。展示氛围讲究一个"雅"字,展览整体清爽雅气,体现周恩来一生所秉持的甘为公仆、平易近人、清正廉洁的品德。展示手法突出一个"新"字,对重点内容采用复合式展线、沉浸式剧场、多屏组合等创新手法,完美地展现周恩来经典历史瞬间。

展览分五个部分,每个部分都设计重点展项,形成展示亮点,营造一步一景、景景各异的展示效果。整个展览以经典图片再现伟人历程,以文字版说明画龙点睛,以文献资料解说重要历史,以文物展品贯穿展览始终,以场景设置增强可视效果,以艺术品提升展陈品位,以影视片丰富展览内容,以声光电技术增强震撼效果,以互动环节增加体验趣味,有节奏、有变化、有个性地展示重点、亮点和主题。

展览期间,《人民日报》《新华日报》《扬子晚报》等纸媒,中央电视台、江苏电视台等多个频道、多个栏目集中报道展览讯息。同时展览受到国际境外媒体关注,日本的圣教新闻和香港凤凰电视台和《大公报》《澳门日报》等媒体进行了及时报道。除媒体宣传外,周恩来纪念馆积极组织线下推广,如现场主持若干宣教活动,向来馆观众免费发放宣传折页;宣讲队伍外出宣传,宣讲团深入社区、机关、企事业单位、军营、农村、学校进行宣讲;举办巡回展览推广,在香港会展中心、上海中国金融信息中心等举办巡展。

据不完全统计,展览累计接待观众已达225万人次,前来参观的机关、团体、军人及社会各界群体络绎不绝。"人民总理周恩来"陈列展是融教育性、艺术性和现代展陈科技性于一体的国内一流的人物生平展,全面展现了周恩来伟大的一生和崇高的精神风范,重点反映他为革命出生入死,为社会主义建设鞠躬尽瘁、死而后已的光辉历程,生动展现周恩来身上体现的中华民族传统美德和中国共产党人的高风亮节。

信仰的力量——雨花英烈生平事迹展

雨花台烈士纪念馆

"信仰的力量——雨花英烈生平事迹展"是江苏南京雨花台烈士纪念馆常设陈列展览,由雨花台烈士纪念馆主办,赵永艳为展览主要负责人。展览于2018年1月5日起在雨花台烈士纪念馆向观众免费开放。

展览分为前言、陈列主体、结语三个部分,共计展出图片522张、文物435套879件、说明文字近9万字。前言概括介绍雨花英烈的基本情况和在党史中的重要地位价值,陈列主体以历史时间为轴线,采取"典型+类型""个体+群体"的表述方式,把烈士的不同身份、类型、特点和重点人物展示出来,充分体现中国革命和共产党人奋斗的规律,充分体现雨花英烈群体在时间、数量、特质、精神等方面的整体性。

展览主要内容分为四个部分。第一部分"光荣北伐 革命先锋",主要展示大革命时期牺牲的烈士生平事迹;第二部分"力挽狂澜 前仆后继",主要展示大革命失败至抗战全面爆发前后,在挽救革命危局、与国民党反动派英勇斗争而牺牲的革命烈士生平事迹,重点展示了邓中夏、恽代英等中国共产党早期领导人;第三部分"奋起抗战 中流砥柱",主要展示为抗击日本军国主义侵略而牺牲的烈士的生平事迹;第四部分"迎接黎明 血沃新天",主要展示在解放战争时期,在战争前线、隐蔽战线、文化战线斗争中牺牲的烈士生平事迹。

雨花台烈士纪念馆重点选择突出反映雨花英烈生平经历、革命实践、精神表达的文物和展品,包括烈士照片、日记、手稿、书信等原始材料,生前的衣物、自制的绣品、荣获的证书、奖章等实物,从不同角度反映和诠释了雨花英烈精神。在435件(套)文物展品中,其中展陈的一级文物15件

展厅一隅

革命文物展示

（套），二级文物39件（套），三级文物20件（套）。展览以"信仰的力量"为主题，以"两高一大"雨花英烈精神为设计指导思想，最大限度运用文献、史料和文物，让史实说话，让文物说话。

雨花台烈士纪念馆以英雄丰碑、精神殿堂为设计的价值取向和审美取向，通过发生（展示历史影像）、发声（突出精神传播）、发省（引发现实思考）设计展线、安排内容、选择形式。展览序厅以丰碑造型作为主要设计元素，巨幅字体"信仰的力量"从主题墙"直冲"而出，带给观众震撼感。中堡设计以LED灯表现"长夜群星、星光璀璨"的展示主题，利用挑空空间结合投影展现50多名英烈头像，对于观众来说既是一种仰视，也是一种瞻仰。缅怀厅四面为镜面墙，九组烈士遗物雕塑通过镜面反射形成无限空间。展览的最后部分更加注重引导观众发省，由"动"到"静"转化为缅怀思绪。

展览版式设计以突出人物为主，以金属框盒形式进行展示，重点图片放大处理。整个展厅灯光以暖色调为主，光源分布以展板内容作为参照，重点光源与展板内容相互配合，营造出节奏分明的照明氛围。

展览期间，新华网江苏、凤凰网江苏、《南京日报》和南京发布等数十家中央及省市媒体全面宣传报道，共推出4期人物专访、3期"馆长带你看新展"系列短视频、多篇烈士人物稿件、展陈背后的故事以及第5代超文本标记语言（H5）微展览、海报宣传等。此外，雨花台烈士纪念馆在"中国雨花台"微信公众号上开发推出"智慧纪念馆"功能，包括"展馆介绍""虚拟现实（VR）技术看馆""语音导览""志愿者""在线预约"等十几个功能，将实体展陈搬到网络上传播。基本陈列的精华版展览还送至沂蒙革命纪念馆和中央党校进行巡展。

展览以"信仰的力量"为主题，着眼"让文物史料说话""讲好红色故事""见人见物见精神"，全景式展示雨花台革命烈士的生平事迹，是对铭记烈士功绩、传承红色基因、弘扬革命精神的一次有益实践。据统计，展览累计接待观众数量已达77.4万人次。

与时代同行——庆祝改革开放40周年湖州文物助推生态发展成果特展

湖州市博物馆

"与时代同行——庆祝改革开放40周年湖州文物助推生态发展成果特展"由浙江湖州市文化广电旅游局（文物局）主办，潘林荣担任展览策划人，制作团队为湖州市博物馆陈列部。展览于2018年9月17日在湖州市博物馆二楼临时展厅开展，展期2个月。

此展是湖州市博物馆为庆祝改革开放40周年而筹备的特别展览，围绕湖州改革开放40周年、党委政府中心大局、经济建设成就、文物保护成果等方面，利用40余个重大建设项目中的200件（组）精品文物，通过博物馆特有的视角，展现改革开放以来湖州市经济社会所取得的成就和湖州文博行业在其中所起到的积极作用。

展览主要有三个方面的特点。一是紧贴了党委政府中心大局。围绕党委政府在想什么、要干什么，如何从文物的角度和手法来诠释和展现湖州这四十年的生态文明建设成果、城市发展变迁历程，来宣传群众、教育群众、激励群众，这是策展的核心，是出发点和立足点。二是实践了"跳出文物看文物"。通过建设项目背后的抢救性考古发掘和精美文物背后的建设成果来换位展现、相互映衬，取得社会各界对文物保护不是经济建设的"挡路者"，而是"助推力"的广泛共识。三是实现了部门之间联动共振。由文物部门主动提出来说好"建设成果的话"，让市区县相关部门报以欢迎的态度和支持的举措，形成了共同说好"文物话"、做好"文物事"的多方合力和融洽氛围。

在内容方面，展览围绕"蝶变""律动""传承"三大版块，串联湖州四十年城市建设、重点园区、交通水利、遗产保护的光辉历程。图文与展品紧密结合，充分展示湖州文物工作在服务改革开放大局、助推经济社会发展中取得的重大成就。"蝶变"介绍文物部门与县区各级政府、市级各部门互相支持配

展览序厅

"蝶变"版块

"律动"版块

"传承"版块

合,在四十年中使湖州的城乡建设日新月异,文物保护有条不紊。并用数据、图表、照片等形式,展示了在城乡建设中开展的相关文物调查、保护和考古发掘工作。"律动"融合了浙江人在改革开放中的开拓精神,充分肯定了在实现综合交通运输现代化的进程中,当地相关部门尊重历史、厚爱文物的理念,全面展示了四十年来在交通建设中组织开展的相关文物调查、考古发掘和文物保护工程以及湖州交通建设打通城乡生态发展经络,铺陈城市向外拓展格局的发展之路。"传承"讲述了湖州文博人不忘初心、坚持以人为本、持续改善人居环境、探索文物保护和利用的有效途径、积极发挥文化遗产服务经济社会发展大局的作用。

在宣传方面,馆方提前制订了针对性的展览宣传计划,在开展前及展出期间逐步落实,运用传统媒体、私人电脑(PC)端、移动端等手段进行及时有效的持续推广。提供志愿者引导服务,开展针对性讲解。出版展览配套图录,并推出了文化创意产品展示。

在青少年教育与社会服务方面,博物馆在展览期间分别举办了5次社教活动。其中3次围绕国家历史文化名城开展文化探访,以湖笔文化、瓷文化和茶文化为核心内容,实地了解湖州文化的内涵;1场公众分享座谈会,以"喜看家乡新变化为题",邀请退休专家分享改革开放湖州文物背后的故事;1次公众与展览互动的拓展活动,"Pick你最喜欢的文物TOP10",以增加观众观展的互动性。

此次展览得到了浙江省考古研究所、湖州市县各级政府职能部门和全市文博单位的支持配合,社会舆论关注热度高涨,数十家媒体报道、转发,群众反映与社会反响良好。以工程项目建设成果和出土文物相结合的方式进行策展,在省内尚属首次,新华社、《中国文物报》以大篇幅进行了详细报道。同时,多部门合作联动的展览举办方式,具备一定的示范效应。

向往——"我"与安徽改革开放四十年

安徽博物院

"向往——'我'与安徽改革开放四十年"展览由安徽省文化和旅游厅主办,安徽博物院承办,于 2018 年 12 月 26 日开幕,2019 年 12 月 26 日闭幕,展期一年。

展览立足民生视角,从百姓的衣、食、住、行这一切口出发,通过展示日常细微的变化折射改革春风里居民生活喜获巨大变迁的时代主题,体现了百姓拥有的幸福感与获得感。

展览以 2012 年 11 月 15 日,习近平总书记在十八届中央政治局常委同中外记者见面会上的讲话中提到的——"人民对美好生活的向往,就是我们的奋斗目标"为主导思想,以改革开放中的亲历者、见证者——"我"的视角为叙述方式("我"既是重大历史事件亲历者、模范人物,又是典型行业中的突出代表人物,更是日常生活发生巨大变化的普通百姓)来推动展览进程。

展览以时间为序,将四十年分成"希望的田野""春天的故事""美好新时代"三个单元,分别立足于"新变革""新发展""新时代"的社会发展变迁特征,配合九个复原场景,反映出中国改革开放带来的时代巨变和安徽人"敢为天下先"的创新精神。展品选择以充分展现改革开放带给人们的"幸福生活"主题为要旨,从三个方面选择相关展品:一是"老物件"及背后的故事;二是珍藏着记忆的"老照片"及城市变迁照片;三是见证时代变迁和行业发展的"纪念物"。

展览序厅

场景复原

展览注重形式和内容的统一，展板风格简洁大方，图表设计清晰明快，穿插于文字展览中的多个多媒体播放设备动静结合，突出了展览的可读性。展厅采用统一冷光源，使用168盏轨道射灯，配合106盏照明筒灯，合理规划展带灯光与场景灯光。展览运用老物件、老照片、影像资料、场景复原、互动体验项等多种元素和手段，充分展示安徽改革开放四十年来，广大人民群众日常生活中发生的巨大变化。

展厅各单元说明顶部设置聚音罩，播放与单元名称相契合的主旋律音乐。多媒体互动体验增强展览的观赏性和可读性。定制亚克力展架多角度展示展品，并设多个耳机与二维码，对展品及其背后的故事进行详细解读和知识延伸。

在宣传推广方面，馆方加强与各大媒体合作，提前预热。坚持传统媒体与新媒体并举，打造以报纸、网络、电视、广播四位一体的宣传模式。在《中国文化报》《中国文物报》《安徽日报》等报纸上刊登报道19篇，在人民网、弘博网等媒体上发表网络报道29篇，电视媒体报道3期，广播报道2期。通过安徽博物院官方网站、微博、微信等自媒体及时持续地宣传展览62条，阅读量45.73万次。

结合此次展览主题，文创产品以"记忆回影"和"美好向往"为开发方向，开发了怀旧系列、缤纷生活系列等25种共计3000余件文创产品。综合市场行情，产品按照宣传引流和品牌打造的定位分类定价，大部分在百元之内，极受观众青睐。

虚拟展览以全画幅单反机身搭载尼克尔光学鱼眼镜头进行采集（2亿—30亿像素），依托专业制作技术，最大限度还原场景的空间结构及光影效果，同时嵌入交互热点，融合虚拟现实（VR）技术，支持多设备发布，满足观众足不出户的看展需求，重温安徽改革开放历史，将展览的影响力发挥到最大。

放飞梦想·快乐成长·助力冬奥——回顾北京奥运会10周年主题展览

厦门奥林匹克博物馆

"放飞梦想·快乐成长·助力冬奥——回顾北京奥运会10周年主题展览"由厦门市体育局、厦门市关心下一代工作委员会指导,厦门奥林匹克博物馆承办,于2018年8月8日开幕。

此次展览展出了2008年北京奥运会及厦门奥林匹克博物馆收录的相关珍藏品、国际珍藏品、官方海报以及影像资料,这些承载着体育历史和记忆的珍藏品集中展示、塑造、呈现了一个激情无限的各国体育"时光之旅",也见证了中国体育发展从无到有并一步步走向繁荣的历程。这些以奥运创造的物质财富与精神财富让大众在与历史对话中感悟体育的文化魅力,通过图文和实物相结合的方式加深公众对奥运文化的理解,从而让人们更多地关注未来体育。

展览主要以实物展览为主,展览用制作精美、拍摄视角独特的奥运官方海报以及珍藏品,直观、生动地介绍了中国奥运会及厦门奥林匹克博物馆十年珍藏,在回顾北京奥运及世界奥林匹克文化在中国发展的同时,助力2022年北京冬奥会。展品主要是2008年北京奥运会及厦门奥林匹克博物馆十年间的相关珍藏品、官方海报、火炬、奖牌、纪念盘、证书、雕塑、艺术品以及国际珍藏品、影像资料、文创产品,展览陈列珍藏品气势磅礴,震撼人心。

展览展区呈五面式,藏品展柜呈现回顾北京奥运会——萨马兰奇一生明信片展示——瑞士洛桑奥林匹克珍品——助力冬奥会的顺序,观众视野跟随时间轴上的奥运,从而使得观众体验感更佳。展览的北京奥运会官方海报、北京奥运会火炬、历届冬奥会火炬、奖牌、纪念银盘等珍藏品都承载着中国和各个国家地域的文化内涵,彰显着北京奥运会以及历届冬奥会的美妙与精彩,演绎出随着历史的演进和岁月的变迁,奥运会的悠远历史和多彩变幻。

展览开幕式活动

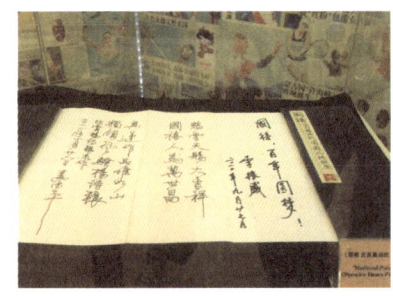

场景复原

展览充分利用博物馆展厅的三层结构，分层集中展示，通透的结构视觉上使展区更开阔。展品的摆放高度考虑到人体身高，充分利用好视觉尺度，将重要的信息和内容放在最利于观察的位置。同时有明确的导向设计，方便公众了解场馆布局、功能分区等内容并且通过展示场馆的标识导向，引导公众按照一定的秩序参观展品，满足公众的视觉感受和精神需求。纪念品商店有丰富的奥运文创产品，其中包括历届奥运会以及厦门奥林匹克博物馆自主开发的文创产品。

展览展出了北京奥运会的海报、火炬，借助博物馆的平台帮助人们了解奥运、助力冬奥，引入了多个趣味体育运动项目，包括奥运、冬奥、亚运等各个领域，如高尔夫、Mini 乒乓球、保龄球、台球等。通过观众参与这些运动项目的体验，加深他们对此次展览的了解，提升观众的参观感受。

展览宣传除采用传统的平面媒体、电视、网络媒体等之外，还大量运用新兴社交媒体如微博、微信等进行点对点的宣传，收到了良好的效果。为了方便广大民众，特别是区域以外的民众通过互联网了解此次展览，馆方特别选择了此次展览具有代表性的展品在网上进行展示，主要以图片和文字为主。展示展品的同时，对此次展览也起到了宣传作用。

文化产品开发主要以奥运为主题，如奥运纪念邮票、手腕带、徽章、吉祥物。考虑到博物馆接待群体是相当数量的青少年学生，馆方开发了不少适合学生使用的学习用品，如橡皮擦、圆珠笔、挂件等文创产品，单件价格也大都在 50 元以内。

展览主要集中在寒暑假、秋游、学生冬令营阶段，接待了国内外 100 多个夏令营学生体验团，以及厦门市及周边学校中小学生课外秋游团，人数达到 3 万人次。通过冬令营对学生进行奥林匹克教育，提高他们对奥运历史、奥运文化、奥运精神及奥运科技的认识和理解，有助于他们树立不怕困难、勇于拼搏的人生观和价值观。

恒在济宁 —— 金石学大家黄易访碑济宁 240 周年纪念展

济宁市博物馆

"恒在济宁 —— 金石学大家黄易访碑济宁 240 周年纪念展"由山东济宁市博物馆主办,于 2018 年 5 月 18 日开幕,2018 年 9 月 25 日闭幕。

近几年,黄易现象在金石学研究领域逐渐凸显,学术界和艺术界的研究热情日益高涨,而黄易的学术和艺术传播的基地在济宁。展览旨在展示黄易以济宁为中心访碑、从艺的经历,挖掘和传承"黄易精神"。展览主标题"恒在济宁"引自黄易为作品《笃屐访碑图》题跋的文字——"自官山左恒在济宁",乾隆四十三年乃戊戌年,黄易有两枚印章边款可证他此年已到济宁,结合其他文献资料,将副标题列为"金石学大家黄易访碑济宁 240 周年纪念展"。

展览以时间为主线,以黄易在济宁的访碑活动为主要线索,展示了黄易的家学渊源、学术交游、访碑壮举等一系列对济宁金石学的发展和文物保护影响深远的活动。展览共分为四个单元:"家学渊源　缘定运河""自官山左　恒在济宁""兼收并蓄　访碑壮举""汉碑汉画　名传天下"。第一单元讲述黄易的家世、家学渊源、从艺经历;第二单元介绍黄易为官济宁,以运河和济宁为轴心形成的庞大"朋友圈";第三单元重点展示发掘武氏祠、立碑州学、访嵩岱等一系列重要访碑活动;第四单元展示以黄易为代表的金石学者所访得和保护下的济宁丰富的汉碑、汉画资源。

展览序厅

《秋庵遗稿》

在形式设计方面，第一单元以一幅明清时期的西湖全景图为背景，贯穿整个分区，重点突出全景图背景上的三处局部，以展板形式叠压醒目显示，三处局部分别为小蓬莱景观（黄易曾祖故居）、西泠桥附近景观（暗示西泠与金石篆刻学的密切关系）、断桥白堤以东附近（实为运河入口），配合展板文字将黄易家学渊源与金石篆刻、运河的关系呈现在观众面前。第三单元占据1/3的展区，是此次展览的重点部分，亮点是在展厅北墙创作了一幅巨幅的《济宁州学戟门复原图》，以立体的透视效果向观众展示了黄易访得并立下的六块汉碑，这也是黄易之与济宁最重要的文化贡献之一。展览共有文物/标本数量57件（套），珍贵文物/标本数量2件，借用文物/标本数量3件。展品以汉碑汉画像石拓片以及相关文物为主，均与黄易在济宁地区的访碑活动密切相关。

在空间规划上，展览划分为四个单元、五个展区，其中第三单元为展览的核心单元，将展厅最北侧相连的三、四展区合并规划为第三单元，第四单元汉碑、汉画各占一个展区。为充分利用展厅现有资源，馆方将相邻两个展区之间的柱子装饰成展区承接过渡空间，分别用黄易不同时期的"心迹双清""金石交"等四方印点缀，配合每个单元的概述起到指引观众的作用。在展厅中心以南方园林风格搭建起了一个观众体验区，展示了塔克先生为致敬黄易创作的访碑系列摄影作品，以不同的艺术形式给观众以视觉的震撼。

在展览宣传方面，济宁市博物馆在济宁电视台发布展览预告；在济宁市博物馆网站设专栏，同时利用新媒体，开设展览微博、微信互动；通过各大媒体在一天内报道开幕式情况，形成集中宣传效应。为方便特殊人群，展厅外设有观众休息室，无障碍通道等服务设施。省讲解员大赛一、二等奖获奖讲解员两名为观众进行免费义务讲解，免费向观众提供高科技语音导览系统，免费发放展览宣传册页。

在新技术运用方面，展览采用720°虚拟现实（VR）技术，真实再现展览现场保存展览实况，观众足不出户便可利用电脑、手机、VR眼镜等设备进行观看；同时开发了语音讲解系统，由于展览学术性较强，特在虚拟展览的基础上开发了语音讲解系统对虚拟展览进行语音讲解。

五色交辉——馆藏共和纪念文物展

辛亥革命武昌起义纪念馆

"五色交辉——馆藏共和纪念文物展"由湖北辛亥革命武昌起义纪念馆主办,于2018年11月23日开幕,2019年3月31日闭幕。

辛亥革命推翻了清朝的封建统治,共和制度建立后,人们用各种形式纪念这一盛事,出现了大量共和纪念物品。通过策划此次展览,馆方旨在纪念共和制度、礼赞时代进步。展览风格平实,力求用文物说话。

展览按质地将文物分为四个部分,分别为纸本、瓷器、金属器具、杂件,展出文物约160余件(套),数量丰富,类型多样。这些共和纪念文物上,或有交叉的十八星旗和五色旗的图案,或有孙中山、黄兴、黎元洪等辛亥革命人物的图像,或有"振兴中华""光复大汉""民国""开国"等文字,具有鲜明的时代特征。透过这些文物,观众能感受到人民民主专政制度建立后扬眉吐气的社会心理,感叹世事之沧桑,礼赞时代之进步。故事线清晰完整,内容丰富翔实。文字说明经辛亥革命史专家梁华平、王兴科等修订润色,数易其稿。部分说明概括精练,展品说明简洁、清通、准确、客观,不寓褒贬,不加修饰。

依托辛亥革命武昌起义纪念馆的特色馆藏,内容上遴选突出"共和纪念"主题的文物,文物类型丰富多样,数量众多,凸显"用文物说话"的策展理念。辅助展品以服务主题为目的,根据主线四个

展览序厅

第二展厅

部分分别对其内容进行展品布置。人物照片与文物结合，用以说明人物事迹；辅线展墙上选取与主题相关但未展出的文物图片进行放大，凸显主题。

展览形式设计紧紧围绕内容，各个展厅运用展墙上的重点文物照片对照展柜文物，展厅内左右一一对应烘托氛围，疏密有致。为契合展览标题"五色交辉"，四个展厅分别使用红、黄、蓝、灰为主色调，呼应了五色旗的红、黄、蓝、白、黑五种颜色，凸显了"共和纪念"的展览主题。背景素材皆来自共和时期的文物，展板的设计简单明快，具有浓厚的时代风味和历史感。视展品不同选用冷暖光源，灯具数量适度。展览主线分为纸质文物、瓷器、金属、杂件四个部分，从各方面系统地展现共和时期的风貌，实现内容转换。整体艺术风格平实沉静，厚重却不失活泼灵动，展线流畅，版面层次丰富。

策展团队因地制宜利用展馆进深、层高，配合内容设计的曲折起伏，选用S形展线设计延长了展线，既符合现有的实际建筑情况，又增强了观众心理体验。以一楼入口为序厅，从右侧进入展厅，序厅以圆弧形展标作为视觉焦点，入口场景分隔空间，引导参观顺序流线清晰。平柜高度和倾斜角度，符合人体工程学要求，展板图表、图片设计符合观赏视角、观赏习惯。展区休息座椅、资料取阅架布局合理，方便观众，体现了陈列"以人为本"的贴心服务理念。

展览为公众每天提供4场免费讲解，配有一支富有朝气的讲解员团队，提供中、英讲解。通过展览进校园、进社区、爱国主义教育基地共建、志愿者服务等方式，开展丰富多彩的社会教育活动。展区导引标识清晰适用，设有休息、纪念品服务等便民设施，注重收集游客反馈信息，开展展览调查。

文创产品开发围绕该展览内容和相关文物，有图书、纪念邮品、纪念章、条幅、U盘、明信片等6种，定价档次因材质而异。馆内设有两个服务部，互为补充：一是首义邮局，专营纪念邮品，同时为游客代递信函；一是红楼服务部，经营邮品以外的文创产品。

馆方利用高清摄像机将此次展览拍成视频，后期辅以音乐，剪辑成精美短片，上传至辛亥革命武昌起义纪念馆官方网站，供观众在线欣赏。

共和国主席刘少奇

刘少奇同志纪念馆（刘少奇故里管理局）

"共和国主席刘少奇"展览由湖南刘少奇同志纪念馆（刘少奇故里管理局）主办，于2018年11月24日开幕。

展览以"共和国主席刘少奇"为主题，以人物生平为主线，结合专题，利用先进的展示艺术手段和科技手段，大胆创新、实事求是地评价刘少奇同志光辉而伟大的一生，准确、生动地展示了刘少奇同志的光辉思想和丰功伟绩。

展览内容共分为"走上革命道路""工人运动的著名领袖""党的正确路线在白区工作中的代表""华北、华中抗日根据地的主要创建者""在党中央领导岗位上""参与创立新中国的政治经济制度""探索符合中国国情的建设道路""党内公认的党建理论家""人民爱戴的共和国主席"九个部分。展览借鉴了近年来新（改）建的国内人物类纪念馆陈列的成功经验，吸收了近十年来学术界的最新研究成果，准确、生动地展示刘少奇同志的主要业绩和生平的亮点、闪光点，尤其是探索适合中国国情的社会主义建设道路所做的巨大贡献。

第一部分到第七部分讲述刘少奇同志的生平，以点带面，打造苏联求学、安源罢工、重建新四军军部、抢占东北、主持全国土地改革、进京赶考、西苑机场阅兵、走在乡间小路上重点场景，再现刘少奇同志波澜壮阔的一生。第八部分为刘少奇同志的党建理论，以文物组合展示为主体，突出刘少奇

展厅实景

同志对党建的探索与成就。第九部分颂扬"刘少奇精神",通过丰富的图文与文物组合展示,配合场景、艺术品、多媒体等展示手段,展现刘少奇同志崇高的精神和人格。

展览基于建筑空间划分四个展区,展厅面积2700余平方米。序厅为单独展区,一到三部分为第一展区,四到六部分为第二展区,七到九部分为第三展区,四大展区布局得当、分割有致,形成完整流畅、重点突出的参观流线。展馆展线长约497米,设有重点场景7个,文物、实物约94件(套),复制件约182件(套)。展项展品以观众的平均阅读1.5米视线高度为基准线,强调参观视觉的感官舒适度。展区之间设有独立的互动、休息区域,提供人性化的休息娱乐服务。

陈列说明文字为中英文对照,展标立意深远。部组标题承上启下,注重逻辑关系,部分、单元、组合说明阐释人物特色、历史贡献和历史背景,图版、展品说明准确生动地传达人物相关历史信息。通过文物展示,着重表现人物业绩和最具特色的重点内容;通过精选文物展品,进行科学组合,实现"强化专题""强化文物"的目的。展板内容与展柜文物有机结合、突出重点,使观众直观了解陈列内容。

艺术设计力求准确、深刻理解展览的内涵,灵活运用多种艺术设计和创新科技手段,结合文物组合、图片图表展示,达到内容与形式完美统一。采用专业灯光设计,营造氛围、突出重点。版面与空间相呼应,简约空间形态,相应的色彩配合,实现艺术与内容版式融合。采用雕塑、场景、多媒体装置、油画、沙盘模型等多元化表现形式相结合,将展示内容与独到的艺术内涵完美融合,从而将展示主题凝练、升华。利用场景化设计,配合高科技手段,增强互动体验。

通过新闻发布会、媒体采访专题报道、导览与讲座直播、海报与视频广告、手机摄影大赛等多种方式,打响了一场展示刘少奇同志纪念馆基本陈列的"宣传战"。开展前后吸引了20余家媒体宣传报道20余篇次,发布微博、微信新媒体原创报道50余篇次,百度搜索量达10万余条。

展览推行以人为本、以观众为中心的服务计划,免费提供多语种人工讲解及导览器、微信导览讲解。教育延伸展览内涵,创新推出观众互动体验、巡展等。中英文标识引导系统专业清晰,医药箱、母婴室、轮椅人性化服务。以观众留言、调查倾听公众意见,观众满意度95%以上。

馆方提取"主席风采"、景区风光及馆藏文物等元素,开发了包括主席肖像、瓷器、文化出版物、工艺品等4大系列共计7个品种的文创产品,其中以主席肖像系列和文化出版物最为畅销。虚拟展厅的界面设计(UI)设计美观、大方,系统自带VR(虚拟现实)功能,平台的展厅页面设置有多个热点,对展厅高精度还原与全方位、多平台(网站、微信、App)展示,满足了观众在任意时刻"身临其境,畅游无限"的需要。

碧血千秋——滇军 60 军出滇抗战纪念特展

云南省博物馆

"碧血千秋——滇军 60 军出滇抗战纪念特展"由云南省文化厅主办,云南省博物馆承办。展览于 2018 年 9 月 18 日开幕,2019 年 3 月 10 日闭幕。

云南抗战史是中国抗战史的重要组成部分。展览以滇军 60 军出滇抗战为切入点,讲述了一个属于云南人的抗战故事。在 60 军禹王山阻击战 80 周年之际,铭记祖辈、父辈曾经为国家民族做出的贡献与牺牲,以此弘扬中华民族伟大抗战精神,以抗战精神推动中华民族的伟大复兴。

展览分为"铁血滇军""持久抗战""全民抗战""浩气长存"四大部分,又细分为"为中华而战""出征赴国难""血战台儿庄""忠魂归故乡""整装再出征""回防御滇南""中流砥柱——中国共产党""战地传奇""入越受降""匹夫之责""毁家纾难""抗战文艺""警报长鸣""千秋雄魂""魂兮归来"15 个单元。策展团队以滇军 60 军出滇抗战为切入点,以史为纲,通过文物、场景的巧妙结合,展现了云南人民在抗日战场上的铁血情怀。前两部分讲述了滇军从出征到入越受降的历史背景与史实,着重描绘了将士的英勇牺牲与铁血柔情;后两部分展现了云南人民牺牲一切参与全民族抗战的决心和人们对这段历史的铭记。展览不仅采用了近年来学界对云南抗战研究的最新成果,同时利用了大量海

各族儿女出征赴国难

60军装备　　　　　　　　　　　　　　　　　　滇军抗战老兵照片墙

内外新解密档案、文献及历史照片。

　　为全面展示滇军60军在抗战中的荣耀与牺牲，设计方案在充分尊重历史的基础上，在设计理念上重点突出三个方面。第一，以滇军抗战的历史顺序为主线，有机组合实物、图片、造型艺术和信息装置，既满足烘托展览的需要，又兼顾观众参观和体验，并在展线中设置两个座位多媒体区，保证观众参观的舒适度。第二，展示手段做到"实物展示立体化、展品信息延伸化、模型场景一体化、影像资料数字化"，在保证展览内容丰满度的基础上，增强展览即时性、趣味性、互动性。第三，从色彩、灯光等方面实现氛围的营造与转换，将战场的惨烈、将士的铁血柔情、后方的危难牺牲真实展现，以凝重出征开始，以红色国歌结尾，呼应历史展开新的一页。

　　馆方为做好展览宣传工作，开展前进行预热，通过寻找老兵、家书公函展、朗读家书等活动，吸引观众关注滇军抗战历史。展览过程中，在大众媒体、自媒体中对滇军抗战历史故事和有趣的知识点进行连续性传播。获得新华社、《光明日报》等权威媒体报道的同时，馆方积极利用互联网新媒体（微博、微信、手机移动应用等）对展览进行强势推广。

　　展览期间制订和实施了详细的观众接待计划，由讲解员和志愿者共同进行讲解，并配备手机自助导览设备，从大厅入口开始设置展览标识引导，提供免费小件寄存、租借语音导览设备、婴儿车、轮椅等服务。展览期间共提供人工讲解300多次，展览咨询1000余次，开展各类教育活动129场。设立了专门的观众留言席并进行展览及服务等相关情况的观众调查12次，社会反响良好。

　　展览开发的文创产品以具有代表性的展品为原型，如缴获日军炮弹、百岁老兵书法家题写"魂兮归来"横幅、60军在抗战里的影像、滇军法式亚德里安头盔等，设计开发出一批实用美观且具有纪念意义的文化创意产品，受到观众的欢迎。

　　展览采用全景技术记录的虚拟展览，使观众可以通过浏览器实现720°全方位互动式观看，实现永不落幕的线上3D展示。展览重现了台儿庄大捷第二阶段的作战史实，填补了云南抗战史的空白，让观众了解了云南在抗战历史中的重要地位和贡献。

平山郁夫的丝路世界 —— 平山郁夫的丝绸之路美术馆文物展

敦煌研究院

"平山郁夫的丝路世界 —— 平山郁夫的丝绸之路美术馆文物展"由敦煌研究院、日本平山郁夫丝绸之路美术馆主办,敦煌研究院敦煌石窟文物保护研究陈列中心承办。展览于2018年8月1日至10月31日在敦煌莫高窟展出。

此次展览是对平山先生敦煌情缘最好的表达和敬意,也是在中日和平友好条约缔结40周年之际,凸显中日两国作为丝绸之路上两个国家,在伟大的历史文化交流中起到的桥梁作用和典范功能,更是新时代"一带一路"倡议之民心相通的见证。

展览分为"平山郁夫与丝路文明""平山郁夫与敦煌""平山郁夫与丝绸之路"三个展区,通过收录平山郁夫丝绸之路美术馆收藏的帕米尔以西地区文物170件(套)和平山郁夫先生的8件敦煌石窟写生作品,既展示了平山先生花了40年时间收集的精美丝绸之路文物,也回顾了平山郁夫先生作为一位绘画巨匠、中日友好的文化使者、世界文化遗产的守护者的不凡一生。

展览以中日和平友好条约缔结40周年为节点,首次通过在国内系统性展出平山美术馆收藏的丝绸之路的文物,展示了平山郁夫先生丝绸之路题材的艺术创作,也分享了先生与敦煌的不凡情缘,借由

展览序厅

展厅局部

投射着丝路辉煌的文物、精美而富有诗意的绘画以及作品背后感人至深的故事，更是希冀由平山先生的视角带观众深入领略丝路文明的灿烂悠长，感受中西文明交流互鉴、交融并进的波澜壮阔，引发观众的情感共鸣。

此次展览首次以丝绸之路与和平、文化使者与文化遗产保护为展览指向，通过平山郁夫丝绸之路美术馆的精美文物收藏，使观众看到西起罗马东至日本，横跨欧洲、西亚、中亚和东亚等37个国家和地区的古代文化精粹。敦煌研究院石窟保护研究陈列中心作为策划制作团队，注重展览的设计、空间布局、视觉效果、文物安全保障、观众服务、展览公共教育、线上宣传、学术支撑、文创产品等内容建构与实施，同时特别聘请柴剑虹、常沙娜两位学者作为学术顾问。

在宣传推广方面，展览前期通过新华网、中新社、人民网进行前期预热，以开幕式为节点，国外多家主流媒体进行了报道，同时通过敦煌研究院官网、微信、微博进行推广与相互链接。展览期间，共接待观众16.8万人次。文创衍生品与敦煌恒真数字文化公司、黄山美术社共同开发了32项产品，受到观众欢迎与热购。

馆方邀请敦煌本地区的中小学生300人次参加了主题教育活动，通过此次展览帮助学生了解平山郁夫先生作为一位绘画巨匠、中日友好的文化使者，对丝路文物的保护，尤其是对敦煌文物保护研究事业所做出的巨大贡献，借此培养学生认知丝绸之路上文化艺术的魅力以及保护文物、保护文化遗产的意识。

展览开幕式上，全国政协常委、甘肃省政协副主席郝远，日本国驻华大使馆特命全权大使横井裕及夫人横井英子，中国人民对外友好协会副会长户思社，敦煌研究院名誉院长樊锦诗，敦煌研究院院长王旭东，平山郁夫丝绸之路美术馆理事长平山廉，东京艺大名誉教授宫迴正明，株式会社黄山美术社董事长陈建中等多位政要和文化各界人士参加并发表讲话。这是平山郁夫丝绸之路美术馆首次将诸多文物出借给中国，引起了广泛的社会反响。

自然科技篇

中国重要农业文化遗产主题展

中国农业博物馆

"中国重要农业文化遗产主题展"由中国农业博物馆主办,苑荣为展览负责人。展览于2018年11月23日至2019年3月16日在中国农业博物馆向公众免费开放。

农业文化遗产作为农耕文明的重要组成部分,是农耕文明思想、理念、技术的活态传承体现。中国在全球重要农业文化遗产保护方面成绩斐然,此次展览旨在宣介重要农业文化遗产、增强文化自信、助力乡村振兴。

展览由序厅、农业文化遗产专题和未来展望三部分组成。序厅展示近些年中国重要农业文化遗产的保护成就。农业文化遗产专题部分是国内第一次全面展示由原农业部组织审定的91个中国重要农业文化遗产,其中包括18个被联合国粮农组织认定的全球重要农业文化遗产,分华北、东北、西北、华东、中南、西南六大区,凸显不同地区、相似环境中独特的农业生产系统和农业景观特征。未来展望部分展示中国重要农业文化遗产保护的现实意义和对现代农业可持续发展的借鉴作用。

展览序厅

传统技艺制作

云南红河哈尼梯田 3D 地画

展览通过图文展板展示遗产地独特的农业生产工具、民俗文物资料和农产品，通过遗产地特有的非遗项目现场展演，辅助遗产地景观复原模型、互动场景、3D动画和视频资料等多种手段，比较全面地诠释农业文化遗产的五大特征和深刻内涵与价值，力求达到良好的展示效果。

在展品选择上，策展团队沟通协调了80多个遗产地的1200多件（套）特色展品参展，涵盖了初级农产品（瓜果梨桃）及加工的精品、传统农具、民族服饰、民俗用品、手工制品等，还有重要授牌、文件、学术著作、影像资料等。同时，此次展览采用了3D画（云南哈尼梯田）、人像抓取合成（我和遗产有个约会）、红外线感应互动（浙江青田人鱼互动动漫）、景箱模型、场景复原、互动地图、视频等辅助展品，对阐释遗产内涵、吸引观众互动起到了很好的辅助作用。

在设计表现上，整个展厅及展板运用现代风格的表现形式，简洁大气，并引入多样化的创新技术，如半景画微缩景观模型、场景还原、鱼稻投影互动、视频投影技术等手段，让观众沉浸式体验农业文化遗产的独特魅力。策展团队注重以内容引导形式设计，在图文表达上对重点内容的画面做放大呈现，使展览内容丰富、逻辑清晰、主次分明，并使用不同类型的图片排版方式，避免排版单一性。展览照明采用柔和暖光和科学的灯具布点，自然光与灯光有机结合，让整个展厅通透明亮，使观众易于观展且不会造成视觉疲劳。

在观众服务方面，馆方提供预约讲解服务，配备5名讲解员负责讲解，其中2人可承担英文讲解，并保证每日至少2人负责观众接待和咨询服务。展览各项目均配有语音导览系统，可通过扫描二维码收听并查看相关图文信息。展览展出期间共招募"小小志愿讲解员"110人，并围绕主题开展了相关培训和教育活动。场内引导标识清晰，互动项目多样，观众反映良好，无投诉事件发生。

展览自开展以来在全社会引起了积极反响，并吸引了众多青少年以及农业农学爱好者与相关工作人员参观。展览累计接待社会观众4.8万人次，成功举办教育活动362次。

中国民航空中交通管理专题陈列

中国民航博物馆

"中国民航空中交通管理专题陈列"由中国民用航空局空中交通管理局主办,中国民航博物馆承办。展览由中国民航博物馆馆长王小辉策划,于2018年5月18日在中国民航博物馆免费向观众展出。

中国民航空中交通管理专题陈列全面回顾民航空管的发展历程,分为早期空管、艰苦前行、发展壮大和未来空管四个部分。早期空管(1949年前)部分通过时间轴的方式介绍民航空管的产生和发展;艰苦前行部分(中华人民共和国成立至20世纪80年代)重点介绍中国民航成立后(1950)民航空管在重重困难面前恢复生产,包含建立中国的空中交通管理体制、开辟国内外航线服务等九个模块;发展壮大部分(20世纪90年代至今)介绍民航空管随国民经济快速发展逐渐壮大起来,综合保障能力、技术水平居世界前列,包含空管体制改革、提升空管保障能力等五个模块;未来空管部分介绍了民航空管的发展趋势和未来愿景。

展览整体风格偏现代,色系以蓝色系为主,注重历史感和科技感相融合。展览的前半部分使用大型L形通柜营造历史氛围,通柜内展板、展架、展台的布设不拘泥于形式,依据展览内容排布。通柜内光源选用LED冷光源,色彩柔和,方便维护。展览后半部分为流线型设计,造型明快、简洁。展板立体处理,设置沙盘展示、展览中的图书馆、试听汶川地震飞行员和管制员通话等互动项目,给观众提供多样的参观体验。

中国民航博物馆结合展览内容在一层设置模拟塔台互动展项,塔台本身就在高处,让观众从楼梯而上,模拟登上塔台的感觉。在展览临近结尾处设置图书角,摆放桌椅,既方便观众观看书籍资料,又提供了休息场所。通过合理的空间规划,使整个展览参观路线明确、流畅。

展厅一隅

雷达管制模拟机　　　　　　　　　　　　　　　　　　　　塔台信号灯（20世纪40年代）

在展品选择方面，此次展览依照典型性、全面性、适应性、观赏性、真实性的标准挑选出106件（套）见证民航空管发展的实物。展品形式多样，有代表性，既有小件珍贵印章，又有早期大型空管设备，基本可以反映展览内容和主题。此外，展览中设置了地图、图表、沙盘等辅助展品提升展览效果。尤其是试听汶川地震时飞行员和管制员的通话发生在地震后一分钟，近70米的塔台已剧烈晃动，管制员仍坚守岗位，告知飞行员不要慌，在原地等待，十分感人。展览还设置了塔台模拟体验、雷达模拟体验等互动项目，增加了展览的趣味性，受到观众的一致好评。

在宣传推广方面，展览得到了《中国交通报》、《中国民航报》和中国民航网、民航资源网、《空中交通管理》杂志、中国航空新闻网、《北京晚报》、北京交通广播电台等多家媒体的广泛报道。同时主办方将展览拍成宣传片组织空管系统3万多员工观看，并在空管之声微信公众号上进行宣传和推广。

展览力求科学性和生动性相结合，向观众全面地展现了民航空管的发展历程。通过诠释展品背后的故事，让观众深刻感受到民航空管人默默坚守的无私奉献精神。此次展览自开展以来，累计接待观众6.77万人次，其中未成年人观众2.29万人次，共举行教育活动23次。

生态天津

天津自然博物馆

"生态天津"专题展览由天津自然博物馆主办,展览策划人由生物多样性中心和展览部团队组成。展览于2018年12月在天津自然博物馆开展。展览以"保护生态环境 建设美丽天津"为主题,首次从自然和生态角度全面展示天津这座城市的自然地貌、生态系统及生态环境保护工作,旨在唤起人们尤其是青少年对天津自然环境和生物多样性保护的关注,加深对生态文明建设的理解,更加热爱并投入美丽天津的建设。

展览由"沧桑之变""山水之间""碧水蓝天"三部分组成,以时间为序依次展示了闻名中外的数亿年间天津蓟县(今蓟州区)剖面地质遗迹到一万年左右贝壳堤古海岸,至现今形成的森林、湿地、海洋代表性生态系统,再到当前天津市生态红线规划、海绵城市建设等生态保护内容及人与自然和谐发展的美丽愿景。

展览突出地方特色,通过精心设计在600余平方米展厅将天津代表性的自然景观和自然资源——呈现,展品包括岩矿、动植物标本、地图、沙盘模型等400余件(组),其中不少为珍贵的矿物、动植物标本。重点展品包括距今16.5亿至7.8亿年间的蓟县(今蓟州区)中新元古界标准地层剖面标本,天

展览序厅

展厅一隅

津八仙山国家级自然保护区内动植物和东方白鹳、天鹅等天津滨海湿地鸟类标本,并设计制作了天津山地、湿地、海岸的场景和模型,使普通观众能身临其境体验天津"山海林田湿"独特的自然环境与风貌,激发市民保护生态环境、建设美丽天津的热情。

展览首次以天津的自然地貌、生态系统为展示对象,使观众认识到天津这座北方滨海城市不仅拥有繁华的都市,还有丰富的自然景观。"山地、海洋、湿地"世界三大生态系统在天津都有典型分布,展览内容不仅是纯自然展示,也注入生态文明的理念,突出表现了人与自然的关系。

考虑到自然博物馆以青少年观众为主的特点,展览设计以生动逼真的标本和丰富多彩的场景、模型、虚拟现实(VR)场景体验、显微镜观察活动相结合,增加展览的互动性、趣味性,形式上注重色彩变化、内容分区、突出主题,营造轻松愉悦的环境,激发观众的好奇心和求知欲。

在展览宣传方面,天津自然博物馆在开展之际对展览内容、特点、展示形式等进行了全方位报道。除天津自然博物馆官方网站、微博、微信公众号的宣传推送外,还通过《天津日报》《今晚报》、北方网、新浪网、腾讯网等主流媒体对展览进行了宣传报道。同时,配合馆内开展的一系列科普教育活动,形成了纸媒、网络双管齐下的全方位宣传规模。展览迄今受到各类媒体报道、转载20余篇。天津电视台新闻频道于2019年3月12日植树节当天以"生态天津"展厅作为临时演播室,邀请天津市有关生态专家、生态环境局等委局领导来现场就该展览内容展开讨论、宣传生态保护工作。

在青少年教育活动方面,天津自然博物馆围绕生态天津展览进行特色讲解,同时结合展览内容策划开展了以植物、鸟类、贝类为主题的公益科普活动。截至2019年8月,共举办30余场讲解,20余场活动,参观人数近百万人次。并邀请知名专家开展科普讲座,向观众发放宣传资料、图册,走进社区、学校开展生态天津科普巡讲活动。此外,馆方还结合天津自然生态环境演出科普情景剧,提高群众环保意识。志愿者团队结合生态天津展览编排环保科普剧,开展垃圾分类小课堂。结合如爱鸟周、植树节、地球日、生物多样性日等生态环保纪念日,开展冬令营、京津冀研学等活动。配合展览,天津自然博物馆还编纂了相关书籍,制作了宣传画、鸟类徽章等文创产品。

展览开展正值元旦和春节假期前,丰富了天津市民的文化生活,也为外来游客增加了了解天津的一个窗口。通过展览相关的主题活动配合及媒体宣传,寒假和暑期都有家庭自发参观展览。展览开展8个多月来,观众量近百万人次。

内蒙古自然博物馆陈列展览

内蒙古自然博物馆

"内蒙古自然博物馆陈列展览"是由内蒙古自然博物馆策划制作的基本陈列，于2018年9月10日在内蒙古自然博物馆开展。

内蒙古自治区横亘祖国北部边疆，地域宽广，地质历史悠久，拥有多样的现生动植物、古生物化石及地质矿产资源，同时也是我国北部重要的生态屏障。策展团队以内蒙古自然资源的展示为主要内容，集中展示了内蒙古的森林、草原、水域、荒漠、野生动植物、远古生物、古地质环境、地质矿产、农牧业、蒙医药、旅游业等各领域的自然资源，并采取馆园结合的方式对公众开放。根据建筑空间结合展区主题内容设置展馆参观顺序，一层设计为逆时针参观，二、三、四层为顺时针参观。每个展区将建筑空间内的柱网与展示内容进行了有机结合，将主副展线根据空间、内容进行合理划分，所有展柜、信息带、触摸屏、展板、造型及视频根据不同的参观群体进行了个性设计，保证其观感视觉的艺术性、科学性、唯一性。

内蒙古自然博物馆建筑外观线条流畅，隐喻了"祥云"的形态；展开的裙房和高层部分，犹如展翅翱翔的鹰翼，象征着内蒙古腾飞发展的未来。博物馆采取开放式布局，室外区域已建成呼和浩特地区首个观赏石公园，实行对外开放，供游客参观。观赏石公园内共有110块大型矿石，矿石种类繁多，样式各异，极具观赏性，均采自内蒙古的各个旗县，代表了当地的典型矿产资源。

内蒙古自然博物馆以内蒙古区域自然资源为核心，大厅在设计理念上融入民族文化元素及自然特色，以祥云为主题，寄托着对同胞的祝福，也承载着对大自然的礼赞，彰显蒙古族人民自古崇尚自然的传统。大厅内的七个高大立柱，象征着民族团结的精神和蒸蒸日上的力量。展区内所有场景全部到

"恐龙的故乡"展厅

"远古内蒙古"展厅

"绿色内蒙古"展厅

"壮美内蒙古"展厅

实景地进行采风制作，严格遵循其科学体系进行筛选、分类、解析。

在展品选择方面，内蒙古自然博物馆严格围绕展览主题，通过对馆藏万余件标本的一一比照，精选出内蒙古独有或典型的资源标本10369件（套），有效丰富了展览内容，增强了展览的可观性与独特性。此外，展览主要采用的辅助展品有模型17个，投影56个，LED屏10个，电视机及影片31个（部），触摸屏60个，增强现实（AR）望远镜3个，动感平台1个，图版533个（包括文字、地图、风景图等展板）。辅助展品烘托展览主题，深化展示内容，与展品呼应。

内蒙古自然博物馆的虚拟导览主要体现为虚拟现实（VR）全景漫游、全息影像、幻影成像，在全景图像构建的全景空间里进行自由切换，达到漫游各个不同场景的效果。主要点位设计思路，由东一层至东四层，每楼层为单独全景漫游展现。西四层至西六层，为整体漫游展现。每个全景点位设置，主要以展板内容、场景内容合理设置点位，确保内容的完整，以及全景图片的美观。

自开展以来，馆方陆续通过报刊、电视、网络、手机App等媒体手段加大宣传力度。在《中国文物报》《内蒙古日报》《北方新报》《呼和浩特晚报》和《地球》杂志、中国自然资源部官网、新华网、中国文物网、中国社会科学网、内蒙古电视台新闻联播节目、呼和浩特电视台等多种类的媒体上对展览信息进行了宣传推广，并在博物馆官网和微信公众号上进行实时宣传，扩大了内蒙古自然博物馆的社会知名度。展览累计接待观众30万人次，其中未成年人观众6万人次。

大国重器——"品牌鞍钢"主题展

鞍钢集团博物馆

"大国重器——'品牌鞍钢'主题展"由鞍钢集团博物馆主办,展览于2018年12月21日至2019年12月31日在鞍钢集团博物馆面向公众免费开展。

展览立足于体现鞍钢这个中华人民共和国的工业长子企业的未来发展之道。在展览内容上,策展团队将原展厅内容做进一步区分和细化,融入"创新鞍钢"展厅和"奉献鞍钢"展厅的部分内容,分为世界品牌、源源精品和全球服务三大板块,涵盖企业标识由来、产品系列、研发实力、精品钢材、营销网络、品牌服务等内容,构成鞍钢品牌厚重、延绵的历史纵览。展览整体节奏更加紧凑,内容更准确和充实。尤其是十四类钢铁精品的展示,第一次对鞍钢产品体系做了系统的归纳,反映了鞍钢领先行业的生产研发技术不懈探索的精神风貌。展览的展陈大纲经过为期一年的评审论证,听取了相关专家、技术人员的大量宝贵意见,数易其稿。展览展示文字细化至三级标题,将专业的钢铁行业信息转化为一系列通俗易懂、准确翔实的文字说明、图片图表,充分介绍了鞍钢品牌的建设和研发生产情况。

展览为冶金行业类展览,因此在遵循"以文物说话"的原则基础上,选择最能揭示主题、最具代表性和表现力的文物(产品)重点展示,如南京长江大桥结构件、钒钛合金制品、小型钢材产品、文献、商标注册证书、老照片、仿真模型等,从不同侧面生动直观地向观众呈现鞍钢品牌凝聚的历史及其在中国工业化进程中的重要作用,实现"让历史说话、让文物活起来"的目标。

鞍钢博物馆根据原二烧结厂厂房改建而成,在建设时根据"以旧修旧"的原则,大量利用了自然光,配合展示照明,结合黑铁色装饰钢板、仿旧的红砖墙、灰白的混凝土等材料与老旧的工业设备完美融合,以最现代的形式融合最典型的工业遗产。此次展览在空间规划上继承了原有的风格,充分利用空间层高活化观展流线,高大的高炉与廊柱组成了富有变化的韵律空间,做到一步一景,合理有序引导观众游览。在丰富展厅空间观感的同时,也让更多鞍钢优秀产品所制造的实物和展品能够纳入博物馆的展陈体系。

展览在合理展示文物产品和历史图片的基础上,合理运用了艺术展项、微缩景观、装置艺术、数字多媒体、虚拟现实(VR)互动等辅助

五大英模组雕

展厅实景

手段,增强展览的趣味性与生动性。在展线设计上充分考虑观众客观的观展习惯与内容层次、主题特征之间的关系,在整体设计上充分考虑到空间表达与艺术表现的融合,合理利用到博物馆厂房的工业风格和金属架构,如对近70米的百年老高炉的利用、对玻璃幕墙自然光的引入、五大英模组雕对空间的分割和提升,再加上精心设计的灯光和音效,配合高低错落、极富层次感的展项视觉营造,既在主题上突出内容,为观众提供了不同的空间感受,又成功营造出题材上的宏大、凝重和内敛,成为展览的点睛之笔,为观众提供难得的文化观感。

在宣传推广方面,策展团队通过媒体报道、专题文章撰写、网络宣传等方式,全方位、多角度宣传展览以扩大其影响力。如推动当地电视台与《鞍山日报》《鞍钢日报》《千山晚报》和大辽网等传统媒体和网络媒体及时传播展览信息和进行专题报道。邀请当地要员出席开幕仪式,举办专题讲座,开展志愿者招募等相关活动,提升大众参与度。

鞍钢几乎与中华人民共和国同龄,其企业的发端成长与国家的壮大发展相呼应,尤其是如今在高端领域的研发生产、在军工国防领域的鼎力支撑方面,无不对应着"大国重器"这一主题。此次展览重点展示了鞍钢的优秀产品,反映了鞍钢的品牌历史,弘扬了鞍钢熠熠生辉的企业文化,侧面反映了鞍钢在国家工业建设、国防之中的重要地位,与鞍钢博物馆百年历史展览相呼应,回望过去,激荡未来。

风好正扬帆：中国古代航海科技展

中国航海博物馆

"风好正扬帆：中国古代航海科技展"由中国航海博物馆策划制作。2018年12月20日至2019年3月20日，展览在中国航海博物馆向公众免费开放。

中国古代"海上丝绸之路"的繁荣、发展与中国卓越的航海科技文明紧密关联。此次展览是我国博物馆界首次以"航海科技"为主题、以航海文物为基础的专题科技展，通过橹、舵、帆、锚、榫钉、舱缝、水密隔舱、逆风调戗、陆标导航、牵星过洋、指南针、航海图等内容，通过"让文物活起来"的原则诠释航海科技内涵、讲好中国航海故事，填补了国内专题展览的空白。

展览广泛吸收最新研究成果，尤其是最新海图研究成果，同时邀请相关专家对展览文本进行指导与审订。展览内容分四个单元，分别为"舟楫溯古源流长""行舟致远造大船""牵星过洋行四方""顺风相送绘宝图"，遵循铺垫、造船、行船、海图的逻辑顺序。

在展品选择过程中，策展团队从上海中国航海博物馆4万余件（套）相关藏品中初选出藏品1000余件（套），并根据展示空间、展示效果、展品种类、内容关联度等方面综合权衡，在外借"南宋执罗盘陶俑"等展品基础上，最终精选并确定了180件（套）展品。辅助展品功能在于弥补实物展品科普诠释力的不足，此次展览的辅助展品以互动展项为主，集中在指北针使用、榫卯结构的拼插、摇橹体

坤舆万国全图

《郑和航海图》

见风使舵大转盘

验、星空体验、海船画室等。展览设计力求对古代航海科技的理解，通过多媒体视频、展项互动、情景塑造等方式来提升观众对展览的理解度和参与度，通过"让文物活起来"的方式，使展览的具体板块具备模块化、科普化特征，充满体验性和互动感。

展览板块间通过展品及装置多样化呈现，辅以观演、体验、互动等设计手段，整体以黑、灰、白、蓝为空间色彩基调，点缀具有历史感的褐色，塑造出具有神秘浪漫感及科技感的展示空间。展览图片及信息图表均优化加工并进行科普性图示，展板风格大气稳重，并将部分内容转为设计元素加以装饰，环境与内容融合完美。

策展团队十分重视展览的空间规划，展览通过大型宣传海报、标示、触摸屏及人工引导等方式引导观众，创造性地将展览延伸至公共空间，在有限的空间内将整个展线拉长至220米。充分利用展厅坡道两侧展墙，以新颖的设计感吸引观众，并在坡道末端设计了让小朋友参与的海船画室，增强展览的互动性。展览空间疏密有致，设计多个互动环节，满足观众的参观舒适度和体验度。展厅内立柱较多，通过包柱墙面保证展厅空间划分的完整性，并在具体板块之间通过门楼设计以示区分。

围绕此次展览，中国航海博物馆主要设计了航海指南针、朝宗于海布袋、清代指南针钥匙、舵轮徽章、指南针手机套和相关船模等产品24件，这些产品主要围绕着航海科技元素进行设计，体现此次展览的特色。纪念品的价格均价为30元左右，价格适中，目前销售量较好，充分贯彻让观众把藏品带回家的理念进行设计。

展览布展、开幕及开展过程中持续通过官方微信、东方卫视、上海发布、人民网、新华网、《解放日报》等多家媒体进行报道和展览专访，举行免费开放日，并在虹桥枢纽和浦东机场推出展览图文版。开幕以来，展览获得各级领导、专家和市民观众的广泛关注，中央、省（区、市）30多家媒体报道达200多条，成为上海市民所热议的"网红展览"。

据不完全统计，展览累计接待观众8万人次，其中未成年人观众4万人次。展览一经开幕，赢得了广大观众的好评。展览在展示中国古代航海科技成就、激发民族科技自信、为"21世纪海上丝绸之路"建设营造良好科技文化氛围等方面起到了有益作用。

叱咤风云 —— 中国风云气象卫星四十载的壮丽征程

钱学森图书馆

"叱咤风云 —— 中国风云气象卫星四十载的壮丽征程"展览由上海航天技术研究院与钱学森图书馆联合主办。展览于2018年11月28日至2019年2月28日在钱学森图书馆开展。

气象卫星从诞生起,就集大气、海洋和陆地观测于一体,具有综合观测地球环境的技术特点。中国气象卫星自20世纪70年代起步,历经40多年发展,已成功发射15颗,现有8颗在轨稳定运行,形成了包含风云一号、风云二号、风云三号和风云四号卫星在内的风云卫星家族,使我国成为世界上第三个同时拥有地球静止轨道气象卫星和太阳同步轨道气象卫星的国家。2017年恰逢风云气象卫星正式命名40周年,2018年又恰逢改革开放40周年,上海航天八院联合钱学森图书馆举办跨年度专题展览,立足于上海,向民众展示本地科技产业最新的科研成果,纪念"风云"四十年光辉历程,并激励航天人再创辉煌。

展览分为"大家风范"(风云卫星研发团队)、"早期探索"(气象卫星立项的历史背景)、"群星璀璨"(风云一号至四号的研发历程)、"应用监测"(风云气象卫星现实中的应用)和"展望未来"五大部分,生动讲述了风云系列气象卫星从立项起步、艰辛研制,直至最终成功投放使用、形成风云卫星家族,为国家安全、国民经济做出巨大贡献的四十载壮丽征程。展览文本的写作基于上海航天技术研

展厅实景

究院档案馆馆藏文献和历史记录的最新梳理,并参考了上海航天史最新的研究成果。

从泛黄的文献、气象万千的卫星云图到熠熠生辉的尖端航天产品,展览共展出了历史照片150余幅、实物展品40余件(套),其中包含了6件大尺寸实物展品——包括了风云系列卫星模型与卫星上的实际载荷。展出的最大尺寸展品——风云三号搭载的微波成像仪,是当时地面试验的测试用载荷,与之后发射升空的风云三号实际搭载的载荷在结构上完全相同。包括展览的中心展台被设计成飞碟造型,中间的球状投影装置不停投射出风云卫星呈现的地球云图,不间断地演示地球动态大气、海洋和陆地观测云层,象征着地球本身。这些与民众日常生活看似遥远但又息息相关的我国航天科技发展历史的见证物,均为首次集中向公众展出,构成了此次展览最大的亮点与特色。

展览的策划团队由上海航天技术研究院的党群工作部与钱学森图书馆陈展部联合组成。双方采取合作模式,由上海航天技术研究院确认展览主题及展览各部分内容区块划分;之后将展览素材交予钱学森图书馆陈展部,双方共同遴选展品、确认展览最终基调;并由钱学森图书馆方面完成展览文本的最终编写加工、设计施工的项目招投标、展览后期的制作及现场布展的监督。其中最终展品的运输、摆放与撤展,由上海航天技术研究院与钱学森图书馆联合完成。

展览开幕前一个月,钱学森图书馆微信公众号每周陆续推送与展览主题相关的科普短文及背景知识介绍,与风云卫星拟人化微信众号及上海航天技术研究院自媒体进行联动,提前为展览预热。邀请媒体预热采访,有三家电视媒体先后到场拍摄。同时将开幕式与钱学森图书馆第100万名入馆观众纪念仪式结合,之后结合钱学森图书馆品牌活动"学·问"主题沙龙,分别针对青少年与普通民众,推出两次配套学术讲座和一次航天专家导览。

此次展览在主题选取和叙事手法上另辟蹊径,将共和国科技研发成果的某一具体型号系列作为展览讲述的主角,同时又与一般的科技会展做区分,以历史叙事和历史见证物作为依托。展览还开展了线上与线下观众问卷调查,回收132份纸质问卷,153份在线问卷,最终形成调查报告,为以后展览工作的改进提供了宝贵借鉴,也为展馆未来的大规模、常态化观众调查的开展,以及未来展览前置评估的开展提供了有效范例。

展览自开展以来,累计参观观众达6.1万人次,其中未成年人观众3.2万次。展览开幕后陆续有36家媒体进行了报道,首发新闻22篇,含转载宣传报道共计41篇。展览向上海本地民众展示了改革开放40年来,上海在航天科技领域最具代表性的发展成果之一,激发了民众对航天事业的热情以及对家乡的自豪感,立足于本地社区,取得了良好的社会效应,达到了传递科学精神、创造性弘扬社会主义核心价值观的目的。

来自星星的你——陨石特展

浙江自然博物院

"来自星星的你——陨石特展"由浙江自然博物院主办,展览于2018年6月1日至10月7日在浙江自然博物院杭州馆一楼临展厅推出。

展览较为全面系统地反映了当代陨石研究与收藏的大致面貌,揭示了陨石的来源、形成、坠落过程,陨石的分类与鉴别,陨石与地球上生命的关系等各方面的知识。概括起来,陨石特展主要有以下五个亮点。

一是"社会化"办展模式,引馆外资源活策展力量,取高校院所与社会企业所长,整合优质展览资源,使展览内容多元充实,形式轻快活泼,贴近社会大众。二是量质双优的展品,展品共325件,总重量达3.5吨,其中月球陨石、火星陨石及灶神星陨石尤为珍贵。三是可以触摸的展览,展览将众多大体量的陨石予以裸展,激发了观众极大的体验兴趣。用手触摸,并在显微镜下观察陨石的矿物组成,打破了观众与展品之间的壁垒。四是超强的时效性,展览开幕当天,云南西双版纳发生陨石坠落事件,成为社会热点话题。此次展览展品的主要收藏家迅即征集到其中一块L5型普通球粒,重达672克的陨石标本。展厅内立刻增设"最新的星星,最美的邂逅——云南西双版纳陨石"的新展区,予以重点介

"星星的力量"展示单元

陨石家族

南丹陨石

绍和展示。五是丰富多样的互动，观众在展厅内可以在光影绰约的时空隧道内打卡拍照、用显微镜观察陨石标本、水彩涂鸦、玩陨石拼图游戏等，精心打造的各种互动装置与道具，穿插陨石小百科知识，达到了寓教于乐的良好效果，使原本"冰冷"的陨石变得有温度、接地气、贴近大众。

展览形式设计亮点纷呈，展览整体上营造了浩瀚宇宙、神秘星空的宇宙氛围背景，星球、陨石及陨石坑的艺术造型也是展览的视觉亮点。展览整体规划合理，布局得当，并设计制作了许多陨石及星球艺术装置，相对幽暗的色彩基调将这种气息发挥到极致。展厅中设计了20多项多媒体影音系统和互动装置与道具，增添了展览互动性和趣味性。在处理形式设计与内容设计关系时，考虑到南丹陨石展品的数量和体量，专门设置了相应的小专题区，在陨石小百科趣味知识展示中，结合显微镜、陨石标本等互动装置与道具，设置集中的互动区域。使展示内容和形式得到了有机统一，展览富于节奏变化。另外，在充分考虑安全性和展示效果的前提下，遵循环保原则，采用可循环使用的环保材料。

在宣传推广方面，馆方策划推出了"5+1"宣传推广模式，即一个展览配套推出一个系列展览前中后的宣传实施方案、一个系列延伸教育项目、一个系列专家讲座、一个系列文化产品开发、一本宣传图册，深入挖掘与诠释展览内涵，延伸展览文化传播功能。展览颇受媒体关注，参与报道转载的媒体涵盖了中新网、浙江新闻和《杭州日报》《都市快报》等国家级、省级、市级媒体。据统计，媒体报道转载600余篇次，不仅使展览成为杭城的文化热点，亦使展览宣传计划取得了较好的效果。

此次展览是目前国内集中展出陨石最多、最及时跟进陨石动态的一次展览。围绕展览，馆方专门制订观众接待计划，展览在馆内展出期间共接待观众约9.4万人次，其中未成年人约6.9万人次。经观众问卷调查，展览观众满意度达98.9%。

家在钱塘——杭州市农村历史建筑综合保护工程九年成果展

杭州博物馆

"家在钱塘——杭州市农村历史建筑综合保护工程九年成果展"由杭州博物馆主办,杜正贤担任展览策展人。展览于2018年6月9日至2018年9月9日在杭州博物馆向公众免费开放。

展览以杭州农村历史建筑的深厚历史积淀、丰富内涵及特色为主要展示内容,同时展现"杭州农村历史建筑综合保护工程"取得的突出成绩,体现文化遗产保护成果全民共享的宗旨。

展览以介绍农村历史建筑含义、综合保护工程概况及意义等普及性的知识开篇。第一单元"传统村落——诗意的栖居地",以具有代表性和鲜明特色的例证分类介绍杭州农村历史建筑;第二单元"文化传承——精神家园",探究杭州农村历史建筑中的风水、空间观念、构造之美、乡风教化等内涵;第三单元"继往开来——农村历史建筑综合保护工作巡礼",介绍九年来综合保护工程所开展的主要工作及丰硕成果。前两单元从建筑本体向精神内涵逐步深化,提升观众对农村历史建筑的认知,第三单元全面反映杭州对农村历史建筑的保护与传承工作,以唤起公众对这一宝贵文化遗产的保护意识。

围绕展览主题,策展团队结合"看得见山、望得见水、留得住乡愁"的乡土建筑保护理念,从"形"与"色"两方面提取江南山水、农村历史建筑结构等元素,提升展览的艺术表现力和感染力。

展厅一隅

第一方面"形"，主要体现为展览入口截取江南古建筑粉墙圆窗元素，配合垂落的光纤灯模拟雨丝打造烟雨江南的氛围。序厅设置具有水乡特色的石板桥模型，配合杭州地区传统村落入口景象背板，让观众迅速获得身临其境步入农村历史建筑群落的感受。展厅内模拟传统门楼配以门神图案，并利用楹联匾额、山水画、仿古家具及摆设等复原中堂场景，营造出传统建筑内部实景的错觉。部分单元转换区域使用镂空花窗构件进行分隔，形成虚实掩映、若隐若现的艺术效果。部分展板镶嵌精美雕刻建筑构件、在合适区域点缀传统的天花藻井图像、壁画、砖雕地贴等，强化沉浸式观展氛围和效果。

第二方面"色"，主要体现为展览整体色调以象征粉墙黛瓦的"黑白灰"为主，烘托农村历史建筑文化简洁、精致、古雅的特点。展厅内选取暖色光源，根据展示内容和形式合理设置照度，配合展品温润的木色，给观众以宁静、平和的心理感受。

杭州博物馆秉持绿色环保办展的理念，结合原有场地空间实际，合理规划单元布局和展览游线。展线连贯流畅，步移景异，单元间自然过渡，不走回头路；通过"古桥""门楼""中堂""景窗"等虚拟场景的设置，配合灯光的巧妙使用，营造出江南古村落氛围和环境，让观众获得沉浸式的观展体验，唤起人们的乡愁和怀旧情感；用历史建筑门窗构件等合理隔断，有效利用空间，虚实结合、开合有度；展品、图版、辅助展品、花卉等合理配置，错落有序，具有层次感和节奏感；地面辅助地贴，路线导引清晰；设置一定的互动空间，既方便观众休息，又提升了展览的参与性和趣味性。

杭州博物馆多角度、全方位地将展览推广至各类观众群体，注重展前预热宣传、展中高度曝光、展后深度推广。以"1+X"模式，即1个主展览（杭州博物馆）、8个分展览（设在各区县市、杭州市民中心、钱塘江博物馆、市规划馆、杭州孔庙），全面覆盖，深度推广。中央电视台"国宝档案"拍摄"家在钱塘"专题宣传片，在杭州各城区广场、公交、地铁站滚动播放。馆方联合五大媒体，提高展览宣传曝光度。《杭州日报》《浙江日报》《浙江文物》设"家在钱塘"专栏；组织全市优秀讲解员围绕主题录制音频、视频，展览期间在电台每天播放，喜马拉雅 App 上也可随时下载。联合杭州日报官方微信推出十佳农村历史建筑保护修缮和活化利用投票活动，线上访问人次达380万次，线下参与人次达20万次。

展览以杭州农村历史建筑保护为主题，通过普及这种独特的建筑文化景观，引导观众认知其构造手法、营建理念，感知其代表的乡土文化、见证社会的变迁，让观众对杭州的农村历史建筑有了更进一步的了解。展览累计接待观众数量达24万人次，其中未成年人观众数量6万人次。

"龙出巢湖——安徽巢湖龙动物群"专题展

安徽省地质博物馆

"龙出巢湖——安徽巢湖龙动物群"专题展由安徽省地质博物馆主办,于2018年11月9日在安徽省地质博物馆临时展厅(地下一层展厅)开展,持续到2019年5月31日,为公益性免费展览。

展览选取安徽省区域内古生物化石中的翘楚——巢湖龙动物群为展示对象。作为世界上罕见的早三叠世海生爬行动物群,巢湖龙动物群为早三叠世生物复苏提供了有力的证据。展览以近年来安徽省地质博物馆发掘的大量巢湖龙动物群化石和馆内最新研究进展为依托,通过介绍其特征、生物群组成、演化地位等,向公众特别是青少年普及安徽本地的特色动物化石群以及科研成果,激发公众尤其是青少年朋友对古生物的兴趣。而通过对地球历史上的生物集群灭绝事件与生命为适应环境而进行的不断演化历程的展示,也进一步加深了公众对"人与自然和谐共生"的认识和理解。

展览共设"末日浩劫""见证复苏""游向世界""重见天日"四大部分,通过标本、图片、文字、场景,结合现代科技手段穿插互动体验等方式,向观众阐述二叠纪末期的生物集群灭绝事件、巢湖龙动物群生态系统、鱼龙的演化与分布等内容,生动展现出地球上生物的灭绝与新生,也更凸显出在不

展厅实景

可抗拒的自然选择面前，尊重自然、和谐共生才是对待自然的科学态度。

展览设有23块展板、19个展柜（含文创产品展示柜2个），1个古生物化石修复区，自主原创场景复原图2幅，制作复原场景及讲解视频2个，儿童手绘互动网页3个模块，共计展出各类标本、模型在内的展品60余件（套）。值得一提的是，近年来在国际古生物科研领域引起轰动的安徽省重点化石此次均可一睹真容，包括世界上最古老的带胚胎且正在分娩的鱼龙妈妈化石、具有海陆两栖生活习性的最原始的鱼龙化石、同时代个体最大的海生爬行动物化石，以及世界上最古老的鳍龙类化石等。在古生物化石修复区，观众还可以在专业人员的指导下进行化石修复，直接和真品化石零距离接触。

在宣传与推广方面，开展当天，10余家媒体到现场采访报道。展览期间，新华社、中国新闻网、人民网、《中国自然资源报》、《安徽日报》、安徽广播电视台、安徽新闻广播、网易安徽、《安徽商报》、《合肥日报》、合肥在线、《合肥晚报》等多家媒体均进行了关注和报道，刊发各类媒体报道40余篇，取得了较好的宣传效果。

展览将宣教和文创进行了有机融合，在展览的最后两个单元单设了宣教区和文创区，观众在宣教区可以参加《巢湖龙说》微视频课程、聆听科普教员授课、观看原创科普剧《源——鱼龙的故乡》，通过视频、动漫、手绘、话剧等多种方式了解安徽古生物、化石的鉴定和修复等知识；在文创区，观众可以看到安徽省地质博物馆围绕巢湖龙动物群设计的系列文创产品，包括鱼龙U形枕、鱼龙小伙伴胶带、冰箱贴、便利贴、徽章、书签、胶纸、金属梳、卷纸、杯垫等3大类10余种。

作为展览的延伸和补充，安徽省地质博物馆还通过科普大篷车将《巢湖龙说》系列科普微视频送进社区和学校，超过5000人次观众观看；通过在线直播活动加大宣传力度，扩大展览影响力，全国约30万人次参与；通过"鱼龙驿站"，将博物馆送进社区、商超，为广大居民打造家门口的博物馆；通过自制4D（四维）科普影片《巢湖鱼龙》、出版科普书籍《中生代海洋霸主的诞生——巢湖龙动物群的启示》普及展览内容。

展览累计接待观众30余万人次，元旦、春节期间单日最高参观量3500余人次，进一步丰富了广大群众的文化生活，普及了地质古生物学知识，激发了广大观众尤其是青少年探索地球奥秘和生物进化的兴趣，增强了公众保护化石资源和生态环境的意识，最大限度地发挥了博物馆社会教育职能，受到社会各界尤其是青少年的广泛好评。

长渠缀珍 —— 南水北调中线工程河南段文物保护成果展

郑州博物馆

"长渠缀珍 —— 南水北调中线工程河南段文物保护成果展"是由河南省文物局、郑州市文物局主办，郑州博物馆承办，于2018年1月1日开幕的常设展览。

南水北调工程意义重大，在配合工程建设过程中，河南段文物保护工作任务最为艰巨、取得成果最为丰硕。此次展览的策划实施让河南的悠久历史、灿烂文化、精美文物和当代建设成就、社会风貌得以充分展示，有助于提升河南省华夏历史文明传承创新核心区的影响力以及郑州历史文化名城的形象和品位。

展览紧扣"保护文物、传承文化"的陈列主线，分为南水北调工程概况、南水北调中线工程中的河南文物工作、河南段文物保护成果三大部分，以第三部分河南段文物保护成果为展示重点。按照南水北调工程自南向北流经的省辖市，依次划分为南阳、平顶山、许昌、郑州、焦作、新乡、鹤壁、安阳八个单元，每个单元展示基本以遗址点划分展区，架构层级合理、逻辑关系清晰。展览还紧扣学术热点，吸纳学术界最新研究成果，突出展示历年的全国十大考古发现，深入阐释遗址、文物蕴含的深层次文化内涵。

展品以"典型遗址、典型器物"为基本标准，以文物历史年代为经，以文物故事性、艺术性为纬，作为选择展品的原则。对具有节点意义或重要价值的文物以异形柜、加高展台、灯光照明等形式进行突出展示，同时包括文物标本复制品、模型、沙盘、图文版面、多媒体触摸屏信息查询等观众参与互动系统等辅助展品。

展览以顺时针的展线进行多样展示。其中南水北调中线工程沙盘模型全面展示南水北调中线工程的全貌，考古发掘场景复原再现了河南考古工作者的奉献精神。策展团队选取沿线独具代表的历史遗迹为创作素材进行艺术表现，立体雕

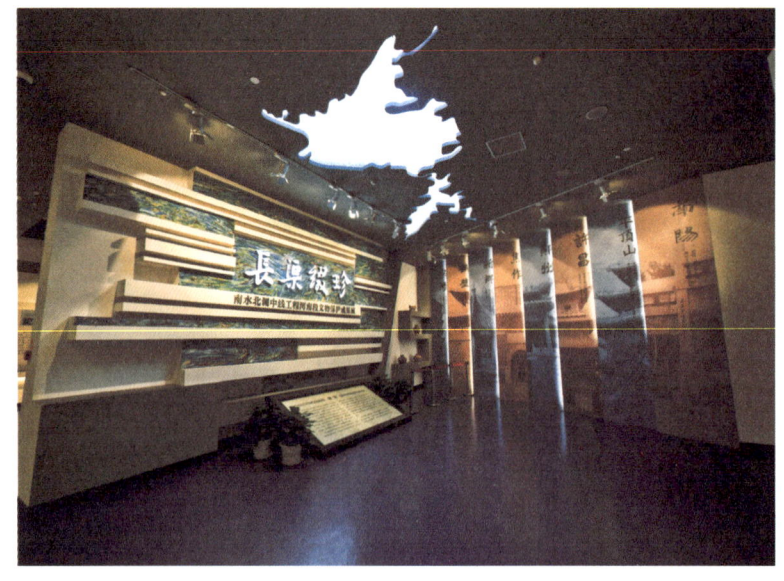

展览序厅

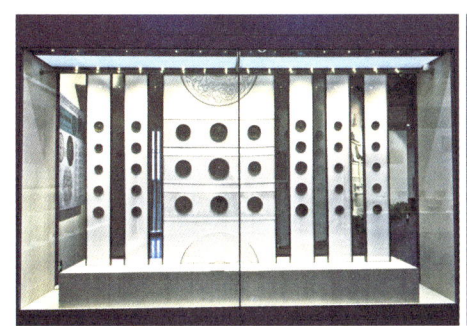

文物展示

塑结合背景创作油画再现各地区的传统地标建筑，提升单元段首的艺术效果。展览实施过程中，在注重整体风格一致基础上，充分展示不同单元个性，并兼顾展览亮点与核心展区的侧重。同时采用文物和文化景观相结合、古今结合、虚实结合等手法，给人以身临其境之感。

在宣传推广方面，馆方制订宣传报道计划，与网络、电视、报纸、广播、宣传栏等大众媒体加强合作，并创新性地引入微信、微博、网络虚拟展示等新媒体手段，全方位地将展览资讯及时向社会传播。通过召开新闻发布会以及综合利用各种传媒手段，对展览整个过程进行全方位的宣传报道。

为优化观众服务，馆方专门制定《观众接待工作制度》，对未成年人团体实行免费讲解。同时，每天上午、下午定时为观众提供义务讲解服务，并且会根据实际需求适当增加义务讲解场次。为有效利用此次展览的教育资源，馆方专门设计制作展览册页进行免费发放，同时根据此次展览内容特色，专门组织策划以古代科技为主题的教育活动，以参观、现场展演等不同形式对普通观众、未成年人、历史文化爱好者等开展不同形式的教育活动，在充分利用、挖掘展览教育内涵的同时，使博物馆的教育形式和内容更加丰富。

此次展览文化创意产品分为挂件类、家居用品类、旅行用品类、金银饰品类四个类别。展览文化创意产品以展览涉及的郑州、南阳、许昌、焦作等八个地域划分，馆方以每个地区有特色的文物为主题，开发出的文创产品既可单独成品，也可形成南水北调中线河南段的系列品类。以消费者的需求和体验为导向，设计开发兼具文化性和实用性的文创产品。提取文物元素，经巧妙设计应用于雨伞、冰箱贴、纸胶带、钥匙扣、杯垫、手机壳、化妆镜、笔记本等系列日常生活用品。

馆方开展展厅多功能在线虚拟漫游，在展厅虚拟现实（VR）展示的基础上利用最新的html5技术，通过移动互联网让观众通过手机或电脑即可在官方微信或博物馆官网上体验专题展览。观众用手机浏览时无须安装软件，关注博物馆微信公众号后即可在微信上浏览专题展览内容，实现虚拟观展。

变天了——灾害防治教育展

安阳博物馆

"变天了——灾害防治教育展"由安阳博物馆、台湾科学工艺博物馆主办,安阳博物馆承办。展览于2018年5月12日开幕,2018年12月31日闭幕。

展览由河南安阳博物馆与台湾科学工艺博物馆合作策划及设计,依托台湾科学工艺博物馆丰富的防灾教育经验,并针对河南地区的自然地理环境及多发灾害进行设计制作,将静态展览与科教活动灵活结合,旨在帮助观众了解防灾原理,提升防灾意识,真正做到"防患于未然"。

展览分为两部分:第一部分为知识普及,由"啊!变天了——什么是天灾""光火冲天的焰爪——火灾""惊天动地的瞬间——地震""穹顶之下隐形的杀手——霾害""东冲西决的水涝——洪灾与内涝""山岳崩塌的危机——坡地土砂灾害""暴怒的气旋——台风"七个主要展示区构成,对各类常见灾害的形成原理、预防措施及自救方法等进行详细解释;第二部分为"科学动手做"四个互动实践单元,观众可以运用参观过程中学到的知识,操作特别研制的水土保护滚珠台、"防火孙悟空"等科教游戏。

各展示区文字内容依具体情况分为2—3个单元,每个单元分述一个具体问题,重点明确;单元配图均有文字说明,简洁洗练;文字总量适当,分布符合观众阅读习惯,信息传达准确的同时强调了普

展厅一隅

及性与趣味性。

展览无文物、标本，全部展品为现代科技制品。在灾害防治主题下，对常见的灾害如地震、霾害、火灾、洪水等进行分类展示。为让民众将所学所知应用在生活中，真正落实防灾教育从每个人做起的理念，重点选择地震、火灾、水灾三种自然现象，设地震预警系统、防火孙悟空——西游特攻灭火势、连手滚珠推动水土保持之体验展座等。辅助展品主要有互动游戏设备、多媒体播放设备、立牌和说明版等。辅助展品使用坚持突出效果原则，增加展览的生动性和直观性。

展览以大幅几何形图版为主体，同一主题区域采用统一的原色色彩，边缘及底纹以图像章点缀，色调明快，辨识度高；各级标题均采用夸张、形变等艺术字体，正文字体大小密度适中，缓解视觉疲劳，依据具体内容适当采用彩色、高亮字体，样式新颖，创造跳跃性视效，提升观众观看兴趣；大量加入符合现代阅读习惯的照片、图表、流程图、海报实例等辅助说明，深入浅出，提升观众亲密度；展厅前后缓冲区大胆采用拼贴喷绘色谱，使空间充满活力，富有设计感。展厅照明光源为白光及彩色灯箱，与展板色调有机结合，展示环境明亮活泼；展板照明点光源为暖色射灯，文字显示清晰，减轻阅读负担，突出展示效果。

展览充分考虑人体对空间和色彩及不同展示对象的感知能力和习惯，在参观路线、空间分割等方面充分关注。整个展览按南北方向安排参观流线，展板悬挂高度符合人体工学设计；展板墙间隔处以改装装置填充断点，造型前卫，与展览整体艺术风格呼应，调节参观节奏；展览后方活动区开阔，有效容纳多人同时操作，疏解拥堵；整体空间布局疏密有致。安阳博物馆设有纪念品购物区、存包柜、咨询服务台和茶水房，并设有多媒体演示厅。在共享大厅设有较大的开放性休息区，在其他展线附近均安排有休息凳。

展览以博物馆场馆电子屏、宣传版面、讲解及网站、微信、微博、手机软件（App）等为主阵地，充分利用电视、报纸、网络等大众媒体广泛宣传，通过访谈、专题报道、消息、专题报告会、举办活动深入宣传，共在各类媒体发表消息3篇，讲解500多次。与报社合作组织小记者团参观博物馆，开展"小小志愿者"导游讲解服务活动。在官方网站提供网上虚拟展览网址，使观众可以直观了解展览情况。

馆内设展览导视系统、平面导览系统和紧急疏散系统等，设有热水房、休息区，在入口处放置若干轮椅、残疾人卫生间、雨伞、存包柜等设备，方便参观。设置咨询台，负责讲解、咨询任务，并放置留言簿，方便观众留言。展览受到观众的一致好评。

大河之旅　生命之歌

武汉自然博物馆

"大河之旅　生命之歌"展览由武汉自然博物馆主办,于2018年7月18日开幕。

展览依托长江文明馆和"大河对话"两大平台,确立"长江对话世界大河"的布展理念,"以大河为背景,以生命为主题,以贝林捐赠标本为基础"的展览思路,通过生物多样性的展示唤醒人们进一步认识大河、保护大河的意识。

展览在内容结构上共分为五个单元。序厅凝练地勾勒展览主题;"大河沧桑"从地质角度展示河流生命史和生命演化历程;"大河珍灵"从生物角度展示世界代表性大河流域的生物多样性,强调其间的联系和差异;"大河沉思"从人类视角审视自然法则,从感性认识上升到理性思考;"大河探秘"将科学知识融入互动展项,巩固知识、拓展思维。各单元内容慢慢铺开,逻辑层层递进,融入了阿喀琉斯基猴、达巴奴里猩猩等一批国际前沿重大科研成果,将观众由地球地质变迁带领到自然生命演化,最后引导到对人类文明的思考。

根据展览内容,馆方精心挑选了反映河流地质作用、生命演化史、生物多样性的古生物和动植物标本3077件(套)。配合人文暗线的展示,同时选择了35件(套)人文类实物展品。辅助展品包括景箱、场景、模型、多媒体、视频、虚拟现实等,所有辅助展品的创作均建立在学术支撑及展览内容的基础上,目的在于强化展览的信息传播、增强展览的参与性、提升观众的参观兴趣,达到展览目的。

展览定位为能够感知的情境式展览、充满故事性的生命体验馆、"活"起来的主动式探索馆。序厅通过浩瀚宇宙和群星的设计进行氛围营造;"大河沧桑"通过标本再现生命演化的宏大历程;"大河珍灵"以沉浸式大场景为主构建了多层次、多视角的空间关系,加之以听觉、触觉等多感官体验,让观

展览序厅

展厅一隅

场景复原

众获取美好的感官体验;"大河沉思"以规整的空间形态隐喻内容,展现矛盾与冲突,引发思考;"大河探秘"营造了自由开放的空间氛围,便于观众在玩中学、学中玩。展览还设计了多种互动展项,增强展览的趣味性。展览图片、图表、展板基于展览内容,注重科学性与整体风格的艺术性。除了数千套专业展陈灯具,还利用建筑特点适度引入自然光。

策展团队利用建筑11米空高特点,通过雨林藤桥、草原洞穴、高山河谷、风雪冰原、沙漠绿洲等高低起伏的设计将整个展览空间拟化为一座山,让不同的大河共享一座高山、一片森林、一个海洋,构建各具特色又紧密联系的叙事性情境展览空间。通过色、温、光的协调过渡,让观众在色彩、温度、光照的感知中体会地理环境和四季的变化。同时设计了休息区、文创商店、水吧、餐厅等公共空间,满足观众基本的参观需求。

在宣传与推广方面,馆方在新华社、《人民日报》、中央电视台、《中国文物报》等媒体发布稿件98篇(次),建立官网、官微、微博等在线直播。以新媒体平台发起线上线下活动,加上地铁、社区等定向投放开馆预热广告,覆盖人群达100万人次。在观众服务方面,馆方提供讲解员收费讲解(中英文双语)、志愿者免费讲解以及语音导览设备租赁三种讲解服务,其中语音导览设备共100台,内有多语种讲解录音。前台工作人员负责引导、咨询、广播等,并提供导览手册、医疗箱和无障碍设备等。

依托馆藏及展览内容,馆方以"河流""动物""自然"等为设计元素,重点设计开发了书签、冰箱贴、帆布包、折扇、扑克牌、明信片、文具尺、纪念币、动物小夜灯、插画绘本等文创产品,每类商品超过万余件。此外,借助第三方网络平台实现手机、电脑、虚拟现实(VR)展示及多平台随时随地入馆体验,让广大观众在网络平台上就可全方位了解到展馆及展品信息,用在线互动的方式体验"身临其境,畅游无限"的精彩世界。

春花秋水 —— 柳州生态宜居馆陈列

柳州工业博物馆

"春华秋水 —— 柳州生态宜居馆陈列"由柳州工业博物馆主办,谢玲担任展览策划人,制作团队包括宣教展陈部、科教服务部、藏品保管部等部门。展览于2018年12月11日在柳州工业博物馆6号馆开展。

展览为柳州工业博物馆改造提升的基本陈列之一,汇集了柳州工业发展的工业文物精品127件(套),分为"柳州故事""十雨九酸的柳州城""污染防治的攻坚战""走进新时代的美丽柳州""未来柳州"五个部分。

展览以"绿水青山就是金山银山"为理念,以柳州生态治理历程为思路,设计风格以工业元素、环境治理和生态文明为展示特征,结合造成污染的工业文物,各时期的历史照片及治理前后的数据图表,生动还原由酸雨污染—环境治理—碧水蓝天的华丽转身过程,以小见大地折射出我国改革开放40年来的环境治理历程,给观众留下深刻印象。同时,通过多媒体、场景、模型、电子地图等多种展示手段加以呈现,整体布局重点突出、错落有致,参观流线顺畅合理。

在展览宣传方面,针对此次展览,柳州工业博物馆在开展前一个月,联系了柳州电视台进行跟踪

展览序厅

展厅实景

采访，并请展览策划人介绍展览，由对方进行发掘报道亮点，做好相应的前期宣传。开展当天，邀请《柳州日报》《柳州晚报》《南国今报》《南国早报》等多家媒体参展，进行现场报道。随后，人民网、广西新闻网、柳州新闻等多家中央、省和市级媒体相继转发报道，宣传力度达到高潮。同时，柳州工业博物馆还通过官方微信公众号将展览消息推向社会各界，形成了报纸、电视、网络等多种渠道全方位的宣传规模。

为了更好地向公众普及工业文化知识，增强人们在工业快速发展的时期也要关注环境保护的意识，柳州工业博物馆对该展览设计了一系列《柳州是怎样炼成的》《藏品史话》（第一辑至第三辑）等文化刊物，以及汽车模型、装载机模型、工业品等文创产品，充分发挥文创产品的宣传、教育功能。

同时，柳州工业博物馆针对"生态宜居馆陈列"开展了多种丰富有趣的社教项目，如"柳州社科沙龙——柳州工业文化众人说""腾飞中国·辉煌70年——'谈祖国新成就，话壮乡新发展'教育活动启动仪式""博物馆奇妙夜""探秘火车托马斯亲子活动""工业知识进校园"等，活动场次多达20余次，参与活动近5000人次，充分发挥了柳州工业博物馆"生态宜居馆"作为"第二课堂"的教育职能。在活动中，激发了青少年对知识的探索和学习欲望，使他们进一步拓宽了课外知识面，丰富了工业环保知识，树立了"爱工业 护环境"的健康积极向上的世界观。

此展览进一步丰富了柳州市民及外来游客的文化生活。自2018年12月11日开展以来，参观"生态宜居馆"的人数约达40万人次，占全馆参观人数的41.5%。春节、劳动节、中秋节等重大节日的平均日参观量更是高达2000余人次，进一步拉动柳州工业博物馆观览率，展览受到社会各界特别是青少年的广泛好评。

附录

一、2018年度特色陈列展览名录

省份（级别）	序号	名称	举办单位	举办地点	展期
中央	1	张大千艺术展	中国国家博物馆、四川博物院、荣宝斋	中国国家博物馆	2018年1月16日至3月4日
	2	学院与沙龙——法国国家造型艺术中心、巴黎国立高等美术学院珍藏展	中国国家博物馆、法国国家造型艺术中心、巴黎国立高等美术学院	中国国家博物馆	2018年1月31日至5月6日
	3	东风骀荡花正红——周恩来等老一辈革命家与文艺家关怀邯郸娃娃剧团图片展	中国国家博物馆	中国国家博物馆	2018年2月28日至3月28日
	4	无问西东——从丝绸之路到文艺复兴	中国国家博物馆、湖南省博物馆	中国国家博物馆	2018年6月8日至8月19日
	5	礼出东方——山东焦家遗址考古发现展	中国国家博物馆、山东大学、山东省文物局、济南市人民政府	中国国家博物馆	2018年7月10日至9月9日
	6	古蜀华章——四川古代文物菁华	中国国家博物馆、四川省文化厅、四川省文物局	中国国家博物馆	2018年7月19日至9月19日
	7	平民情怀——平山郁夫藏丝路文物	中国国家博物馆、平山郁夫丝绸之路美术馆	中国国家博物馆	2018年11月27日至2019年2月14日
	8	汉世雄风——纪念满城汉墓考古发掘50周年特展	中国国家博物馆、河北博物院	中国国家博物馆	2018年12月28日至2019年3月28日
	9	予所收蓄 永存吾土——张伯驹先生诞辰120周年纪念展	故宫博物院	故宫博物院	2018年4月3日至5月6日
	10	铭心撷珍——卡塔尔阿勒萨尼收藏展	故宫博物院	故宫博物院	2018年4月17日至6月18日
	11	砚德清风——故宫博物院藏清代宫廷用砚精品展	故宫博物院	故宫博物院	2018年5月18日至7月29日
	12	铁笔生花——故宫博物院藏吴昌硕书画篆刻特展	故宫博物院	故宫博物院	2018年6月3日至7月15日
	13	清平福来——齐白石艺术特展	故宫博物院、北京画院	故宫博物院	2018年7月17日至10月8日
	14	箭亭武备馆	故宫博物院	故宫博物院	2018年8月开展
	15	贵胄绵绵：摩纳哥格里马尔迪王朝展（13世纪—21世纪）	故宫博物院	故宫博物院	2018年9月7日至11月11日
	16	故宫博物院藏清初"四王"绘画特展	故宫博物院	故宫博物院	2018年9月11日至10月30日

续表

省份（级别）	序号	名称	举办单位	举办地点	展期
中央	17	南大库家具馆	故宫博物院	故宫博物院	2018年9月19日开展
	18	佛陀之光——故宫博物院与止观美术馆佛教造像展	故宫博物院、止观美术馆	故宫博物院	2018年10月23日至12月23日
	19	明代御窑瓷器——景德镇御窑遗址出土与故宫博物院藏传世嘉靖、隆庆、万历瓷器对比展	故宫博物院	故宫博物院	2018年11月6日至2019年2月22日
	20	清宫版画 三绝传世——郑板桥专题展	国家典籍博物馆	国家典籍博物馆	2018年5月4日至6月24日
	21	旷世宏编 文献大成——国家图书馆藏《永乐大典》文献展	国家典籍博物馆	国家典籍博物馆	2018年9月28日开展
	22	出相入胜——中国古代书籍插图展	国家典籍博物馆	国家典籍博物馆	2018年12月19日至2019年2月28日
	23	问祖寻根——姓氏文化主题展	国家典籍博物馆	国家典籍博物馆	2018年12月27日至2019年4月7日
	24	风雅锦绣——民国旗袍展	中国妇女儿童博物馆	中国妇女儿童博物馆	2018年5月13日至6月12日
	25	聊聚大千——西安博物院印章精品展	中国妇女儿童博物馆	中国妇女儿童博物馆	2018年9月14日至10月14日
	26	移动的壁画——甘肃河西木陆画展	甘肃省博物馆、中国妇女儿童博物馆	中国妇女儿童博物馆	2018年12月15日至2019年2月15日
	27	国家地理经典影像盛宴展	中华世纪坛	中华世纪坛	2018年3月30日至6月24日
	28	岁月夏宫——俄罗斯彼得霍夫国家博物馆馆藏文物特展	中华世纪坛	中华世纪坛	2018年4月4日至6月10日
	29	爱国知识分子的杰出典范——钱学森生平事迹展	上海交通大学、中国航天系统科学与工程研究院、中国科技馆、上海交通大学钱学森图书馆、内蒙古阿拉善盟行政公署	中国科技馆	2018年11月9日至12月23日
	30	浙江治水新篇章——五水共治专题展	中国水利博物馆	中国水利博物馆	2018年3月22日开展
	31	"菊石之谊——宋庆龄与得香凝"文物图片展	中国宋庆龄基金会研究中心、仲恺农业工程学院、上海市孙中山宋庆龄文物管理委员会	宋庆龄故居	2018年1月至6月
	32	赤子的世界——傅雷诞辰110周年纪念展	北京鲁迅博物馆（北京新文化运动纪念馆）	北京鲁迅博物馆（北京新文化运动纪念馆）	2018年4月13日至7月13日

续表

省份（级别）	序号	名称	举办单位	举办地点	展期
中央	33	氤氲长虹——黄宾虹书画作品展	北京鲁迅博物馆（北京新文化运动纪念馆）	北京鲁迅博物馆（北京新文化运动纪念馆）	2018年9月28日至11月28日
	34	发明的精神——美国哈格利博物馆与图书馆藏美国19世纪专利模型展	清华大学艺术博物馆	清华大学艺术博物馆	2018年3月27日至5月6日
	35	融——法国杜尚奖提名艺术家作品展	清华大学艺术博物馆	清华大学艺术博物馆	2018年5月15日至6月17日
	36	西方绘画500年——东京富士美术馆馆藏作品展	清华大学艺术博物馆	清华大学艺术博物馆	2018年10月23日至11月23日
北京	1	瑞犬望春风——戊戌狗年生肖文化展	首都博物馆	首都博物馆	2018年2月8日至3月18日
	2	天路文华——西藏历史文化展	首都博物馆	首都博物馆	2018年2月27日至7月22日
	3	文艺复兴时期意大利艺术、文化和生活	首都博物馆	首都博物馆	2018年3月27日至6月22日
	4	畿辅通会——通州历史文化展	首都博物馆	首都博物馆	2018年5月16日至7月23日
	5	"中国早期现代化的先驱——张謇"专题展	南通市委市政府、首都博物馆、南通博物苑	首都博物馆	2018年6月15日开展
	6	都市·生活——18世纪的东京与北京	首都博物馆	首都博物馆	2018年8月14日至10月7日
	7	大辽五京——内蒙古出土文物暨辽南京建城1080年展	首都博物馆	首都博物馆	2018年9月6日至12月23日
	8	来自盛京——清代宫廷生活用品展	首都博物馆	首都博物馆	2018年9月28日至12月2日
	9	伟大抗战、伟大精神——纪念全民抗战爆发81周年主题展览	中国人民抗日战争纪念馆	中国人民抗日战争纪念馆	2018年7月7日开展
	10	剑指苍穹的执着——走进中山国	中国园林博物馆	中国园林博物馆	2018年1月31日至5月6日
	11	"意境·自然"天工开悟当代公共艺术主题展	中国园林博物馆	中国园林博物馆	2018年2月2日至5月6日
	12	尺素轻盈：欧洲扇文化的繁华世纪	中国园林博物馆	中国园林博物馆	2018年4月8日至6月3日
	13	多少楼台烟雨中——何镜涵绘画作品展	中国园林博物馆	中国园林博物馆	2018年10月16日至12月2日
	14	尘外千年——定州静志寺净众院塔基地宫文物展	中国园林博物馆、定州市博物馆	中国园林博物馆	2018年11月16日至2019年2月24日
	15	五福临门——"春节说福"特展	海淀博物馆	海淀博物馆	2018年2月8日至3月18日
	16	雷锋，一个汽车兵的故事	北京汽车博物馆	北京汽车博物馆	2018年3月4日至8月3日

续表

省份（级别）	序号	名称	举办单位	举办地点	展期
天津	1	"茶马古道"展	天津博物馆	天津博物馆	2018年1月1日至3月30日
	2	清代中期绘画特展	天津博物馆	天津博物馆	2018年5月16日至8月12日
	3	耀世奇珍——馆藏文物精品陈列	天津博物馆	天津博物馆	2018年5月29日至6月10日（部分至6月24日）
	4	琉光溢彩——王桐发、梁世平伉俪捐赠西洋玻璃器展	天津博物馆	天津博物馆	2018年6月1日至8月10日
	5	守望百年 百年来光：天津博物馆1918—2018	天津博物馆	天津博物馆	2018年6月1日至8月20日
	6	莎罗花语云嫁衣——云南省博物馆少数民族婚礼服饰展	天津博物馆	天津博物馆	2018年9月8日开展
	7	鸿雪留痕 金石情深——西泠印社同人印藏展	天津博物馆、西泠印社务委员会	天津博物馆	2018年12月21日至2019年3月6日
	8	智启津沽——严修与天津近代文化教育	天津博物馆、李叔同纪念馆	天津博物馆	2018年12月26日开展
	9	周恩来邓颖超的家风	周恩来邓颖超纪念馆	周恩来邓颖超纪念馆	2018年6月25日至9月23日
	10	伟大的外交家周恩来	周恩来邓颖超纪念馆	周恩来邓颖超纪念馆	2018年9月29日至12月23日
	11	时光胶囊——虫珀展	天津自然博物馆	天津自然博物馆	2018年2月9日
	12	铸魂——延安时期的从政党	天津自然博物馆、延安革命纪念馆	天津自然博物馆	2018年7月1日
	13	唤醒历史记忆 塑造科学精神——北疆博物院旧址（南楼）复原陈列	天津自然博物馆	天津自然博物馆	2018年10月28日开展
	14	抗日烽火在京津冀燃烧——纪念冀东抗日大暴动80周年专题展	平津战役纪念馆	平津战役纪念馆	2018年6月22日至12月
	15	生态天津	天津自然博物馆	天津自然博物馆	2018年12月至2020年7月
河北	1	红楼梦华——清孙温绘全本《红楼梦》画册展	河北博物院	河北博物院	2018年1月26日至4月25日
	2	小火花 大世界——河北博物院藏火花展	河北博物院	河北博物院	2018年2月8日至4月15日
	3	春华秋实来时路——河北博物院65年掠影	河北博物院	河北博物院	2018年5月18日至6月20日
	4	河北省传统工艺精品展	河北博物院	河北博物院	2018年5月18日至6月10日
	5	海上花——浙江自然博物馆馆藏珊瑚展	河北博物院、浙江自然博物馆	河北博物院	2018年6月8日至8月31日
	6	粉壁丹青——毗卢寺壁画艺术展	河北博物院	河北博物院	2018年7月27日至10月21日

续表

省份（级别）	序号	名称	举办单位	举办地点	展期
河北	7	兰风梅骨——梅墨生捐赠书画作品展	河北博物院	河北博物院	2018年9月1日至11月15日
	8	菩提华光——河北博物院藏铜佛造像展	河北博物院	河北博物院	2018年9月4日至10月31日
	9	行山——中国传统文化的当代形塑	河北博物院	河北博物院	2018年9月27日至12月9日
	10	致敬40年——河北省庆祝改革开放40周年图片展	河北博物院	河北博物院	2018年11月10日至25日
	11	"垄中之圣"绳丝艺术作品展	石家庄市博物馆	石家庄市博物馆	2018年3月9日至5月30日
	12	80印象——沧州博物馆怀旧老物件展	沧州博物馆	沧州博物馆	2018年10月13日开展
	13	沧州油画作品收藏展	沧州博物馆	沧州博物馆	2018年10月16日至10月31日
	14	海丝遗珍"碗礁一号"沉船出水瓷器展	唐山博物馆	唐山博物馆	2018年8月16日至11月1日
	15	涿州市纪念改革开放40周年摄影作品展	涿州博物馆	涿州博物馆	2018年9月19日至10月中旬
山西	1	争锋——晋楚文明特展	山西博物院	山西博物院	2018年2月3日至3月11日
	2	静观——邓石如书法艺术	山西博物院	山西博物院	2018年2月6日至5月6日
	3	穿墙透壁李乾朗古建筑手绘艺术展	山西博物院	山西博物院	2018年5月18日至8月19日
	4	"守护文明 利在千秋：山西公安机关打击文物犯罪成果宣传"主题展	山西省公安厅、山西省文物局、山西博物院	山西博物院	2018年5月27日至8月15日
	5	回望大行——苏高礼新作展	山西博物院	山西博物院	2018年8月17日至10月17日
	6	翰墨丹青——山西博物院藏书画精品展	山西博物院	山西博物院	2018年8月25日至11月25日
	7	古韵新生——山西省可移动文物保护成果展	山西博物院	山西博物院	2018年9月13日至12月16日
	8	碰撞·融合——长城文化展	山西博物院	山西博物院	2018年9月29日至2019年1月1日
	9	地球瑰宝——中国地质博物馆百年精品展	山西地质博物馆	山西地质博物馆	2018年8月18日至11月17日
	10	紫禁风华·2018太原·故宫文物展	太原市博物馆、故宫博物院	太原市博物馆	2018年10月1日至2019年3月31日
	11	融合之路——拓跋鲜卑迁徙与发展历程	大同市博物馆	大同市博物馆	2018年6月9日至10月8日
	12	恋恋银风——桂林博物馆藏南方少数民族银饰展	大同市博物馆	大同市博物馆	2018年10月1日至12月16日
	13	诗中吉金华灼灼——浑源彝器回乡暨《诗经》中的青铜器特展	大同市博物馆	大同市博物馆	2018年12月25日至2019年3月6日
内蒙古	1	天骄蒙古——蒙古族历史文化陈列	内蒙古博物院	内蒙古博物院	2018年5月1日开展

续表

省份（级别）	序号	名称	举办单位	举办地点	展期
内蒙古	2	吉金礼乐——古代青铜器专题文化展	包头博物馆	包头博物馆	2018年11月9日至2019年1月9日
	3	美丽伊犁——新疆伊犁历史暨民俗文化展	扎赉诺尔博物馆	扎赉诺尔博物馆	2018年9月11日至11月11日
	4	唐风华彩——晋祠博物馆藏唐代名碑拓片展	呼伦贝尔市文化新闻出版广电局、太原市文物局	呼伦贝尔民族博物院	2018年6月25日至7月27日
	5	"安代艺术"摄影展	库伦旗安代博物馆	库伦旗安代博物馆	2018年5月1日开展
辽宁	1	《万岁通天帖》特展	辽宁省博物馆	辽宁省博物馆	2018年2月13日至3月11日
	2	再现致远舰——辽宁"丹东一号"清代沉船出水文物展	辽宁省博物馆	辽宁省博物馆	2018年4月3日至5月27日
	3	金玉流光——辽宁省博物馆藏中国古代饰物展	辽宁省博物馆	辽宁省博物馆	2018年5月18日至7月18日
	4	尼罗河畔的馈赠——古埃及文物特展	辽宁省博物馆	辽宁省博物馆	2018年7月6日至9月16日
	5	中国古代书法展	辽宁省博物馆	辽宁省博物馆	第一期：2018年8月18日至11月18日；第二期：2018年12月20日至2019年2月20日
	6	中国古代缂丝刺绣展（第一期）	辽宁省博物馆	辽宁省博物馆	2018年8月18日至11月18日
	7	中国古代绘画展（第一期）	辽宁省博物馆	辽宁省博物馆	2018年8月18日至11月18日
	8	海派巨擘——任伯年绘画作品展	辽宁省博物馆	辽宁省博物馆	2018年8月28日至11月25日
	9	传移模写——中国古代经典绘画摹本展	辽宁省博物馆	辽宁省博物馆	2018年12月28日至2019年3月
	10	清风隽永——明清江南铜面精品展	沈阳故宫博物院、杭州博物馆、金华市博物馆	沈阳故宫博物院	2018年7月20日至9月12日
	11	傲幽潇逸四君子——馆藏梅兰竹菊绘画作品展	沈阳故宫博物院	沈阳故宫博物院	2018年9月21日至12月中旬
	12	乾隆在盛京	沈阳故宫博物院	沈阳故宫博物院	2018年10月1日至2019年1月2日
	13	掌中珍玩——旅顺博物馆藏鼻烟壶展	旅顺博物馆	旅顺博物馆	2018年2月1日至5月1日
	14	翰林墨迹——大连、青岛两地收藏晚清名人作品展	旅顺博物馆、青岛博物馆	旅顺博物馆	2018年3月30日至5月30日
	15	回望十七世纪——金陵书画艺术展	旅顺博物馆、辽宁省博物馆、沈阳故宫博物馆	旅顺博物馆	2018年10月9日至2019年1月3日
	16	中学生历史课堂特展——《带你看懂二十四节气》	旅顺博物馆	旅顺博物馆	2018年10月1日至2019年9月23日

续表

省份（级别）	序号	名称	举办单位	举办地点	展期
辽宁	17	久久为功——明清雕刻艺术展	旅顺博物馆	旅顺博物馆	2018年12月29日开展
	18	不忘历史 为了和平——中国劳工血泪史国际展	"九·一八"历史博物馆	"九·一八"历史博物馆	2018年9月18日开展
	19	天山盛开帝王莲——古代吐鲁番与哈密服饰展	大连现代博物馆	大连现代博物馆	2018年4月27日至7月30日
	20	墨拓春风润辽东——辽阳博物馆藏碑帖拓片展	辽阳博物馆	辽阳博物馆	2018年5月18日开展
	21	国之重器——辽阳出土青铜礼器"西父癸簋"回辽特展	辽阳博物馆	辽阳博物馆	2018年5月18日开展
	22	刘少奇与东北	中共满洲省委旧址纪念馆（刘少奇旧居纪念馆）	中共满洲省委旧址纪念馆（刘少奇旧居纪念馆）	2018年4月30日开展
	23	"瑰宝重辉"——台北故宫博物院藏名家书画仿制品展	北票市博物馆、辽宁省博物馆	北票市博物馆	2018年1月25日至4月25日
	24	北票市民间收藏精品展	北票市博物馆、北票市民间收藏家协会	北票市博物馆	2018年5月10日至8月10日
	25	爱国主义教育图片展	双塔区博物馆	双塔区博物馆	2018年1月至7月
吉林	1	过大年——吉林满族年俗展	吉林市满族博物馆、吉林省博物院	吉林省博物院	2018年2月6日至3月18日
	2	花开锦绣·吉林省美术馆藏花鸟画作品展	吉林省博物院	吉林省博物院	2018年3月15日开展
	3	三生三世 十里银装——桂林博物馆藏南方少数民族银饰展	吉林省博物院、桂林博物馆	吉林省博物院	2018年6月15日至7月30日
	4	吾行——抗联遗迹的故事	东北抗日联军纪念馆、吉林省博物院	吉林省博物院	2018年6月29日至9月4日
	5	清风徐来——吉林省博物院藏成扇精品展	吉林省博物院	吉林省博物院	2018年7月31日开展
	6	金色名片——改革开放40年中国出入境文物展览回顾	吉林省博物院	吉林省博物院	2018年9月18日开展
	7	瓷国明珠——福建民俗博物馆藏德化瓷展	吉林省博物院	吉林省博物院	2018年12月14日至2019年2月末
	8	竹韵天工——济南市博物馆藏竹刻精品展	吉林市博物馆	吉林市博物馆	2018年6月15日至9月12日
黑龙江	1	奇趣甲虫	黑龙江省博物馆	黑龙江省博物馆	2018年3月30日至4月30日
	2	铁笔翰墨——邓散木艺术专题陈列	黑龙江省博物馆	黑龙江省博物馆	2018年6月6日开展

续表

省份（级别）	序号	名称	举办单位	举办地点	展期
黑龙江	3	墨韵冰魂北国情——黑龙江省博物馆于志学艺术馆藏精品展	黑龙江省博物馆	黑龙江省博物馆	2018年7月26日开展
	4	物换星移 几度春秋——纪念改革开放40周年市民老物件收藏展	黑龙江省文化厅、黑龙江日报报业集团	黑龙江省博物馆	2018年9月27日至11月30日
	5	丹青流韵 涅槃新生——黑龙江省博物馆藏品数字化保护成果展	黑龙江省博物馆	黑龙江省博物馆	2018年10月25日开展
	6	鸾凤和鸣——汉文化传统婚俗展	黑龙江省民族博物馆	黑龙江省民族博物馆	2018年5月25日开展
	7	炎黄风骨——中国古代历史名人画传·汪晓曙绘画作品展	黑龙江齐齐哈尔市博物馆	齐齐哈尔市博物馆	2018年10月19日至10月22日
	8	达斡尔族服饰展	齐齐哈尔市博物馆	齐齐哈尔市博物馆	2018年11月15日开展
	9	改革开放总设计师邓小平——纪念改革开放40周年专题展	东北烈士纪念馆	东北烈士纪念馆	2018年9月7日至2019年1月15日
	10	黑土英魂——东北抗日战争和解放战争时期烈士事迹陈列	东北烈士纪念馆	东北烈士纪念馆	2018年9月30日开展
	11	四海同根——江门侨史展	七台河市博物馆	七台河市博物馆	2018年10月12日开展
	12	创意生活，情系环保——马凌平手工作品展	黑河博物馆	黑河博物馆	2018年5月18日开展
上海	1	典雅与狂欢：来自雅典卫城博物馆的珍宝	上海博物馆	上海博物馆	2018年1月11日至4月8日
	2	心灵的风景：十八至二十世纪英国风景绘画	上海博物馆	上海博物馆	2018年4月27日至8月5日
	3	心灵的风景：泰特不列颠美术馆珍藏展（1700—1980）	上海博物馆	上海博物馆	2018年4月27日至8月5日
	4	走向现代主义：美国艺术八十载，1865—1945	上海博物馆	上海博物馆	2018年10月至2019年1月
	5	千文万华：中国历代漆器艺术展	上海博物馆	上海博物馆	2018年11月16日至2019年2月24日
	6	日出东方：近代上海与中国共产党的创建文物史料展	中共一大会址纪念馆	中共一大会址纪念馆	2018年11月1日至12月20日
	7	"陈毅与上海"文物文献展	上海市历史博物馆、上海仲弘公益基金会、上海福寿园人文纪念馆	上海市历史博物馆	2018年3月26日开展
	8	海上银珠·厚德流光——上海市历史博物馆藏银器展	上海市历史博物馆	上海市历史博物馆	2018年5月18日至8月19日

续表

省份(级别)	序号	名称	举办单位	举办地点	展期
上海	9	世纪典藏——上海博物溯源	上海市历史博物馆	上海市历史博物馆	2018年7月17日至10月21日
	10	衷藏雅尚 海上流晖——王水夷捐赠服饰展	上海市历史博物馆	上海市历史博物馆	2018年8月10日开展
	11	旧址新貌 红色传承——上海革命史迹图片展	上海市历史博物馆	上海市历史博物馆	2018年12月18日至2019年3月10日
	12	沪行四海：华侨华人护照特展	中国航海博物馆、江门市文化广电新闻出版局、江门市博物馆、孙中山大元帅府纪念馆、上海交通大学钱学森图书馆	中国航海博物馆	2018年9月28日至11月20日
	13	风好正扬帆——中国古代航海科技展	中国航海博物馆	中国航海博物馆	2018年12月21日至2019年3月30日
	14	"俯首·横眉"——鲁迅生命的瞬间	北京鲁迅博物馆（北京新文化运动纪念馆）、上海鲁迅纪念馆	上海鲁迅纪念馆	2018年5月16日至6月16日
	15	汉石墨韵——鲁迅与汉画像石拓片展	上海鲁迅纪念馆	上海鲁迅纪念馆	2018年9月11日至12月11日
	16	从自然奇迹到艺术瑰宝——比利时DIVA博物馆馆精品展	上海自然博物馆	上海自然博物馆	2018年2月7日至4月7日
	17	物质2.0：21世纪情绪材料展	上海自然博物馆	上海自然博物馆	2018年7月10日至10月9日
	18	世博遗珍——历届世博会藏品展	上海世博会博物馆	上海世博会博物馆	2018年5月11日至2019年2月17日
	19	能动未来——阿斯塔纳世博会特展	中国科技部、阿斯塔纳世博会组委会、上海世博会博物馆	上海世博会博物馆	2018年12月14日至2019年3月14日
	20	纯鲈情豫——张氏家族藏品捐赠展	嘉定博物馆	嘉定博物馆	2018年9月28日至10月28日
	21	家族的故事——顾维钧家族旗袍展	嘉定博物馆	嘉定博物馆	2018年11月12日至12月12日
	22	中国近代外交家顾维钧生平陈列	嘉定博物馆	嘉定博物馆	2018年12月8日开展
	23	石之天成——寿山石雕刻展	松江博物馆	松江博物馆	2018年2月23日至3月23日
	24	仙人的树林——邬建安×汪天稳	震旦博物馆	震旦博物馆	2018年7月7日至10月7日
	25	饮＆呕吐 仲条正义设计作品展	上海当代艺术博物馆	上海当代艺术博物馆	2018年3月17日至5月20日
	26	卡地亚当代艺术基金会：陌生风景	上海当代艺术博物馆	上海当代艺术博物馆	2018年4月25日至7月29日
	27	破碎	上海玻璃博物馆	上海玻璃博物馆	2018年6月23日开展
	28	移动的狂想——汽车与当代艺术	上海汽车博物馆	上海汽车博物馆	2018年4月29日至7月29日

续表

省份(级别)	序号	名称	举办单位	举办地点	展期
江苏	1	穆夏——欧洲新艺术运动瑰宝	南京博物院	南京博物院	2018年5月18日至8月28日
	2	时代印记——冯健亲捐赠油画作品展	南京博物院	南京博物院	2018年10月18日至11月17日
	3	世界巨匠——意大利文艺复兴三杰	南京博物院	南京博物院	2018年11月28日至2019年2月24日
	4	琅琊王——从东晋到北魏	南京博物院、山西博物院、大同市博物馆、南京市博物总馆	南京博物院	2018年12月21日至2019年4月22日
	5	"博物馆的历史"专题展	南京市博物总馆	南京市博物总馆	2018年5月18日至8月28日
	6	与造物者游——曾小俊艺术展	苏州博物馆	苏州博物馆	2018年5月15日至8月5日
	7	与谁同坐——吴门画派之青少年教育互动展	苏州博物馆	苏州博物馆	2018年6月29日至8月26日
	8	竹之名匠——旧金山亚洲艺术博物馆藏日本竹器展	苏州博物馆、美国旧金山亚洲艺术博物馆	苏州博物馆	2018年9月22日至11月18日
	9	苏艺天工大师系列——顾志浩家具艺术展	苏州博物馆、苏州市非物质文化遗产保护管理办公室	苏州博物馆	2018年10月26日至12月12日
	10	攀古奕世——清代苏州潘家的收藏	苏州博物馆	苏州博物馆	2018年12月15日至2019年3月17日
	11	通·融——中国大运河文化特展	扬州市人民政府、扬州博物馆、扬州市文物考古研究所	扬州博物馆	2018年5月18日至6月10日
	12	芙蓉出水——清代外销青花瓷展	扬州博物馆	扬州博物馆	2018年5月18日至8月1日
	13	生命·运动·乐趣——中华古代体育文物展	扬州市人民政府、扬州博物馆	扬州博物馆	2018年7月27日至10月15日
	14	楚汉木漆器保护成果展	扬州博物馆	扬州博物馆	2018年10月26日至2019年1月7日
	15	背影长留——朱自清先生诞辰120周年纪念展	中共扬州市委、扬州市人民政府、南京市博物总馆、扬州博物馆	扬州博物馆	2018年11月21日至2019年1月1日
	16	天国春秋——太平天国基本陈列展	南京市文化和旅游局、南京市博物总馆、太平天国历史博物馆	太平天国历史博物馆	2018年2月2日开展
	17	常心匠韵——常州非遗精品展	太平天国历史博物馆	太平天国历史博物馆	2018年5月18日至6月30日
	18	古俑焕采——徐州博物馆藏历代陶俑特展	江苏省文物局、徐州博物馆	徐州博物馆	2018年5月16日至6月10日
	19	铭记历史·砥砺前行——徐州沦陷80周年文献特展	徐州市文广新局、徐州市档案局、徐州博物馆	徐州博物馆	2018年5月16日至6月10日

续表

省份（级别）	序号	名称	举办单位	举办地点	展期
江苏	20	丝路遗珍——甘肃丝绸之路文物特展	常州博物馆	常州博物馆	2018年3月31日至6月24日
	21	虫虫世界——常州博物馆藏精品昆虫展	常州博物馆	常州博物馆	2018年7月5日至8月20日
	22	"宗门宗风——从俞粟庐到俞振飞"特展	中国昆曲博物馆	中国昆曲博物馆	2018年10月15日至2019年2月28日
	23	千年书乡——苏州文庙府学历史碑刻拓片展	苏州碑刻博物馆、苏州中学	中国科举博物馆（南京）	2018年12月20日至2019年12月20日
	24	经纬芳华——百年振亚回顾展	苏州丝绸博物馆、中国丝绸博物馆、苏州市档案馆	苏州丝绸博物馆	2018年12月28日至2019年2月24日
	25	为有暗香来——周国瑾书画艺术作品展	无锡博物院	无锡博物院	2018年5月20日至6月20日
	26	梁溪折桂——无锡博物院开放10周年特展	无锡市文化广电新闻出版局、无锡市博物院	无锡博物院	2018年9月28日至2019年1月8日
	27	琴心合契——中日古琴文化民间交流展	南通博物苑	南通博物苑	2018年5月16日至6月10日
	28	铲释三城——宁镇扬三地考古成果展	镇江市文化广电新闻出版局	镇江博物馆	2018年1月14日至3月4日
	29	万里江海通——江南与海上丝绸之路特展	常熟博物馆、江阴市博物馆、张家港博物馆、太仓博物馆、吴江博物馆	常熟博物馆	2018年9月28日
	30	禹俊水浒题材艺术品收藏展	中共兴化市委宣传部、兴化市文化广电新闻出版局、兴化市博物馆	兴化市博物馆	2018年11月9日至11月22日
	31	我家四十年——庆祝改革开放40周年特展	中共海门市委宣传部、海门市文化广电新闻出版局、江海博物馆	江海博物馆	2018年12月28日到2019年3月28日
	32	游神弦外 高山流水——古琴名曲与魏晋风度	南京市博物总馆、六朝博物馆	六朝博物馆	2018年4月4日至6月30日
	33	2018年南京市与马六甲市结好10周年庆祝活动城市图片展	马六甲南洋画院	六朝博物馆	2018年7月14日至7月25日
	34	相非相——2018南京原生艺术展	南京市博物总馆、六朝博物馆、南京界外者工作室	六朝博物馆	2018年11月8日至12月8日
	35	梅园风范——中共代表团在南京	中共代表团梅园新村纪念馆	中共代表团梅园新村纪念馆	2018年1月8日开展
	36	国家记忆·南京长江大桥建成通车50周年档案史料展	中共代表团梅园新村纪念馆	中共代表团梅园新村纪念馆	2018年12月26日开展

续表

省份（级别）	序号	名称	举办单位	举办地点	展期
江苏	37	我们的四十年——庆祝改革开放40周年专题展	中共代表团梅园新村纪念馆	中共代表团梅园新村纪念馆	2018年11月20日至12月20日
	38	娄东往事——太仓文物回乡特展	南京博物院	太仓博物馆	2018年6月20日至10月15日
浙江	1	大朝传说——成吉思汗与黄金家族的风采	浙江省博物馆	浙江省博物馆	2018年2月2日至4月8日
	2	东阳雅集90周年纪念展	浙江省博物馆	浙江省博物馆	2018年2月16日至5月13日
	3	金佛光明·刘雍珍藏古代汉传金铜造像展	浙江省博物馆	浙江省博物馆	2018年3月28日至5月20日
	4	缘木问道·黄小明木雕艺术精品展	浙江省博物馆	浙江省博物馆	2018年3月30日至5月6日
	5	山海匠意·象山古今工艺精萃	浙江省博物馆	浙江省博物馆	2018年5月18日至7月10日
	6	青出于蓝·2018龙泉青瓷传承与创新展	浙江省博物馆	浙江省博物馆	2018年5月31日至7月29日
	7	"长物为伴——宋明文人之雅致生活"展览	浙江省博物馆	浙江省博物馆	2018年8月14日至10月21日
	8	为善最乐——浙江近代慈善文物文献展	浙江省博物馆	浙江省博物馆	2018年9月5日至12月21日
	9	楮墨方圆——马定祥先生捐赠珍贵钱币拓图及馆藏钱币展	浙江省博物馆	浙江省博物馆	2018年9月8日至11月25日
	10	中共浙江省一大陈列馆基本陈列	中共浙江省一大陈列馆	中共浙江省一大陈列馆	2018年1月1日开展
	11	来自星星的你——陨石特展	浙江自然博物院	浙江自然博物院	2018年6月1日至10月7日
	12	曾住长干里——大报恩寺出土宋代丝绸	中国丝绸博物馆	中国丝绸博物馆	2018年4月4日至6月25日
	13	神机妙算——世界织机的织造技术与纺织艺术	中国丝绸博物馆	中国丝绸博物馆	2018年5月30日至9月15日
	14	19至20世纪西方时装包包的世界	中国丝绸博物馆	中国丝绸博物馆	2018年6月30日至9月21日
	15	山水：全球名家旗袍遗韵展	中国丝绸博物馆	中国丝绸博物馆	2018年9月26日至10月15日
	16	月隐天魄——杭州市胡晖路窖藏出土元代瓷器展	杭州博物馆	杭州博物馆	2018年2月8日至5月8日
	17	玉魂国魄——荆州楚国王陵和贵族墓出土玉器展	中华玉文化中心、荆州博物馆、杭州西湖博物馆	杭州西湖博物馆	2018年11月15日至2019年3月1日
	18	潘多拉的盒子——两依藏20世纪欧洲化妆盒手袋艺术展	杭州工艺美术博物馆	杭州工艺美术博物馆	2018年4月29日至8月5日

续表

省份（级别）	序号	名称	举办单位	举办地点	展期
浙江	19	早期美术中的信仰图景——湖南出土史前白陶跨湖桥特展	杭州市萧山跨湖桥遗址博物馆	杭州市萧山跨湖桥遗址博物馆	2018年10月1日至12月2日
	20	考古余杭系列展——考古人在余杭	浙江省文物考古研究所、杭州市文物考古研究所、杭州余杭区文化广电新闻出版局、杭州市余杭博物馆	杭州市余杭博物馆	2018年5月15日开展
	21	金钩玉带人梦来——中国古代带钩展	中国港口博物馆	宁波中国港口博物馆	2018年4月21日至7月1日
	22	长安春——走进"一带一路"中的大唐盛世	南宋官窑博物馆	南宋官窑博物馆	2018年4月3日至7月8日
	23	紫马古道——八省区文物联展	宁波博物馆	宁波博物馆	2018年4月3日至6月17日
	24	甬上留香——弘一法师出家百年翰墨展	宁波博物馆	宁波博物馆	2018年4月28日至5月27日
	25	国之祀典——清代宁波府孔庙祭祀礼乐器展	宁波博物馆	宁波博物馆	2018年6月30日至11月12日
	26	不朽之旅——古埃及人的生命观	宁波博物馆	宁波博物馆	2018年9月15日至12月8日
	27	迁徙的包豪斯：设计生活展	中国国际设计博物馆	中国国际设计博物馆	2018年4月8日至7月8日
	28	光辉历程——中国梦·红色足迹主题展	温州博物馆	温州博物馆	2018年5月18日至8月15日
	29	"殷商盘王"和"太平纪事"——温岭市博物馆基本陈列	温岭市博物馆	温岭市博物馆	2018年12月24日开展
	30	"江南巨族——海宁陈氏的荣耀辉煌"展	海宁市博物馆	海宁市博物馆	2018年7月10日至9月23日
	31	清风隽永——明清江南扇面精品展	金华市博物馆	金华市博物馆	2018年9月28日至11月28日
	32	东风西渐——上海市历史博物馆藏欧洲陶瓷展	舟山市博物馆、上海市历史博物馆	舟山市博物馆	2018年10月1日至2019年1月6日
	33	三月花一世念——清代江南女性生活与艺术展	湖州市博物馆	湖州市博物馆	2018年3月8日至4月29日
	34	与时代同行：庆祝改革开放40周年湖州文物助推生态发展成果特展	湖州市文化广电旅游局（文物局）、湖州市博物馆	湖州市博物馆	2018年9月17日至11月17日
	35	身前·身后——嘉兴博物馆藏明清考古出土文物展	嘉兴博物馆	嘉兴博物馆	2018年5月18日至6月21日
	36	山西出土玉器精品展	嘉兴博物馆	嘉兴博物馆	2018年6月1日至8月1日
	37	绣都藏绣——廖春妹民间刺绣藏品展	台州市博物馆	台州市博物馆	2018年10月1日至2019年10月7日
	38	凤凰竞装——中国畲族服饰展	景宁畲族自治县畲族博物馆	景宁畲族自治县畲族博物馆	2018年4月1日开展

续表

省份（级别）	序号	名称	举办单位	举办地点	展期
安徽	1	骏犬啸天——戊戌狗年新春生肖文物图片联展	安徽博物院	安徽博物院	2018年2月13日至11月14日
	2	不朽之旅——埃及木乃伊 永恒的生命	安徽博物院	安徽博物院	2018年5月18日至9月4日
	3	执著坚守 匠人筑梦——文物背后的匠人精神	安徽博物院	安徽博物院	2018年5月开展
	4	红旗飘飘——中国共产党党旗诞生历程珍贵档案展	安徽省政协办公厅、中国政协文史馆、安徽省委宣传部、安徽省文化厅、合肥市政协、中国文史出版社、安徽博物院	安徽博物院	2018年6月30日至7月31日
	5	吴地雅事——无锡博物院藏文人门书画特展	无锡博物院、安徽博物院	安徽博物院	2018年7月26日至2018年10月15日
	6	匠心——文物背后的匠人精神展	安徽博物院	安徽博物院	2018年8月18日至2019年3月11日
	7	藏源·藏缘——2018中国西藏雅砻文化节之山南文物精品展	中国西藏雅砻文化节组委会、安徽博物院、山南市博物馆	安徽博物院	2018年9月4日至10月7日
	8	而今迈步从头越——纪念毛泽东视察安徽省博物馆60周年	安徽博物院	安徽博物院	2018年9月17日开展
	9	幽香氤氲——香品 香具 香文化	安徽博物院	安徽博物院	2018年9月28日至2019年2月28日
	10	坚定文化自信 传承工匠精神——北京燕京八绝宫廷艺术精品特展	安徽博物院	安徽博物院	2018年10月14日至21日
	11	荣光重焕——馆藏书画修复保护成果展	中国徽州文化博物馆	中国徽州文化博物馆	2018年1月8日至3月8日
	12	群珍荟萃——馆藏器物精品展	中国徽州文化博物馆	中国徽州文化博物馆	2018年2月13日至3月14日
	13	翰逸神飞——新安张氏三代书画展	安徽中国徽州文化博物馆	中国徽州文化博物馆	2018年4月20日至5月10日
	14	继往开来——新徽派版画艺术研究（黄山）巡展	中国徽州文化博物馆、赖少其艺术馆	中国徽州文化博物馆	2018年5月16日至6月14日
	15	不忘初心 牢记使命——中国共产党十九次全国代表大会主题展	中国徽州文化博物馆	中国徽州文化博物馆	2018年7月1日至16日
	16	白族传统工艺美术作品巡展	中国徽州文化博物馆、昆明理工大学	中国徽州文化博物馆	2018年9月19日至10月4日
	17	润物细无声——朱开森书法展	中国徽州文化博物馆	中国徽州文化博物馆	2018年12月10日至17日
	18	文珍染翰——故宫博物院藏文房用具暨徽州贡品展	故宫博物院、黄山市人民政府、黄山市文化委员会、中国徽州文化博物馆	中国徽州文化博物馆	2018年12月29日至2019年1月29日
	19	"龙出巢湖"——安徽巢湖龙动物群专题展	安徽省地质博物馆	安徽省地质博物馆	2018年11月9日至2019年5月31日

续表

省份（级别）	序号	名称	举办单位	举办地点	展期
安徽	20	池州傩文化陈列展	池州市博物馆	池州市博物馆	2018年1月1日开展
	21	鉴古照今——淮南市博物馆馆藏铜镜陈列	淮南市博物馆	淮南市博物馆	2018年1月开展
	22	纳西族东巴文化展	马鞍山市博物馆	马鞍山市博物馆	2018年3月20日至5月10日
	23	圣贤之道——阳明的故事	铜陵博物馆	铜陵博物馆	2018年5月18日至7月30日
福建	1	文明的血脉——河南博物院文物精品展	福建博物院	福建博物院	2018年1月3日至3月27日
	2	闽籍书画名家抢救工程——黄道周书法艺术作品展	福建省文化厅、漳州市人民政府、福建省美术馆、福建博物院、漳州市文化广新闻出版局、东山县人民政府、漳浦县人民政府		2018年2月2日至3月11日
	3	传承之道——经部类古籍善本展	福建博物院	福建博物院	2018年3月28日至4月19日
	4	风华清漪——颐和园藏乾隆文物特展	福建博物院	福建博物院	2018年4月27日至7月26日
	5	张瑞图书法艺术作品展	福建省文化厅、泉州市人民政府、福建省美术馆、福建博物院、泉州市文广新局	福建博物院	2018年6月16日至8月5日
	6	积翠掇英——福建博物院积翠园艺术馆馆藏书画精品展	福建博物院	福建博物院	2018年8月23日至9月20日
	7	近现代中国绘画大师齐白石作品展	福建博物院	福建博物院	2018年9月28日至2019年2月28日
	8	纪念改革开放40周年福建省人大系统书画展	福建省人大常委会办公厅、福建省文化厅、福建省文学艺术界联合会、福建省人大书画院、福建省书法家协会、福建省美术家协会、福建博物院	福建博物院	2018年9月29日至10月12日
	9	郑振铎纪念文献展	福建博物院	福建博物院	2018年11月22日至2019年2月24日
	10	华侨旗帜 民族光辉——百国百侨百物展	福建博物院	福建博物院	2018年11月22日开展
	11	寻珍释宝——福州市第一次全国可移动文物普查成果展	福州市文物局	福州市博物馆	2018年2月16日至4月15日
	12	浓抹淡妆两相宜——景德镇御窑出土弘治正德官窑瓷器特展	景德镇陶瓷考古所、厦门市博物馆	厦门市博物馆	2018年4月29日至6月27日

续表

省份（级别）	序号	名称	举办单位	举办地点	展期
福建	13	昭告天下 状元及第	厦门市博物馆	厦门市博物馆	2018年7月26日至9月25日
	14	琴岛灯语——鼓浪屿申遗成功一周年特展	厦门市鼓浪屿—万石山风景名胜区管理委员会	故宫鼓浪屿外国文物馆	2018年7月29日至8月31日
	15	十年树木 春风化雨——陈嘉庚纪念馆（2008—2018）	陈嘉庚纪念馆	陈嘉庚纪念馆	2018年10月20日至12月20日
江西	1	绣梓流芳——中国雕版印刷展	江西省博物馆、扬州博物馆	江西省博物馆	2018年5月18日至8月18日
	2	风从广州来——清代外销艺术品展	萍乡市文化广电新闻出版局、鸦片战争博物馆	萍乡博物馆	2018年11月20日至12月13日
	3	皓月流光 镜耀千秋——九江市博物馆馆藏铜镜展	九江市博物馆	九江市博物馆	2018年9月24日至12月24日
山东	1	折来一枝春插瓶——清供主题绘画展	山东博物馆	山东博物馆	2018年2月18日至4月8日
	2	万世师表展	山东博物馆	山东博物馆	2018年2月18日开展
	3	湿地精灵——山东鸟类标本展	山东博物馆	山东博物馆	2018年5月18日开展
	4	取法与变法——清人临书展	山东博物馆	山东博物馆	2018年5月18日至8月17日
	5	中正仁和——走进养心殿	山东博物馆	山东博物馆	2018年7月3日至10月7日
	6	大音有鸣 开国承家——小邾国历史文化展	山东博物馆	山东博物馆	2018年10月12日至12月31日
	7	铭记历史珍爱和平——战华工史料图片展	山东博物馆	山东博物馆	2018年12月29日至2019年4月6日
	8	济南市博物馆馆藏明清书法精品展	济南市博物馆	济南市博物馆	2018年5月18日至7月18日
	9	枕上添花 帐中观曲——吉林市博物馆藏满族绣品展	济南市博物馆	济南市博物馆	2018年6月9日至7月25日
	10	流光溢彩——济南市博物馆藏珠宝玉石臻品展	济南市博物馆	济南市博物馆	2018年12月28日至2019年底
	11	迎祥纳瑞：龙凤文物珍品展	青岛市博物馆	青岛市博物馆	2018年1月23日至4月
	12	年丰岁旺——狗年生肖贺岁展	青岛市博物馆	青岛市博物馆	2018年2月8日至3月
	13	浓墨乡情——馆藏岛城书画名家捐赠作品展	青岛市博物馆	青岛市博物馆	2018年5月18日至6月17日
	14	"最美青州古城"暨农民画长卷精品展	青州市博物馆	青州市博物馆	2018年4月29日至5月8日
	15	"家道716"固定陈列展	临沂市博物馆	临沂市博物馆	2018年2月8日开展
	16	竹韵天工——馆藏竹刻艺术展	泰安市博物馆	泰安市博物馆	2018年4月26日至5月23日

续表

省份（级别）	序号	名称	举办单位	举办地点	展期
河南	1	窑火神工——鲁山段店窑陶瓷精品展	河南博物院	河南博物院	2018年2月6日至4月20日
	2	民风艺韵——河南木版画艺术展	河南博物院	河南博物院	2018年4月至5月
	3	笔情墨韵——河南博物院藏当代书法展	河南博物院	河南博物院	2018年10月1日开展
	4	枕语——中国古代瓷枕展	中国文字博物馆	中国文字博物馆	2018年8月1日至11月1日
	5	长渠缀珍——南水北调中线工程河南段文物保护成果展	郑州博物馆	郑州博物馆	2018年1月1日开展
	6	天山下的来客——哈萨克民俗风情展	郑州市文物局，新疆维吾尔自治区哈密市文广体新局	郑州博物馆	2018年1月3日至4月3日
	7	阿富汗国家宝藏展	郑州博物馆	郑州博物馆	2018年5月25日至7月10日
	8	凤归大邑商——殷墟妇好文物安阳故里展	安阳博物馆	安阳博物馆	2018年5月18日至10月20日
	9	访古漫步古代鹤壁——纪念改革开放40周年文物图片展	鹤壁市博物馆	鹤壁市博物馆	2018年9月28日11月10日
	10	香港面面观 摄影图片展	开封市博物馆	开封市博物馆	2018年10月16日开展
	11	文以载道·字传千古——汉晋刻文砖铭文特展	林州市博物馆	林州市博物馆	2018年9月30日至11月30日
	12	文明之光——洛阳龙门博物馆藏民族碑志展	洛阳龙门博物馆	洛阳龙门博物馆	2018年10月1日开展
	13	徐铭艺术馆藏中国画捐赠暨商丘博物馆艺术精品收藏展	商丘博物馆	商丘博物馆	2018年10月16日开展
	14	河南纪念改革开放40周年摄影作品巡展（许昌站）	许昌市博物馆	许昌市博物馆	2018年10月17日至10月22日
	15	内乡县衙古代廉政文化展	内乡县衙博物馆	内乡县衙博物馆	2018年2月5日开展
湖北	1	紫函清趣——香港中文大学文物馆藏宜兴紫砂展	湖北省博物馆	湖北省博物馆	2018年1月18日至4月8日
	2	汶川地震十年摄影展	湖北省博物馆	湖北省博物馆	2018年5月12日至6月20日
	3	大师窑藏——近现代名家精品系列展	湖北省博物馆	湖北省博物馆	2018年8月26日至9月6日

续表

省份（级别）	序号	名称	举办单位	举办地点	展期
湖北	4	法老的国度——古埃及文明展	湖北省博物馆，罗维戈研究院，威尼斯国立考古博物馆，帕多瓦博物馆，威尼斯大学人文图书馆，佛罗伦萨埃及博物馆，威尼斯考古博物馆，威尼斯国立历史博物馆，特里亚斯特考古历史博物馆	湖北省博物馆	2018年9月28日至2019年1月5日
	5	石之大成——福建寿山石展	武汉博物馆	武汉博物馆	2018年9月28日至11月26日
	6	大汉雄风——徐州汉代楚国精品文物展	武汉博物馆、徐州博物馆	武汉博物馆	2018年10月1日至11月28日
	7	天涯咫尺——武汉博物馆藏明清手卷精品展	武汉博物馆	武汉博物馆	2018年11月12日至2019年1月20日
	8	那些年 那些人 那些书——连环画中的红色经典	武汉中共中央机关旧址纪念馆	武汉中共中央机关旧址纪念馆	2018年4月2日至6月15日
	9	画里乾坤——南阳出土汉代画像艺术展	武汉大学万林艺术博物馆	武汉大学万林艺术博物馆	2018年3月15日至5月2日
	10	神工意匠——古建筑知识展	湖北明清古建筑博物馆	湖北明清古建筑博物馆	2018年12月11日开展
	11	石墨镌华——西安碑林名碑拓本展	辛亥革命武昌起义纪念馆、西安碑林博物馆	辛亥革命武昌起义纪念馆	2018年6月9日至7月9日
	12	五色文辉——馆藏共和纪念文物展	辛亥革命武昌起义纪念馆	辛亥革命武昌起义纪念馆	2018年11月23日至2019年3月31日
	13	感物造端·织花成锦——国家艺术基金2017年度织锦人才培养项目汇报展	湖北民族学院（现湖北民族大学）、恩施州博物馆、恩施州土家山寨纺锦工艺有限公司	恩施州博物馆	2018年5月至6月
	14	人生有"喜" 福满乾坤——荆门市民间喜庆民俗文化收藏品展	荆门市博物馆、荆门市档案馆、荆门市工商行政管理局、荆门市食品药品监督管理局、荆门市收藏家协会	荆门市博物馆	2018年1月1日至3月15日
	15	上善若水 标情夺趣——王军先生特色水标收藏展	荆门市文化体育新闻出版广电局、荆门市食品药品监督管理局、荆门市博物馆、荆门市收藏家协会	荆门市博物馆	2018年8月23日至10月20日

续表

省份(级别)	序号	名称	举办单位	举办地点	展期
湖北	16	以匠心传承岁月之美——荆门市博物馆馆藏青铜器保护修复成果展	荆门市博物馆	荆门市博物馆	2018年11月6日至2019年1月6日
	17	秋收暴动展	通城秋收暴动纪念馆	通城秋收暴动纪念馆	2018年12月开展
	18	大江开潮——庆祝改革开放40周年展	武汉革命博物馆	武汉革命博物馆	2018年12月16日至2019年5月16日
	19	天国之享——襄阳南朝画像砖艺术展	襄阳市博物馆	襄阳市博物馆	2018年11月1日至12月31日
	20	海上蒸汽时代——中国航海博物馆藏西方航海文物精品展	汉江关博物馆、中国航海博物馆	汉江关博物馆	2018年9月4日至10月31日
	21	满城尽带黄金甲——宜昌博物馆藏楚国金甲片修复成果展	宜昌博物馆	宜昌博物馆	2018年2月3日至5月
湖南	1	东方既白——春秋战国文物大联展	湖南省博物馆	湖南省博物馆	2017年12月29日至2018年3月28日
	2	在最遥远的地方寻找故乡——13—16世纪中国与意大利的跨文化交流	湖南省博物馆	湖南省博物馆	2018年1月27日至5月6日
	3	"未来-我来" 国际少儿绘画展	湖南省博物馆	湖南省博物馆	2018年5月26日至6月30日
	4	法老·诸神·木乃伊——古埃及文物特展	湖南省博物馆	湖南省博物馆	2018年9月28日至12月5日
	5	风筝不断线——走进吴冠中的绘画世界	湖南省博物馆	湖南省博物馆	2018年10月23日至2019年1月10日
	6	来自阿富汗的国宝	湖南省博物馆	湖南省博物馆	2018年12月29日至2019年3月29日
	7	环肥燕瘦——汉唐长安丽人行	长沙博物馆	长沙博物馆	2018年4月21日至7月22日
	8	彩耀中华——黄河流域史前彩陶特展	长沙博物馆	长沙博物馆	2018年9月7日至12月2日
	9	金辉玉蕴——南京出土明金银玉器展	长沙市文化广电新闻出版局，长沙市文物局、长沙博物馆、南京市博物总馆	长沙博物馆	2018年12月28日至2019年3月31日
	10	朔地恋歌——宁夏岩画特展	宁夏回族自治区博物馆、长沙简牍博物馆	长沙简牍博物馆	2018年5月11日至7月10日
	11	湘水流过——湖南地区出土简牍展	长沙简牍博物馆	长沙简牍博物馆	2018年11月16日开展
	12	共和国主席刘少奇	刘少奇同志纪念馆	刘少奇同志纪念馆	2018年11月24日开展
广东	1	百年时尚：香港长衫故事	广东省博物馆	广东省博物馆	2018年4月17日至7月17日

续表

省份(级别)	序号	名称	举办单位	举办地点	展期
广东	2	亚洲内海——13至14世纪亚洲东部的陶瓷贸易	广东省博物馆	广东省博物馆	2018年4月27日至8月26日
	3	鼻尖上的喜悦——嗅觉的秘密与香文化	广东省博物馆	广东省博物馆	2018年9月27日至2019年3月3日
	4	风·尚——18至20世纪的中国外销扇	广东省博物馆	广东省博物馆	2018年12月18日至2019年5月5日
	5	皇风宋韵——宋瓷与宋人生活展	广东省博物馆	广东省博物馆	2018年12月28日至2019年5月3日
	6	尼罗河畔的回响——古埃及文明特展	广东省博物馆	广东省博物馆	2018年12月20日至2019年3月20日
	7	我爱我"家"——江城百姓生活四十年变奏曲	辛亥革命博物馆	辛亥革命博物馆	2018年9月26日开展
	8	护行天下——华侨护照展	辛亥革命纪念馆	辛亥革命纪念馆	2018年12月14日至2019年3月7日
	9	金枝玉叶——中国古代女子头饰艺术专题展	鸦片战争博物馆	鸦片战争博物馆	2018年4月29日至7月10日
	10	开路先锋——北美铁路华工展	广东华侨博物馆	广东华侨博物馆	2018年5月10日至7月10日
	11	舢板女孩的微笑——源自英国皇家格林威治博物馆的影像图片展	广州博物馆、英国皇家格林威治博物馆、宁波宝鹰中国古船研究所	广州博物馆	2018年3月28日至5月20日
	12	传承之道——深圳博物馆藏经部古籍善本展	深圳博物馆	深圳博物馆	2018年4月27日至6月10日
	13	美轮灵鉴——仪征出土汉代铜镜精品展	中山市博物馆、仪征市博物馆	中山市博物馆	2018年3月22日至5月13日
	14	鲁迅·徐志摩——呐喊与歌唱的人生	广州鲁迅纪念馆、杭州徐志摩纪念馆	广州鲁迅纪念馆	2018年4月26日至6月10日
	15	中国屋檐下——中国古代建筑明器展	河南博物院、广州市文物考古研究院、西汉南越王博物馆	西汉南越王博物馆	2018年4月26日至7月26日
	16	神灵的国度——刚果仪式雕像展	西汉南越王博物馆	西汉南越王博物馆	2018年9月22日至12月12日
	17	瓷上园林——从外销瓷看中国园林对欧洲的影响	中国园林博物馆、南越王宫博物馆	南越王宫博物馆	2018年4月3日至6月3日
	18	闽风越韵——南越国与闽越国历史文物联展	南越王宫博物馆	南越王宫博物馆	2018年12月29日至2019年2月28日
	19	无限江山笔底收——新加坡早期中文报业与中国革命（1881—1942）	孙中山大元帅府纪念馆	孙中山大元帅府纪念馆	2018年11月12日至2019年2月20日
	20	人民公仆周恩来	孙中山大元帅府纪念馆	孙中山大元帅府纪念馆	2018年12月12日开展
	21	圆梦——从北洋铁甲到航母舰队	孙中山大元帅府纪念馆	孙中山大元帅府纪念馆	2018年12月21日至2019年2月21日
	22	古越华章——南山博物馆藏古越族青铜器展	南山博物馆、景德镇中国陶瓷博物馆	南山博物馆	2018年1月31日至2019年3月1日

续表

省份(级别)	序号	名称	举办单位	举办地点	展期
广东	23	归来·丝路瓷典——明清外销瓷回归巡展	南山博物馆	南山博物馆	2018年1月31日至4月30日
	24	先锋之路当代艺术展	南山博物馆	南山博物馆	2018年10月14日至2019年4月14日
	25	大秦帝都咸阳遗珍	南山博物馆、咸阳博物馆	南山博物馆	2018年11月12日至2019年2月28日
	26	关山皓月梅梢暖——关山月书画精品展	汕头市博物馆	汕头市博物馆	2018年3月28日至5月6日
	27	阮啸仙生平图片展	农民运动讲习所旧址纪念馆	农民运动讲习所旧址纪念馆	2018年7月24日至8月24日
广西	1	翰墨清怀 弘扬国粹——中国书法家陈清康书法展	南宁市文化新闻出版体育局	广西壮族自治区博物馆	2018年1月13日至14日
	2	大师笔下的广西——广西博物馆藏广西风物画展	广西壮族自治区博物馆	广西壮族自治区博物馆	2018年4月4日开展
	3	心仪广西六十周年·国宝——广西壮族自治区成立60周年文物博物馆事业成果展	广西壮族自治区文化厅	广西壮族自治区博物馆	2018年5月至12月
	4	黄梅百年——黄梅戏百年发展历程展	广西民族博物馆、中国黄梅戏博物馆、安庆市博物馆	广西民族博物馆	2018年7月31日至8月31日
	5	错彩镂金——陕西珍藏中国古代金银器展	南宁博物馆	南宁博物馆	2018年1月18日至4月18日
	6	传统@现代——民族服饰之旧装新尚	南宁博物馆、中国民族博物馆	南宁博物馆	2018年8月8日至11月8日
	7	八桂纪行——当代中国书画名家盛情展	南宁博物馆、中国国家博物馆、老挝国家博物馆、缅甸(仰光)国家博物馆、广西国际文化交流中心、广西中华文化促进会、南宁市文化新闻出版广电局	南宁博物馆	2018年11月29日至2019年2月28日
	8	"生态宜居馆"固定陈列展	柳州工业博物馆	柳州工业博物馆	2018年12月11日开展
海南	1	扎西德勒——来自甘南拉卜楞的精美唐卡	海南省博物馆	海南省博物馆	2018年1月1日至3月4日
	2	香中魁首——海南沉香陈列	海南省博物馆	海南省博物馆	2018年2月8日
	3	木中皇后——海南黄花梨陈列	海南省博物馆	海南省博物馆	2018年2月8日
	4	金犬望福——狗年犬文物展	海南省文化广电出版体育厅	海南省博物馆	2018年2月13日至3月8日
	5	普天同庆——清代万寿盛典展	海南省博物馆	海南省博物馆	2018年2月13日至5月13日

续表

省份（级别）	序号	名称	举办单位	举办地点	展期
海南	6	庆祝海南建省30周年 水墨国粹绘画艺术展	海南省博物馆	海南省博物馆	2018年6月30日至7月3日
	7	追号于——昔日琼岛一段值得回忆的时光展	海南省博物馆、南京博物院	海南省博物馆	2018年12月15日至2019年1月15日
	8	海南省新闻界纪念改革开放40周年专题书画作品邀请展	海南省新闻工作者协会、海南日报报业集团、海南广播电视总台	海南省博物院	2018年12月28日开展
	9	延寿长相思——安康博物馆馆藏秦汉瓦当展	海口市博物馆	海口市博物馆	2018年10月12日开展
重庆	1	花中君子——馆藏明清梅兰竹菊书画展	重庆中国三峡博物馆	重庆中国三峡博物馆	2018年1月20日至6月15日
	2	回望百年——大足石刻历史影像展	重庆中国三峡博物馆	重庆中国三峡博物馆	2018年5月26日至6月9日
	3	走进非洲——中非珍品雕像艺术展	重庆中国三峡博物馆	重庆中国三峡博物馆	2018年6月8日至9月9日
	4	千人千面——馆藏古代人物画展	重庆中国三峡博物馆	重庆中国三峡博物馆	2018年6月26日至2019年1月6日
	5	盛筵——见证《史记》中的大西南	重庆中国三峡博物馆、广西壮族自治区博物馆、贵州省博物馆、四川博物院、云南省博物馆、成都博物馆、成都金沙遗址博物馆、四川广汉三星堆博物馆等		2018年9月29日至2019年1月6日
	6	"忠义之魂·大地史书"基本陈列	忠州博物馆	忠州博物馆	2018年2月10日开展
	7	不忘合作初心，继续携手前进——纪念中共中央发布"五一口号"70周年主题展览	中共重庆市委统战部、中国民主党派历史陈列馆	中国民主党派历史陈列馆	2018年4月27日至2019年2月28日
	8	大渡口影像三部曲系列作品"义渡往事"影像展	大渡口区博物馆	大渡口区博物馆	2018年1月24日至4月1日
	9	匠心传承——大渡口传统民间工艺展	大渡口区博物馆	大渡口区博物馆	2018年4月3日至7月1日
四川	1	瓷·彩——福建德化陶瓷艺术精品展	四川博物院	四川博物院	2018年5月26日至6月9日
	2	中国精神——第四届中国油画邀请展	四川博物院	四川博物院	2018年8月11日至9月3日
	3	江口沉银——四川彭山江口古战场遗址考古成果展	四川博物院	四川博物院	2018年10月21日至2019年1月18日
	4	文明的回响——来自阿富汗的古代珍宝	成都博物馆	成都博物馆	2018年2月1日至5月6日
	5	花·茶·器——孟夏闲事	成都博物馆	成都博物馆	2018年5月18日至6月18日
	6	影子之城——营造学社镜头下的广汉	成都博物馆、四川广汉三星堆博物馆、广汉市文物管理所、中国皮影博物馆	成都博物馆	2018年6月9日至8月31日

续表

省份(级别)	序号	名称	举办单位	举办地点	展期
四川	7	秦蜀之路青铜文明特展	成都博物馆	成都博物馆	2018年7月27日至11月11日
	8	双城记：成都·宜宾	成都博物馆	成都博物馆	2018年11月11日至2019年2月24日
	9	考古成都——新世纪成都地区考古成果展	成都金沙遗址博物馆、成都文物考古研究院	成都金沙遗址博物馆	2018年6月9日至8月19日
	10	金色记忆——中国14世纪前出土金器特展	成都金沙遗址博物馆	成都金沙遗址博物馆	2018年9月21日至11月20日
	11	人与神——古代南方丝绸之路文物精华展	三星堆博物馆、云南省博物馆、成都金沙遗址博物馆、凉山州博物馆、昆明市博物馆、云南李家山青铜器博物馆	三星博物馆	2018年9月26日至12月26日
	12	春天的故事——庆祝改革开放40周年主题展	邓小平故居陈列馆	邓小平故居陈列馆	2018年12月17日至2019年3月31日
	13	成都平原与两河流域青铜文明对话展	四川大学博物馆	四川大学博物馆	2018年10月21日至2019年6月22日
	14	低调人衣襟——狗与汉晋生活	成都武侯祠博物馆、洛阳博物馆、南阳博物馆、焦作博物馆	成都武侯祠博物馆	2018年2月7日至2018年5月4日
	15	园林遗珠 时代印象——中国四句同门票联展	成都武侯祠博物馆与留园管理处、拙政园管理处、承德避暑山庄管理处、颐和园管理处	成都武侯祠博物馆	2018年4月26日至6月3日
	16	万古云霄一羽毛——书画中的诸葛亮	成都武侯祠博物馆	成都武侯祠博物馆	2018年6月18日开展
	17	蜀道寻古·石门汉韵——汉中石门十三品拓片精选展	成都武侯祠博物馆、汉中市博物馆	成都武侯祠博物馆	2018年9月21日至11月16日
	18	"五丁问道"书法作品展	中国书法馆、成都杜甫草堂博物馆	成都杜甫草堂博物馆	2018年6月1日至6月18日
	19	安素如恰——伍瘦梅艺术文献展	成都杜甫草堂博物馆、四川省艺术研究院、四川中国画协会	成都杜甫草堂博物馆	2018年9月12日至9月25日
	20	第二届"草堂杯"暨第四十六届国庆盆景展	成都杜甫草堂博物馆	成都杜甫草堂博物馆	2018年9月30日至10月7日
	21	杜诗雅韵——韩天衡师生作品邀请展	成都杜甫草堂博物馆	成都杜甫草堂博物馆	2018年10月11日至30日
	22	青风瓷韵——元明青花瓷联展	自贡市文化广播电视和旅游局	自贡市盐业历史博物馆	2018年4月27日至5月31日
	23	"宋代石刻之地下天国"固定陈列	泸县宋代石刻博物馆	泸县宋代石刻博物馆	2018年1月17日开展
	24	"银耳花开"银耳文化展	通江银耳博物馆	通江银耳博物馆	2018年2月2日开展

省份(级别)	序号	名称	举办单位	举办地点	展期
贵州	1	时光凝固的美丽——波兰琥珀艺术展	贵州省博物馆、波兰共和国驻成都总领事馆	贵州省博物馆	2018年1月23日至3月28日
	2	不朽之旅——古埃及人的生命观	贵州省博物馆、宁夏回族自治区博物馆	贵州省博物馆	2018年2月10日至5月5日
	3	海丝遗珍——清代广东外销艺术品展	贵州省博物馆	贵州省博物馆	2018年4月13日至6月3日
	4	逝去的风韵——西夏与播州文物展	贵州省博物馆	贵州省博物馆	2018年5月18日至7月20日
	5	扬州八怪书画展	贵州省博物馆	贵州省博物馆	2018年10月18日至2019年1月6日
云南	1	妙香秘境——云南佛教艺术展	云南省博物馆	云南省博物馆	2018年4月20日至7月20日
	2	碧血千秋——滇军60军出滇抗战纪念特展	云南省博物馆	云南省博物馆	2018年9月18日至2019年4月14日
	3	烟云供养——担当书画精品展	云南省博物馆、郑和纪念馆(晋宁区博物馆)	郑和纪念馆(晋宁区博物馆)	2018年7月1日开展
	4	"西南联大历史展"固定陈列	云南师范大学	云南师范大学西南联大博物馆	2018年10月30日开展
	5	蓝白之上 三春销绣——白族扎染传统工艺抢救保护与传承创新展	云南民族博物馆	云南民族博物馆	2018年4月28日至5月31日
	6	阿罗文献千秋事,鞭掌风尘万里天——方树梅收藏字画精品展	昆明市晋宁区博物馆	昆明市晋宁区博物馆	2018年2月10日至5月31日
	7	辉煌历史 玉溪巨变——庆祝改革开放40周年暨纪念玉溪撤地设市20周年成就展	玉溪市博物馆	玉溪市博物馆	2018年12月13日至2019年2月16日
	8	"红军长征过树桥"图片展及固定陈列主题展	红军长征树桥渡纪念馆	红军长征树桥渡纪念馆	2018年8月1日至11月30日
	9	契约中国——马鞍山市博物馆馆藏契约展	马鞍山市博物馆、丽江市博物院、保亭县民族博物馆	保亭县民族博物馆	2018年7月28日至9月1日,2018年12月20日至2019年2月5日
	10	传承文明·和谐共存——丽江三项世界遗产展	丽江市博物院	丽江市博物院	2018年12月28日开展
	11	"红军长征过丽江"年度图片展	红军长征过丽江纪念馆	大理市博物馆	2018年7月27日至8月27日
	12	花歌叶舞——杨丽萍工笔画精品展	官渡区博物馆、晋宁区博物馆	晋宁区博物馆	2018年9月29日开展
	13	"茶马古道文化走廊展"固定陈列	云南省茶文化博物馆	云南省茶文化博物馆	2018年5月14日开展

续表

省份(级别)	序号	名称	举办单位	举办地点	展期
云南	14	罗炳辉将军事迹展	彝良县罗炳辉将军纪念馆	彝良县罗炳辉将军纪念馆	2018年5月13日至18日
	15	碧血丹心——华侨与抗战	昭通市博物馆	昭通市博物馆	2018年11月8日至12月8日
西藏	1	西部纵情——广州艺术博物院藏刘济荣汉藏区题材作品展	西藏牦牛博物馆	西藏牦牛博物馆	2018年9月18日至10月23日
陕西	1	三秦华章 光耀四方——陕西周秦汉唐文物精华展	陕西历史博物馆	陕西历史博物馆	2018年1月9日至5月18日
	2	削木为鐷——文物修复季特展	陕西历史博物馆	陕西历史博物馆	2018年4月29日至7月1日
	3	载制匠之——文物修复季特展	陕西历史博物馆	陕西历史博物馆	2018年7月3日至8月31日
	4	西南公主与匈牙利——17—19世纪匈牙利贵族生活	陕西历史博物馆	陕西历史博物馆	2018年5月29日至8月20日
	5	不忘初心 砥砺前行——陕西历史博物馆改革开放建设成就展	陕西历史博物馆	陕西历史博物馆	2018年9月5日至16日
	6	陇贝：瞬间与永恒——陇贝出土文物特展	秦始皇帝陵博物院	秦始皇帝陵博物院	2018年6月1日至8月24日
	7	古彭遗珍——徐州汉代诸侯王陵及王室墓出土文物特展	汉景帝阳陵博物院	汉景帝阳陵博物院	2018年5月16日至7月17日
	8	掌中珍玩——武汉博物馆馆藏鼻烟壶展	西安博物院	西安博物院	2018年1月1日至4月2日
	9	巧工天美最长安	西安博物院	西安博物院	2018年5月18日至9月10日
	10	彩耀丝路——唐三彩耀州瓷佛造像精品巡展	宝鸡青铜器博物院	宝鸡青铜器博物院	2018年6月9日至9月8日
	11	却顾所来径——西安碑林博物馆与世界博物馆日回顾展	西安碑林博物馆	西安碑林博物馆	2018年5月18日至6月18日
甘肃	1	陇右丝路 寻珍录典——甘肃省第一次可移动文物普查成果展	甘肃省博物馆	甘肃省博物馆	2018年1月16日开展
	2	指间经纬——中国妇女儿童博物馆藏南方少数民族织锦展	中国妇女儿童博物馆、甘肃省博物馆	甘肃省博物馆	2018年5月26日至7月25日
	3	汽车摄影——美国的车文化	甘肃省博物馆	甘肃省博物馆	2018年6月26日至8月25日
	4	砚田文光——天津博物馆藏文房用具展	甘肃省博物馆	甘肃省博物馆	2018年8月24日至11月
	5	车尘马迹——丝绸之路的交通与交流展	甘肃省博物馆	甘肃省博物馆	2018年12月28日至2019年3月11日

续表

省份（级别）	序号	名称	举办单位	举办地点	展期
甘肃	6	书写的温度——从古代文献到书籍艺术	法国国家自然博物馆、敦煌研究院、敦煌市博物馆、敦煌研究院敦煌石窟文物保护研究陈列中心	敦煌莫高窟	2018年7月31日至10月31日
	7	天才狂想曲——毕加索的版画艺术视界	天水市博物馆	天水市博物馆	2018年4月29日至5月29日
	8	巧手裁春——天水民间剪纸艺术迎春展	天水民俗博物馆	天水民俗博物馆	2018年1月23日至3月23日
	9	金昌古代文明展	金昌市博物馆	金昌市博物馆	2018年6月9日开展
	10	民淳俗美——金昌民俗文化展	金昌市博物馆	金昌市博物馆	2018年12月18日开展
	11	榆中彩陶专题展	榆中县博物馆	榆中县博物馆	2018年1月1日未载
	12	张一悟生平事迹展	榆中县张一悟纪念馆	榆中县张一悟纪念馆	2018年6月28日开展
	13	榆中革命斗争史展	榆中县张一悟纪念馆	榆中县张一悟纪念馆	2018年6月28日开展
	14	"洮水流珠"——临洮历史文物展	临洮县博物馆	临洮县博物馆	2018年10月14日开展
	15	"回望凝眸"——永登民俗文化展	永登县博物馆	永登县博物馆	2018年5月18日开展
	16	西固区博物馆基本陈列	西固区博物馆	西固区博物馆	2018年12月21日开展
青海	1	唐蕃古道——七省区精品文物联展	青海省文化和旅游厅、中国民主书画研究院	青海省博物馆	2018年11月30日至2019年3月5日
	2	藏族建筑艺术展	青海藏文化博物院	青海藏文化博物院	2018年开展
	3	藏族卡垫展	青海藏文化博物院	青海藏文化博物院	2018年开展
	4	藏文书法艺术展	青海藏文化博物院	青海藏文化博物院	2018年开展
	5	藏族服饰展	青海藏文化博物院	青海藏文化博物院	2018年开展
宁夏	1	中华民族颂——56个民族诗书画	宁夏回族自治区文化厅、中国民主书画研究院	宁夏博物馆	2018年8月18日至10月18日
	2	亲情中华·走进宁夏——第三届世界华侨华人摄影展	中国侨联	宁夏博物馆	2018年8月1日至10月15日
	3	生命的华彩——徐悲鸿画展	徐悲鸿纪念馆、宁夏固原博物馆	宁夏固原博物馆	2018年2月11日至3月27日
	4	范金琢玉——耀州窑历代陶瓷珍品展	耀州窑博物馆、铜川市考古研究所、宁夏固原博物馆	宁夏固原博物馆	2018年5月18日至7月18日

续表

省份(级别)	序号	名称	举办单位	举办地点	展期
新疆	1	解忧故里——徐州汉代楚国精品文物展	新疆维吾尔自治区博物馆	新疆维吾尔自治区博物馆	2018年7月25日至9月
	2	尼雅·考古·故事——中日尼雅考古30周年成果展	新疆维吾尔自治区博物馆	新疆维吾尔自治区博物馆	2018年9月至2019年9月
	3	云霞霓裳——中原服饰绣品展	哈密市博物馆	哈密市博物馆	2018年1月23日至3月15日
	4	东天山考古十年成果展	哈密市博物馆	哈密市博物馆	2018年5月18日开展
	5	锦衣罗裙——京城西城传统服装联合展	北京市文物局、哈密市文化体育新闻广播影视出版（版权）局	哈密市博物馆	2018年8月10日至10月10日
	6	多彩的生命——中国野生动物展	哈密市博物馆	哈密市博物馆	2018年10月19日至12月19日
	7	揭秘消失的文明——洛阳市文物考古研究院重大考古发现之陆浑戎文物展	哈密市博物馆	哈密市博物馆	2018年10月25日至2019年10月25日
	8	漳州海丝贸易番银特展	漳州市文广新局、漳州市博物馆、昌吉回族自治州文体广播影视局、昌吉回族自治州博物馆、木垒县博物馆	昌吉回族自治州博物馆	2018年7月10日至8月10日
	9	今行天山 印证统一——汉朝颁授西域印章展	阿克苏地委、行署、中国国家博物馆、新疆维吾尔自治区文化厅、自治区文物局、阿克苏地区博物馆	阿克苏地区博物馆	2018年9月26日至2019年9月
	10	玛纳斯县家风家训	玛纳斯县委宣传部	玛纳斯县博物馆	2018年11月18日开展

二、2018年度特色青少年教育项目名录

省份（级别）	序号	项目名称	展览名称	主要内容	举办单位
北京	1	2018年"小小讲解员"夏令营活动	中国人民革命军事博物馆基本陈列	该活动以军事博物馆兵器陈列为教育资源，通过课堂授课、实践讲解相结合的方式，培养青少年对军事知识的兴趣爱好，激发爱国情怀，同时，帮助学生提高语言表达能力、礼仪沟通能力、心理素质，促进青少年学生身心全面发展。	中国人民革命军事博物馆
天津	1	定格的沉浮——中外古典音乐赏析会	战国风云——古中山国文物精品展、瞬间与永恒——庞贝出土文物特展	此次活动是天津博物馆在国庆假期为观众献上的文化大礼。音乐会以中西古典乐为界，让观众在音乐之中感受中西文明，了解古中山国与庞贝古城的独特文化魅力。	天津博物馆
	2	"寻迹中山国"模拟考古挖掘活动	战国雄风——古中山国文物展	这是为小朋友们举行的一场模拟考古挖掘活动，天博社教人员为小朋友们介绍考古挖掘工作的步骤、工具等相关知识，带领大家亲手挖掘"文物"。	天津博物馆
	3	公益科普活动	"生态天津"专题展览	策划开展了以植物、鸟类、贝类为主题的公益科普活动，还结合生态天津展览编排环保科普剧，开展垃圾分类小课堂。志愿者团队结合生态天津展览生态环境演出科普情景剧，提高群众环保意识。	天津自然博物馆
	4	李叔同文化精品课	至诚至真——近代教育家夏丏尊生平展 一代人师 严修生平展	以"李叔同文化精品课"为主题的一系列社教活动，包括"李叔同文化精品课"和"精品课书籍赠学生"等内容。	李叔同故居纪念馆
	5	"军营忆无烈 家风代代传"2018年度夏令营活动	"周恩来邓颖超的家风"展览	活动邀请天津市南开区西营门外小学和川府里小学生及家长共同参加。纪念馆讲解员带领大家参观了此次展览，为同学们讲授了两位伟人的朴实家风。参观结束后，特别邀请同学和家长代表讲述自己的家风。	周恩来邓颖超纪念馆
河北	1	小小美术家快乐临摹壁画	"北朝壁画"展览	以"北朝壁画"展览为依托，采取美术教学相结合的形式，由专业美术老师领领孩子们，欣赏票亮的壁画、飞舞的神兽、威严肃穆的仪仗队伍；了解古代壁画中有关历史、科学与艺术的知识；由浅入深地临摹展厅中的壁画精品。	河北博物院
	2	抗大"小长征"红色研学精品路线	抗大校史展固定陈列	"小长征"线路共分两条：一条跨越陕北、山西、河北三省25个县市 2500公里，8天7晚；一条是以抗大陈列馆为中心，延伸至各抗大旧址村的教学线路。孩子们寻访旧址、勘察地形、吃当年饭菜，赓续传承红色基因。	中国人民抗日军政大学陈列馆

续表

省份(级别)	序号	项目名称	展览名称	主要内容	举办单位
山西	1	"穿墙透壁——李乾朗古建筑手绘艺术展"讲座	穿墙透壁——李乾朗古建筑手绘艺术展	推出了三期展览相关讲座,使更多的朋友们可以关注古建筑的保护与发展,了解我国古代建筑悠久的历史文化。第一讲"李乾朗:话画古建筑";第二讲"我会智:山西古代建筑的分布与特征";第三讲"吕舟:文明的足迹——中外建筑艺术比较"。	山西博物院
内蒙古	1	走进青铜王国	"草原青铜器"固定陈列	该系列活动旨在拓展青少年学生课外知识面,丰富历史知识和育铜文化。使学生校同知识与实际相结合,树立保护文物意识和积极向上的世界观。设立"青铜王国"小讲坛,邀请相关专业人士讲授青铜文化知识,通过争做"我是小小讲解员",激发青少年学生对青铜知识的探索和学习的欲望。	辽中京博物馆
辽宁	1	古埃及秘境之旅——法老的面具	尼罗河的馈赠——古埃及文物特展	专门设计"古埃及秘境之旅——法老的面具"和古埃及文明课外讲堂等社教项目。设置互动体验区,通过金字塔的建造,学赛尼特棋,古埃及诸神,拼图游戏等体验活动,让广大观众特别是青少年学生在万象教子乐中学习古埃及文明知识。	辽宁省博物馆
	2	探秘"寻宝"活动	红山文化精品文物展	该系列活动以红山文化精品文物展为基础,以红山文化器物为依托展开。由朝阳博物馆在职员工对少儿讲解员以及讲解基本技能培训,组织进行展厅探秘"寻宝"活动,展览解读及文物赏析等内容。	朝阳博物馆
	3	船模拼装、百人绘航母	圆梦——从北洋铁甲到航母舰队	结合"圆梦——从北洋铁甲到航母舰队"展览推出了常设活动"船模拼装"。在博物馆社会教育工作人员的耐心指导下,每个参加活动的孩子都会拼有属于自己的辽宁舰船模。"百人绘航母"活动,由120名青少年共同绘制一幅巨型航母图,在近百平方米的画纸上,小朋友们挥毫泼墨,共同完成了一幅生动逼真的巨型航母图。	大连博物馆
	4	海上丝路——博学汇馆校合作教育推广	"海上丝路"专题展	策划推出了涉及大航海时代、中国古代航海技术、水下考古、海丝瓷器贸易等内容的博物馆教育进校园系列课程《海丝扬帆——"博物馆盒子"》和主题课程材料包——"博学汇"课程导读手册,创意手工动手做,戏剧情境游戏一起玩活动,强调情境、参与式、互动式的授课模式,直接参与师生达5000人次。	葫芦岛市博物馆
	5	制作鼻烟壶形式的小书签	掌中珍玩——旅顺博物馆藏鼻烟壶展	通过制作鼻烟壶形式的绘画艺术。参与者自备水粉颜料、调色盘、画笔等绘画用具。活动当天,带领活动参与者参观展览,参观结束后,向参与者介绍鼻烟壶小书签的制作方法后发放图样。参与者开始制作鼻烟壶小书签。	旅顺博物馆
	6	公祭日相关活动	抚顺平顶山惨案史实展	2018年国家公祭日,学生们在活动与辽宁石油化工大学共同主办公祭日相关活动。当天抚平顶山惨案纪念馆与辽宁石油化工大学共同主办公祭日相关活动。当天,学生们在活动中通过唱国歌、敬献花篮等仪式表达了对战争中遇难同胞的哀悼和对祖国、对和平生活的热爱。	平顶山惨案纪念馆

续表

省份（级别）	序号	项目名称	展览名称	主要内容	举办单位
辽宁	7	摆鞋活动	不忘历史 为了和平——中国劳工血泪史国际展	在博物馆残历碑广场特定位置按序摆放6000余双布鞋，代表曾经历尽沧桑苦难的赴日中国劳工，并由赴日劳工家属与学生一同进行摆放。	"九·一八"历史博物馆
	8	走进沈阳故宫	来自盛京——清代宫廷生活用品展	展厅内将带有沈阳故宫古建筑元素的设计与清宫文物图板相结合，为青少年营造走进沈阳故宫，走进清初宫殿的身临其境的景象，以直观的视觉感受不一样的清宫文化和清代历史。	沈阳故宫博物院
	9	剪纸培训活动	北票市迎新春中小学美术教师优秀剪纸书画展	通过观看剪纸作品开展剪纸培训活动，剪纸老师来身教授，孩子们跟着动手操作。老师现场解答学生提出的问题，并讲解剪纸的方法与技巧。	北票市博物馆
吉林	1	奇趣博览大课堂	吾行——抗联遗迹的故事	开展了"青山芳草·沃土留芳""情系抗联·麻绳艺术画"等系列活动。	吉林省博物院（东北抗日联军纪念馆）
	2	酷虫科研传社	"奇趣甲虫"临时展览	招收120名小学生每周的休息日来博物馆进行研学实践活动，活动内容包括上昆虫课程、制作小型展览、制作昆虫标本、蝴蝶和甲虫的饲养等。	吉林省自然博物馆
	3	《吉林满族过大年》课程	满韵遗风·吉林满族年俗图片展	讲解员在课堂上为学生们展示了满族年俗一系列的流程，用互动体验的方式激发了学生们的兴趣。学生们都积极地参与了互动体验，分别学习了满族字"福"的书写方式和传统小游戏"欻嘎拉哈"。	吉林市满族博物馆
黑龙江	1	玩艺坊：中国印之印章杯	黑龙江历史文物陈列——以肃慎族系遗存为中心	本次活动带领小朋友们追溯历史、学习印章文化、刻印的主体是"印章杯"。讲解员带领同学们走进黑龙江省博物馆历史文物展厅，去观察金胡里改路之印、金都提控所沁和嵩辖府所沁左翼郭尔罗斯扎萨克图印、了解文物背后的历史故事。	黑龙江省博物馆
	2	"了解我家乡"活动	"嫩汇文明的述说"齐齐哈尔历史文物陈列展	活动特邀请齐齐哈尔市大、中、小学校的同学们及老师前来参观。通过参观展览让孩子们近距离地接触和体验家乡文化，感受祖国和家乡文化的优秀，感受家乡的变化和发展，激发幼儿爱祖国、爱家乡、爱自然的情感。现场有老师详细地为小朋友们讲解了齐齐哈尔市历史陈列展。	齐齐哈尔市博物馆
	3	"齐齐哈尔达斡尔族的发展和贡献"讲座	达斡尔族服饰展	讲座邀请著名达族研究专家现场讲授，并组织齐齐哈尔市大、中学校在校学生前来听讲。讲座结束学生们纷纷反映这是一次对本地少数民族历史的再教育。	齐齐哈尔市博物馆
	4	崇尚生态文明，让世界更美好	创意生活，情系环保——马凌平手工作品展	与黑河市实验小学建立了馆校共建关系。开展以"崇尚生态文明，让世界更美好"为主题的讲座、参观并参与现场互动，讲解员现场亲自为学生指导如何利用废旧物品制作精美的手工艺品。实验小学多次应邀组织学生来馆参观，并请讲解员现场亲自为学生指导如何利用废旧物品制作精美的手工艺品。	黑河博物馆

续表

省份（级别）	序号	项目名称	展览名称	主要内容	举办单位
上海	1	"寰宇艺文：从西方风景画到出版传播"讲座	"俄罗斯的美和生活"展览、"从艺术到回展览""心灵的风景——从艺术大展到出版传播"	此次讲座邀请了上海美术学院教授、美术史论家李维琨，上海博物馆研究员、美术史论家李维琨及上海博物馆教育部主任陈曾路，围绕"俄罗斯的美和生活""心灵的风景"等热门展览，给大家分享大展中的精彩作品，讲解展览背后的故事。	上海博物馆
	2	旗袍盘扣制作、旗袍走秀	衷藏雅尚——海上溢晖裹袖瞻服饰展	为观众开展了两场旗袍盘扣制作活动。在活动中，大家学习了两种盘扣制作方法，将盘盘做成装饰品带回家。在内容策划人员的讲解下，特邀东华大学中老年模特队开展旗袍走秀活动。	上海市历史博物馆
	3	"船行八面风"郑和舰队编队"海船画室"等体验活动	风好正扬帆：中国古代航海科技展	让观众在互动体验中理解航海科技知识，设置了"船行八面风""郑和舰队编队"两个体验游戏，还有孩子们专享的"海船画室"。	中国航海博物馆
江苏	1	"新艺术运动瑰宝——穆夏"配套教育活动	"新艺术运动瑰宝——穆夏"展览	展览期间共举办了45场配套的公共教育活动，涉及的类型包括：面向成年观众，配合展览举办了"花开四季""穆夏艺术的唯美与浪漫"等专题讲座。"青罗花嗽扑流萤"花艺活动，结合展品中大量的花卉和植物装饰，设计了花漾倾"穆"和"穆夏之约艺术体验营""穆夏时光之用笔看展览——mini书阅读"；针对青少年举办了"穆夏之约艺术体验营""穆夏时光之用笔看展览——mini书阅读""小书大音之穆夏考——绘本创作""穆夏和捷克文化进校园"等系列活动，培养孩子们的动手能力。为了扩大展览的教育辐射面，还展开了"穆夏和捷克文化进校园""国文化进社区"等活动，让在校学生和社区居民都能参与其中。	南京博物院
	2	永不消逝的电波	"梅园风范——中共代表团在南京"基本陈列	参加活动的学生首先学习了莫尔斯电码，其根据不同的密码本现场进行破译，并限定破译时间，设置不同难度。通过活动让学生深入了解周恩来在梅园恩来在梅园惊心动魄的岁月。	南京市博物总馆
	3	"虫虫总动员"夏令营	虫虫世界——常州馆藏精品昆虫展	此次夏令营为期两天，同学们通过专家讲座、任务手册、主题绘画、分享会等环节相扣的内容，对昆虫有了全面、多角度的认知。在专业老师的指导下，大家认识了制作标本的基本工具，学习了标本制作的基本方法，然后亲手制作了一件精美的蝴蝶标本。在生活体昆虫观察环节，老师先以独角仙为例向大家分享了饲养昆虫的经验，并带来了独角仙的幼虫让大家触摸。	常州博物馆
	4	攀古奕世——陶朋损赏习体验活动	攀古奕世——清代苏州潘氏收藏特展	此次艺术课程同样围绕"韶埙"展开。观众首先近距离观摩了着赏听专业老师吹奏了《神话》《楚歌》《天空之城》《苏武牧羊》等曲目。随后，专业老师介绍了埙的结构、指法、气息等多个方面进行专业而详细的讲授，并对每一位观众进行了"一对一""手把手"的耐心指导。	苏州博物馆

省份(级别)	序号	项目名称	展览名称	主要内容	举办单位
江苏	5	教育互动展	1509：与谁同坐——吴门画派之青少年教育互动展	推出面向青少年的教育互动展。展览第一次使用文物作为主要展品，而是采用复制品和现代工艺品，再辅助相关互动体验游戏。同时第一次使用全预约的观展方式，保证了展厅互动项目的体验舒适度以及观众观展的舒适度。	苏州博物馆
	6	发簪制作、山水团扇绘制、陶瓷釉下彩绘体验等系列活动	梁溪折桂——无锡博物院开放10周年特展	配套特展中的金银器部分、山水团扇绘画、陶瓷釉下彩绘体验活动，对应书画部分：陶瓷器具等。这些主题活动的开展使观众在观看展览的同时，能亲自去参与、体验背后的内涵。	无锡博物院
	7	讲座主题《忧乐府学 传新千年》	千年书写 传新千年——苏州文庙府学历史碑刻拓片展	讲座主题《忧乐府学 传新千年》。介绍苏州文庙府学的办学特色，启发当代人如何自觉修养品性，做有益于社会的人，千年来立德树人做贡献。另外，特地选择了做过苏州府学学生的明代江南才子唐寅的行书《落花诗》碑作为拓宽体验刻印。	苏州碑刻博物馆、苏州中学、中国科举博物馆（南京）
	8	展览系列文化活动	"人性之美 博爱之光" 中华慈善历史文化展	主要开展了青少年教育活动项目：小小志愿讲解员、慈善大讲堂、"感悟传统文化，传承传统技艺"系列教育活动、"七彩复日·慈博随行"暑期主题活动、春节假期"寻善之旅"，慈善文化公益巡讲等。	南通中华慈善博物馆
	9	展览系列活动	铭记历史·砥砺前行——徐州沦陷80周年文献特展	"牢记历史、多爱和平"徐州市中小学教育主题活动；在徐州各中小学广泛开展有关徐州抗战主题的征文活动：《大抗战》纪实纪录片研学活动；本片以时间事件为经线，以人物为切入点，对抗日战争进行全面系统、客观生动的历史记录。徐州博物馆将精选成战役图制作进行展播，并由教育员进行解读。"我是小小军事家"制作徐州会战战役图比较有代表性的时间轴上的认识和了解，并对军事地形知识形成自己的理解和思考。	徐州市文广新局、徐州市档案局、徐州博物馆、徐州市档案馆
浙江	1	草原文化专题活动	大朝传说——成吉思汗与黄金家族的风采	在地下一楼展厅入口，设计搭建了极具草原风情的蒙古包活动场地，设计了服饰篇章、饮食篇章、民俗篇章的活动，共开展了十四次草原文化专题活动。	浙江省博物馆
	2	一瓶一世界——苔藓植物小精灵生态瓶制作	"点亮荒芜——苔藓"展览	与带教老师相互介绍之后，孩子们进入苔藓展参观，展区内大量的活体苔藓，体会苔藓"感官"的方式，再通过展板及与老师的互动问答"理性"认知它们。一周一次的活动中，孩子们在附近的绿地里寻找新鲜苔藓的踪影，判断分析它们的种类。最后，大家自己动手用新鲜苔藓、泥土等物料营造一个小小的生态系统——苔藓生态瓶。	浙江自然博物院
	3	中国发往西方的明信片——通草画	17至20世纪中国外销装饰艺术展	以通草画为载体，通过展厅参观、学习交流、感官互动、课堂探究、实践体验等形式，带领青少年回眸清朝历史，探究通草画在当时的历史发展中发挥的作用。	杭州工艺美术博物馆

续表

省份（级别）	序号	项目名称	展览名称	主要内容	举办单位
浙江	4	瓷之源	海帆流彩万里风——十八、十九世纪中国外销瓷艺术品展	环节一：实地参观展览，重点关注外销瓷兴盛这一历史现象形成的原因、过程以及精品外销瓷赏析。环节二：结合实物区别瓷器与陶器，了解瓷器的发展历程以及产生原因，利用拉坯机体验手工捏塑泥。环节三：模拟制作瓷器造型瓶件，利用热缩片与热风枪结合手工绘制瓷器纹样，最后成品瓷挂件。	中国港口博物馆
	5	展览系列活动	庆祝改革开放40周年湖州文物助推生态发展成果特展	3次围绕国家历史文化名城开展文化系列访。"实地了解湖州文化的内涵。1场公众分享座谈会，以"喜看家乡新变化为主题"，邀请退休专家分享改革开放后湖州文物背后的故事。1次公众与展览互动的拓展活动，"Pick你最喜欢的文物TOP10"，以增加观众观展的互动性。	湖州市博物馆
安徽	1	"不忘初心"红色教育活动	红旗飘飘——中国共产党党旗诞生历程参赏档案展	开展历史小课堂、故事演绎、抗战小红旗、手工意卡等寓教于乐的趣味活动。以手绘红旗、手工心意卡的形式为建党英雄们献礼。同时组织红色记忆宣讲团走进学校、社区，通过《陡毅山壁诗》《追求真理的目光——王步文的眼镜》等一件件感人的革命历史故事，展现了一代又一代共产党人不忘初心、执着坚守的理想信念。	安徽博物院
	2	品茗及徽茶文化	佳茗出黄山——徽茶文化大展	设置品茗及徽茶文化与专家面对面的交流环节。活动设计了专题讲座环节"茶中世界"，特别邀请了来自徽茶文化研究专家，其中主要内容包括徽茶历史及发展，为大家深入讲述《徽风院韵 茶中世界》。展厅中还设置了青少年自然知识讲堂，让青少年了解科学自然知识，将徽州的茶票制成印章，让观众在参观完展览后，可以戳印子宣纸，带回留作纪念。	安徽博物院、新加坡中国文化中心
	3	寄给未来的一封信	向往——"我"与安徽改革开放四十年	活动针对青少年发育的差异性对年龄阶段进行了细分。活动邀请讲解员给青少年先进行展厅的讲解，在讲解中运用活动配套的"年代卡"找到每个年代的关键词，带着问题听展览，配合展厅中的互动设备、互动场景，体验20世纪八九十年代人们的生活。在90年代小课堂场景中，当一当90年代的学生，互相交流参观展览中年代卡所填写的问题。该一该你对展览的感受。最后，选择自己喜爱的"年代感小玩具"进行手工制作，并写一封信寄给未来的自己。	安徽博物院
	4	神秘古埃及走进学校、社区活动	不朽之旅——古埃及人的生命轮回	"奥西里斯舞台剧"、"神秘的生命"专题讲座、展厅寻宝、法老的拼图、古埃及人装扮cosplay，探秘安博之神秘古埃及走进学校、社区活动等项目，激发了观众特别是青少年群体参观展览、探索新奥秘、了解新知识的兴趣，让观众切身感受到古埃及文化的博大精深。	安徽博物院

续表

省份（级别）	序号	项目名称	展览名称	主要内容	举办单位
安徽	5	"空灵之约——香文化主题活动"系列活动	"幽香氤氲——香具·香品·香文化"临时展览	活动开发了成年人与青少年两个不同的版本，为参与者切身打造了深度适宜的活动内容，不仅能够在展厅里感受幽香氤氲的氛围，更能够近距离观看精彩的香艺表演，开展沉香知识讲座与交流会，与大家一同品香读史，串香珠等手工互动应有尽有，使观众的参与度与互动性得到了极大的提升。	安徽博物院、安徽省考古文物研究所、阜阳市博物馆、无为县档案局、金寨县文物管理所、安徽省沉香博物馆
安徽	6	《巢湖龙说》微视频课程	"龙出巢湖"——安徽巢湖龙动物群专题展	观众在宣教区可以参加《巢湖龙说》微视频原创科普剧《源——鱼龙的故乡》，观看正式了解安徽古生物、化石的鉴定和修复等知识。	安徽省地质博物馆
福建	1	新年文化下乡活动	丝路帆远——海上丝绸之路文物精品图片展、绿叶对根的情谊——闽台竹根艺术设计大赛图片展	由院长带领的文化下乡队伍共20人，将"丝路帆远——海上丝绸之路文物精品图片展"和"闽台华人奉献展"3套原创展览送到闽侯县窗下村，开展新年慰问活动。	福建博物院
江西	1	研学活动	吉州窑博物馆基本陈列	对参加研学旅行活动的师生开设了三项研学课程：庐陵文化体验、瓷艺术体验和吉州窑考古模拟体验课程，设立了宣教部，设有专业讲解员，负责研学宣讲工作。	吉州窑博物馆
山东	1	书于竹帛	中国简册文化展	活动通过认真观察展览中竹简的大小、颜色、长短、厚薄、宽窄以及书写等细节，引导参与者讨论竹简作为文字载体的作用以及外形、材质的流变等。最后参与者以出土竹简实物为依据在互动中解答。	山东博物馆
山东	2	与来元古瓷对话——第三期美术课堂进博物馆	丝路帆远——中国海上丝绸之路七省文物精品展	来自全区30余名中小学生与来元古瓷"对话"，将呈利海北遗址出土的瓷器上的纹饰临摹在纸上，形象地感受到呈利的历史文化变革。	呈利博物馆
山东	3	拓鱼成画——传拓技艺体验活动	"拓荒呈利人"基本陈列	学生们首先聆听了博物馆工作人员对传拓技艺的讲解，以及拓鱼、拓瓦当的演示。最后学生们亲身体验了拓鱼、拓瓦当传统技艺。	呈利博物馆
山东	4	"读万卷书，行万里路——在行走中领略东平之美"研学活动	东平县博物馆基本陈列	从2018年4月12日起，每周三、四、五组织全县中小学生参观东平县博物馆和东平县东平道德教育馆，寒暑假为契机，逐渐向县外学校扩大。	东平县博物馆
山东	5	节日系列活动	"家道馆"基本陈列	将家道文化与传统节日相结合，以节假日、寒暑假期实践者实践；组织志愿者参加假期实践活动：组织志愿者参加，小小讲解员，夏令营等活动。	临沂市博物馆

续表

省份(级别)	序号	项目名称	展览名称	主要内容	举办单位
河南	1	特约讲解	"中原古代文明之光"基本陈列	以馆藏17万件文物为依托，深挖文物内涵，推出了符合未成年人心理特征的特约讲解"新五好学生"系列，由"德育篇——遵德守礼戏投壶""智育篇——最熟悉的密码""体育篇——相约豫博 运动快乐""美育篇——衣香鬓影""劳育篇——炼土生辉"五个篇章组成，每场活动都包括文博小讲、展厅探秘、专属手工体验三个环节，形成了寓教寓乐的授课方式。	河南博物院
河南	2	"阿富汗王子讲述丝绸之路上的舶来品——蔬果系列"活动	"阿富汗国家宝藏"展	由社教专员扮演阿富汗王子，以红、黄、绿、紫四个色块为基础，用生动风趣的语言讲述经丝绸之路舶来的四种蔬菜和四种瓜果，对比舶来品对中国普通百姓的影响，感受饮食文化。	郑州博物馆
河南	3	"玉礼中国·礼遇少年"青少年社教活动	玉礼中国——五省市玉器精品展	工作人员根据小学语文课本，编排了历史舞台剧《完璧归赵》，由开封青少年志愿者来进行演出。此外，活动还为孩子们设置了玉器精品展的专题讲解和"识玉制玉"互动小游戏，孩子们在听完讲解后，就迅速开始分组竞赛。	开封市博物馆
湖北	1	曲水流觞带你了解楚国漆器艺术	"秦汉漆器艺术"基本陈列	漆器知识小课堂：利用ppt教学，通过提问互动，触摸楚国漆器文物复制件等多途径相结合的形式，让青少年认识溢光溢彩的漆器，漆器的特点、胎体材质、工艺等；学习楚国漆器迅速发展良好的条件以及2000多年保存完好的原因。我画"曲水流觞"：以漆器耳杯为切入点，带领同学们认识"羽觞"这种带耳的漆器——因与耳杯的性质极其相似，杯身很轻，可浮于水面，所以古人"曲水流觞"时会用它。"曲水流觞"是古代文人雅士集会于小河边饮酒赋诗的高雅活动，类似现代游戏击鼓传花。"古诗词大比拼"：引导大家体验最受欢迎的课程环节"诗词大赛"。当鼓声停止时，接到花的同学需不能与前面同学背诵的诗词重复，并要求诗词不能与前面同学背诵的诗词重复。最后是"创新设计"环节，带领同学们利用"礼乐学堂"教具，大胆地设计自己理想的漆器，并开心地分享设计灵感。	湖北省博物馆
湖北	2	字传千百年——了解文字的书写材料	天涯咫尺——武汉博物馆藏明清书画手卷精品展	课程以武汉博物馆藏文物为引，结合校本课程，以多媒体授课与趣味互动相结合的"沉浸式体验"形式，为青少年趣味解读文字书写材料的演变过程，激发他们对中国古代书画艺术的浓厚兴趣，感知中国传统绘画和书法艺术的魅力。	武汉博物馆
湖北	3	"昭明课堂"中小学课程《印在砖上的画》	天国之享——襄阳南朝画像砖艺术展	本堂课以襄阳南北朝画像砖的完美结合，结合现代多媒体技术讲解历史文物，是现代技术与襄阳历史文物教育的完美结合。文物讲解配以大量形象生动文物的插图，在讲解知识的同时也增添了许多教学的趣味性，针对低年龄段的学生也更易于接受。	襄阳市博物馆

续表

省份（级别）	序号	项目名称	展览名称	主要内容	举办单位
湖北	4	"研学碑拓巨作，继承文化遗产"的青少年书法研学实践活动	石墨镌华——西安碑林名碑拓本展	结合了中小学生研学实践课程，配合了临时展览的宣传工作，整合了书法培训学校、"青协"志愿者、太极拳协会等多方面的资源和社会力量，收到了良好的活动效果和社会效益。	辛亥革命武昌起义纪念馆
湖南	1	教育活动项目	长沙马王堆汉墓陈列	研发了"探访辛追娭毑的新家"亲子主题课程、"岁·时记"民俗教育项目，组织进行了"我的假日在湘博"假期系列活动。	湖南省博物馆
	2	遇见最美的故乡	在最遥远的地方寻找故乡——13—16世纪中国与意大利的跨文化交流	活动将"展厅导赏""博物馆艺术体验课""学生作品展示"相结合，不仅展现了学生画笔下的文物与生活，同时教育教员还引导该区400余名中小学生免费欣赏了展览，并为13所学校提供定制的课程资源包2000余套。	湖南省博物馆
	3	系列动画	"共和国主席刘少奇"展览	用刘少奇少年时期生活的小故事设计一组系列动画，凸显刘少奇同志少年时期的美好品德。观众可通过趣味互动点播自主观看刘少奇各的的小故事，让广大观众特别是青少年参与其中，开展"追寻爷爷的足迹"红色故事会、"德育课堂"、"中小学生研学实践教育活动"等。	刘少奇同志纪念馆
广东	1	驿路同游——博物馆综合教育实践课	南北通融——岭南古驿道展览	研学活动分：行前课程、组织考察、自然、戏剧、古驿道研究专家对学生进行培训，古驿道课程教研学生建构研学方法，博物馆拓展课程继续研学学习展览策划、文物修复保护，采用灵活多样的教学相成，并进行专题研讨、提炼和总结研学成果。	广东省博物馆
	2	"为什么这么美——跟穆夏大师学画画系列""最终场为谁而来：揭秘修复的广告设计"	"億夏与新艺术运动"展览	活动邀请名家对学生进行指导，展品为引，教学相成，让观众们亲手实践，打造属于自己的设计作品。	广东省博物馆
	3	2018年"博·学堂之开学"——纪念广州起义	"广州起义"巡展	观看广州起义影片；讲解员讲述广州起义故事，攻打公安局等：红领巾红色故事，学生互动游戏；系红领巾，接力运武器，工农兵造型秀；"广州起义"巡展。	广东革命历史博物馆，广州市越秀区东川路小学，广州市荔湾区芳村小学
	4	科普展览配套教育活动	丛林宝贝与毒瘤——深圳植物科普展、海洋宫殿——珊瑚礁科普展	举办"植物画"活动、"室内课程"，30多名孩子学习了海底城市、小讲解员相关知识，组织青少年观众前往深圳市生态监测中心站；开展"海底博物馆"活动，小讲解观众，小讲解员和志愿者共38人，前往广东海洋大学深圳研究院实地观摩救助回来的海龟。	深圳博物馆

续表

省份（级别）	序号	项目名称	展览名称	主要内容	举办单位
广西	1	展览系列活动	喜上梅梢——杭州博物馆藏梅花书画精品展	举办了7项活动，内容包括："云中谁寄锦书来"线上答题活动，展品信息导览，"展品背后的故事"系列微信推送，"喜上梅梢"茶会，博艺苑——"喜上梅梢"展特别音乐会两个主题活动，"折梅寄江北"——黏土塑梅花，"轻罗小扇扑流萤"——彩绘团扇两个创意DIY教至手工活动	南宁市博物馆
	2	"生态宜居馆"系列活动	"生态宜居馆"固定陈列	包括"柳州社科沙龙——柳州工业文化众人说""腾飞中国·辉煌70年"谈租国新成就，话新乡新发展""博物馆奇妙夜""探秘火车托马斯亲子活动""工业知识进校园""品读好书分享活动""童心乐"大型车托马斯亲子活动""电子积木拼装活动"等，活动场次多达20余次，参与活动近5000人次，充分发挥了柳州工业博物馆"生态宜居馆"作为"第二课堂"的重要价值	柳州工业博物馆
重庆	1	童梦启航——小小讲解员新苗班、新草班	"壮丽三峡"基本陈列、"重庆·城市之路"基本陈列	培训活动按照年龄分为新芽班（6—7岁）、新苗班（8—10岁）、新草班（11—12岁），并以此制定出适用于各个年龄阶段的课程，循序渐进，因材施教	重庆中国三峡博物馆
	2	"非遗进社区、进校园"展演活动	匠心传承——大渡口传统民间工艺展	展览将非遗作品带进了博物馆，汇集了大渡口区五种具有代表性的非物质文化遗产项目，通过传统工艺和作品展示，以及系列讲座、教学等活动，促进传统工艺技法交流，畅谈创作心得，探索传统工艺艺术与现代生活的融合发展	重庆市大渡口区博物馆
四川	1	"古蜀华章——四川古代文物菁华展""纸"是青铜器	古蜀华章——四川古代文物菁华展	授课《古代兵器之巴蜀青铜器篇》，根据展览内容开展教育课程：创意物化制作战国虎纹铜戈，在老师的指导下，用硬纸壳、丙烯颜料等手工材料制作战国虎纹铜戈；展厅学习探索，老师带人展厅完成配套学习单，参观展览，巩固知识	四川博物院
	2	展览系列活动	人与神——古代南方丝绸之路文物精华展	配合展览主官举办"趣味三星堆，探秘古蜀国"亲子研学活动，《数字解读三星堆》讲座，"触摸三星堆·感悟古文明"等青少年教育活动，6场社教活动	三星堆博物馆
	3	海纳百川古琴音乐会	杜诗雅韵——韩天衡师生第七届书画印作品展	在草堂艺术中心举行"海纳百川古琴音乐会"，参加书法作品展的书法、绘画、篆刻艺术家与成都本地、贵州、陕西、雅安等远道而来的古琴人、传统文化爱好者齐聚草堂参加了音乐会	成都杜甫草堂博物馆、成都艺术剧院
	4	展览系列活动	通江银耳博物馆基本陈列	开展了"银耳花开""传承传统文化，助力脱贫攻坚"、银耳文化进校园，"小露珠小小讲解员"志愿活动等活动	通江银耳博物馆
贵州	1	"阿西里西"非遗服装情景秀	蜡散文章——贵州民族服装技艺展	活动形式为举办一场汇集20余项国家级非遗的情景秀，"生、长、恋、婚"四段共谱一曲贵州人的风情恋歌。集结贵州各地30余种少数民族服装	贵州省博物馆

续表

省份（级别）	序号	项目名称	展览名称	主要内容	举办单位
云南	1	"小小讲解员"培训班	民族陈列、民俗陈列	培训以馆藏铜鼓为依托，深挖文山历史及民族文化知识元素，结合讲解课程、声乐课程、戏剧课程，外出参观联大旧址等技能训练科学习体验。	文山壮族苗族自治州博物馆
	2	讲联大故事，承先辈使命	西南联大历史展	通过参观西南联大博物馆、西南联大旧址，开展讲述联大故事、举行入队（入团）仪式、聆听专题讲座等多种形式，让厅大青少年了解西南联大的办学历程和杰出人物。	西南联大博物馆
	3	恐龙"复活"夜	地球生物发展史专题展	内容和流程包括安全培训、了解恐龙复活计划书、闯关、收集复活要素、完成复活任务、夜宿博物馆、观摩原创科普剧表演。活动过程具有强烈的沉浸感和时代感。	石林路斯特地质科研博物馆
	4	走进博物馆，探索奇妙世界	古生物展	组织活动人员参观固定陈列。随后，全体人员参加趣味知识小问答、百米长卷绘画等社教活动，竞猜回答了玉溪市古生物共同绘制博物馆文物的乐趣中。	玉溪市博物馆
西藏	1	"请到北京的卓玛家"系列活动	天路文化——西藏历史文化展	观众可以在藏式客厅内品尝到青稞酒、酥油茶、了解吃切玛的礼仪；活动开设有互动活动环节，如观众抽取藏族名字，由专人解读其寓意；DIY黄金面具、绘制了解西藏地域服饰文化、木刻印制吉祥八宝图，扎印西德勒图；DIY黄金面具、绘制出独具个性的T恤衫和手提包。	西藏博物馆
陕西	1	"穿越古今梦长安"博物馆之夜亲子互动体验活动	"陕西古代文明"基本陈列	此次活动中，特别邀请15对亲子家庭走进夜晚的博物馆。参与"穿越古今梦长安"互动体验活动。活动分为"趣味闯关游戏"和"唐朝主题派对"两部分，为公众精心打造了一场别开生面的穿越之旅。	陕西历史博物馆
	2	"葡萄花鸟满庭芳——葡萄花鸟纹银香囊"活动	大唐遗宝——何家村窖藏出土文物展	此次活动围绕葡萄花鸟纹银香囊展开。结合传统端午节日，由工作人员带领参与欣赏葡萄花鸟纹银香囊、了解我国熏香文化的发展历史以及端午节芥香沐浴、驱蚊除瘴的习俗。	陕西历史博物馆
	3	流动历史文化课堂直播活动	"古都西安"基本陈列	活动特别邀请解说员，陕西历史文化使者组成队伍走进汉中。本次活动用创新形式把博物馆带出汉中，开展了三场流动历史课堂直播活动，将博物馆教育与学校教育有机结合，用实际践行了"一个博物院就是一所大学校"。	西安博物院
甘肃	1	甘博驿	车尘马迹——丝绸之路的交通与交流	依托馆藏的"驿使图"画像砖设计了一块名为"甘博驿"的小型空间，并在其中设置邮筒，参观者可以在博物馆展厅给家人、朋友写信和明信片，进一步拓展了展览的内涵与外延。	甘肃省博物馆
	2	九色鹿的故事	莫高窟	活动形式分为壁画赏析、填色及表演三个部分。通过壁画讲解，了解莫高窟北魏时期壁画的艺术特点，通过观察、分析和讨论他们所看壁画，激发学员的学习热情，进而动手填色；根据莫高窟第257窟北魏《鹿王本生》编写舞台剧《九色鹿的故事》的剧本，鼓励学员参与表演。	敦煌研究院

续表

省份（级别）	序号	项目名称	展览名称	主要内容	举办单位
甘肃	3	"潜心画栋亦雕梁""浓妆淡抹总相宜""砥砺新生——1650知多少"	1650——文明的回响	"潜心画栋亦雕梁"活动通过参观展厅中 3D 打印的建筑模型，了解敦煌壁画中的建筑——古塔，并利用壁画中古塔的元素，发挥想象力和创造力，在画纸上自行设计古塔。"浓妆淡抹总相宜"活动通过参观唐末时期壁画中女供养人的形象，了解唐代女子妆容的每一个细节部分的知识，体验为一个唐代女子描绘妆容，设计唐发饰。"砥砺新生——1650知多少"活动发放发现任务卡，鼓励观众带着问题看展览，在了解莫高窟1650年的峥嵘历史岁月的同时学习如何看展览，以寓教于乐的形式增添观众看展览的兴趣。	敦煌研究院
甘肃	4	我是小小毕加索版画制作课程	"天才狂想曲——毕加索版画艺术视界"展览	针对小学低年级学段（1—2年级）、小学中年级学段（3—4年级）举办了"我是小小毕加索"绘画创作课程；针对小学高年级学段（5—6年级），初中学段（7—9年级）举办了"我是小小毕加索"版画创作体验课程；针对大中专院校学生、美术爱好者举办了"我是小小毕加索"版画创作讲座及学术讲座课程。不同侧重点课程的开设，满足不同年龄、学历层次观众对知识的需要。	天水市博物馆
青海	1	"青海民俗文化"专题讲座	江河源文明——青海历史文物陈列	本期专题讲座以河湟文化、三江源文化、昆仑文化、青海湖文化四大板块为切入点，通过讲述青海地区丰富多彩的历史文化与民俗文化，让广大观众对青海地区的多元文化与民族民俗文化有更全面的了解与认识。	青海省博物馆
青海	2	儿童绘画、陶艺展	江河源人类史前文明——青海柳湾彩陶展	设立"青海彩陶文化青少年教育基地"，在省内外文化单位开展"孩子眼中的彩陶""柳湾彩陶进校园——少儿陶艺作品展"等活动。	青海柳湾彩陶博物馆
宁夏	1	宁夏博物馆邀你体验扇面书法艺术	纨扇春风——宁夏女书法家扇面书法展	宁夏博物馆联合宁夏女书法家协会与宁夏妇女书法家协会举办"纨扇春风——宁夏女书法家扇面书法展"，展示了宁夏女书法家的精神风貌与艺术才情，精选了 65 幅扇面作品（其中 50 幅为宁夏女书法家精心创作），展示内容：1. 青少年现场报名参与活动，少年儿童可根据自己的需要制作、剪贴圆形或扇形扇面，体验扇面书法艺术绘画。2. 临摹扇面书法作品。3. 扇面创意绘画，为活动的少年儿童准备了折扇成品，参与活动的少年儿童可在折扇上进行创意绘画。	宁夏博物馆、宁夏书法家协会、宁夏妇女书法家协会

续表

省份(级别)	序号	项目名称	展览名称	主要内容	举办单位
宁夏	2	西夏瓷器剔花留韵——绘画西夏瓷器纹饰、学写"天书"——西夏文	大夏寻踪——西夏文物精品展	西夏瓷器胎质纯净，器形端正，表面多使用剔刻花纹工艺。西夏文化的载体。通过社教老师讲解西夏文字作为西夏文字的结构、书法的握笔、运笔。书法作品的落款盖章等内容，让青少年通过动手练习，现场书写自己满意的西夏文字。形式与内容：以参观和互动体验为主要形式。本次活动课程设计由上、下两个半场组成。上半场由社教老师的带领下青少年们学习西夏瓷器发展历史及其特点；下半场由社教工作人员带领并指导青少年们在展厅绘画西夏瓷器、学写西夏文字。	宁夏固原博物馆、福建中国闽台缘博物馆
	3	徐悲鸿故事会	生命的华彩——徐悲鸿画展	故事会可以由单人或组合的形式参加。朗诵、演讲、情景剧等方式均可。每人限时5分钟，讲述清楚完整。参加者自行准备一段与徐悲鸿有关的小故事，感情充沛者即可获得奖品一份。活动对象为6—15岁青少年。参加者自行准备一段与徐悲鸿有关的小故事，让参与的青少年更加深入地了解徐悲鸿。	徐悲鸿纪念馆、宁夏固原博物馆
新疆	1	"国宝讲新疆" 2019寒暑假小小讲解员培训及招募	尼雅·考古·故事——中日尼雅考古30周年成果展	举办的"国宝讲新疆"活动广受好评，各族群众纷纷参加现实版"国家宝藏"，做"国宝守护人"。结合中华传统节日、寒假期间同未成年人观众密集参观博物馆的时间节点，推出的"2019寒暑假小小讲解员培训及招募"活动吸引了各族家庭的热切关注和积极参与。亲子家庭的热切关注和积极参与。	新疆维吾尔自治区博物馆、新疆文物考古研究所
	2	"传承古代文明" "书写古老文字" "泥塑高昌故城" 等系列活动	吐鲁番通史陈列展	利用中小学生寒假，开展了"传承古代文明"、"书写古老文字"、"泥塑高昌故城"，"我从清朝来——DIY制作清代女性发饰"及"纸艺联珠鸟纹饰"吐鲁番工作人员发挥自身特长，联合吐鲁番市青少年活动中心开设"吐鲁番古代文明""新疆彩陶的历程"等专题讲座30多次。	吐鲁番博物馆
	3	"汉归义羌长印拓片制作""寻宝寻章"	令行天山 印证统——汉朝颁授西域印章展	通过介绍"汉归义羌长印""李崇之印"的意义、印章的作用、拓片的基本原理等，先后组织35个青少年团体参加活动，以通俗、生动的形式向青少年观众灌输文物知识，引导他们正确认识新疆历史。	阿克苏地区博物馆

三、2018年度特色文创产品名录

省份（级别）	序号	产品名称	研发及销售单位	展览名称
中央	1	云蝠纹四面平条桌、南官帽椅、桂漆百宝嵌葡萄纹沙发、卷草纹带拖泥圈椅、拐手纹罗汉床、勾云纹灯挂椅	故宫博物院	南大库家具馆
	2	复仿品、生活用品、办公用品、邮品、服饰五大类	国家典籍博物馆	旷世宏编　文献大成——国家图书馆藏《永乐大典》文献展
	3	紫砂壶	中国妇女儿童博物馆	紫玉金砂——无锡博物院藏紫砂艺术展
	4	石碑、瓦当拓片、特色画作、工艺品、展示宣传架、文件夹、明信片、小衣具、展会主题休闲布袋、手绘团扇等	中国农业博物馆	中国重要农业文化遗产主题展
北京	1	以魔女仰卧图开发的各种装饰画、唐卡、佛塔摆件与文物复制品；传统藏纸工艺制作的笔记本、书签等	首都博物馆	天路文华——西藏历史文化展
	2	书签、水杯、茶杯、钥匙链、帆布包、笔袋、笔筒、碳素笔、便利贴、冰箱贴、帆布包（更新版）等	北京自来水博物馆	北京自来水博物馆常设展览
天津	1	L形文件夹、春闺傺读图烫金胶带、金兰书签	天津博物馆	清代中期绘画特展
	2	《北疆掠影》《北疆博物院手绘植物图录》《北疆博物院明信片》以及纪念笔、蝴蝶系列靠垫、蝶翅画、丝巾等	天津自然博物馆	唤醒历史记忆·塑造科学精神——北疆博物院（南楼）复原陈列展览
河北	1	涵盖文物复仿、装饰品、生活用品几大类30余种	河北博物院	行山——中国传统文化的当代形塑
	2	"抗大在浆水"书籍、抗大数据线、抗大胸章、抗大文化衫、抗大胸章、抗大文化衫、共3大类5000余件	中国人民抗日军政大学陈列馆	中国人民抗日军政大学校史展
	3	日常生活用品、中湔定瓷、丝织品、具收藏价值的大师作品、共3大类5000余件	河北省定州市博物馆	生外千年
山西	1	"莲开并蒂""丝路长城"3大系列40款、食品"和酥"	山西博物院	碰撞·融合——长城文化展
	2	日用系列、文具系列、旅游系列、服饰系列和商务礼品等五大类19种	大同市博物馆	融合之路——拓跋鲜卑迁徙与发展历程
内蒙古	1	卡片套、书签、便利贴、玩具等	内蒙古博物院	天骄蒙古——蒙古族历史文化陈列

续表

省份(级别)	序号	产品名称	研发及销售单位	展览名称
内蒙古	2	阿拉善岩画系列，阿拉善和硕特、喀尔喀、土尔扈特蒙古部落相关文创，阿宝王爷系列，阿拉善之子系列	阿拉善博物馆	大漠明珠 丝路古韵——阿拉善通史陈列
	3	阿拉善岩画拓片、烛台、瓷器、骆驼兄弟及文具等	阿拉善博物馆	"阿拉善蒙古族民俗文物精品展" 对外交流展览
	4	恐龙模型、动物拼装玩具和具有本地特色的抱枕、手提袋、茶杯及信封等	内蒙古自然博物馆	内蒙古自然博物馆陈列展览
辽宁	1	帆布包系列、纪念币、莎草纸画、笔记本、方尖碑、T恤等	辽宁省博物馆	尼罗河的馈赠——古埃及文物特展
	2	点翠凤凰书签、清帝文件夹、火烙三宝珠浮雕手机壳、小皇帝皇后钥匙扣、黄袍加身围裙、朕就给你这款红充电宝	沈阳故宫博物院	来自盛京——清代宫廷生活用品展
	3	手绘木质拼图、手绘明信片、金属拼装军事模型、三维立体冰箱贴	沈阳"九·一八"历史博物馆	不忘历史 为了和平——中国劳工血泪史国际展
	4	带有20世纪七八十年代特色的纸胶带、笔记本、帆布笔袋、明信片等学习用具、图章、徽章、微缩模型、U盘、茶具、搪瓷杯、T恤等	鞍钢集团博物馆	大国重器——"品牌鞍钢"主题展
吉林	1	长白山自然博物馆《长白山花草集锦》、吉林市博物馆陨石创意笔架、伪满皇宫博物院薄仪系列和日知录及吉林省博物院龙鳞龙卷等	吉林省博物院	吉林省文化创意展品精品展
黑龙江	1	书籍、邮册、明信片、纪念币、纪念杯、钢笔、钥匙扣等文化产品。其中包括《东北抗日联军图史》《馆藏艺术品精粹》《东北烈士纪念馆》等书籍、含有馆藏艺术品的邮折和明信片	东北烈士纪念馆	黑土英魂——东北抗日战争和解放战争时期烈士事迹陈列
	2	"松鹤延年"及古老玩具"哈尼卡"系列	齐齐哈尔市博物馆	达斡尔族服饰展览
上海	1	玄赏系列：松江米糕、绿豆糕、茶包等。画禅系列：董其昌小楷心经随心包、文房用品系列、胶带、手账系列、手机壳、充电宝、金箔画等。运用阿罗版传统工艺的再现，选取馆藏经典董其昌"秋兴八景图"进行复仿。限定100套。烟云供养系列：饰品、眼罩、香囊、丝巾等。文士天下系列：尚友针织帽、茶杯、帆布包、手工香皂等	上海博物馆	丹青宝筏——董其昌书画艺术大展
	2	郑君里电影男女主角头像素描明信片、郑君里电影气氛图插页记事本、郑君里经典电影海报、《郑君里全集》纪念图册等	上海电影博物馆	一个人的电影史——纪念郑君里特展
	3	航海指南针、朝宗子海布袋、清代指南针钥匙扣、舵轮徽章、指南针手机套和相关船模等	中国航海博物馆	风好正扬帆：中国古代航海科技

续表

省份（级别）	序号	产品名称	研发及销售单位	展览名称
上海	4	纪念马克思诞辰200周年党员纪念册（一套两册）	中共一大会址纪念馆	点亮中国——马克思主义在中国早期传播文物史料展
	5	动画片、漫画、T恤、DIY帆布袋、明信片等	嘉定博物馆	顾维钧陈列室——中国近代外交家顾维钧生平陈列
江苏	1	文艺复兴随心本、文艺复兴明信片套装（10张/套）、文艺复兴时光宝石书签、文艺复兴手稿复古零钱包、美丽公主多层文件夹、达·芬奇自画像文件夹、文艺复兴纸胶带、装饰画铜尺、文艺复兴美丽公主帆布袋	南京博物院	世界巨匠——意大利文艺复兴三杰展
	2	吉斯蒙塔图腾、拜占庭图腾胶带、黄道十二宫耳饰、手链、胸针、真丝丝巾、阴阳线条捕手透明挂包（内含捕片两款、有门马鸟尾感水、有门马冰箱贴、黄道十二宫剪纸画、浮雕质感的单片、3D明信片、3D冰箱贴、烫金银的单片、穆复十二生肖卡套等	南京博物院	穆夏——欧洲新艺术运动瑰宝
	3	开发文化产品七大类、包括爱品系列、旨准系列、吉祥如意系列、衍生产品类、园林系列、虎字折片系列、虎字工艺品系列	南京市博物总馆、太平天国历史博物馆	天国春秋——太平天国历史陈列
	4	有水晶内雕像、铜像、丝巾、瓷器、邮册、金银纪念章、雕盘、镇纸、书签、福寿织锦、购物袋、食品、矿泉水等	周恩来纪念馆	人民总理周恩来
	5	大运河陶瓷茶叶罐、明信片："打马球铜镜"元素丝巾、笔记本、POLO衫、仿制品等；"西汉·金兽"无素钥匙扣、万用木、便利贴等；以南京博物院"东汉·铜牛灯"为原型的青铜仿制品	扬州博物馆	通·融——中国大运河文化特展
	6	"文甲"系列、状元帖、信笺纸の姓名贴、护身符等	苏州碑刻博物馆	千年书乡——苏州文庙学府历史碑刻拓片展
	7	文物趣味拼图、丝巾、航海冒险棋、冰箱贴、徽章、小印章、笔记本、帆布包等	常熟博物馆	万里江海通——江南与海上丝绸之路特展
	8	迎春主题抱枕一套（四件）以及"年年有余""长生吉祥""寿比南山""万事如意"等结合馆藏文物的系列红包	江苏省江海博物馆	我家四十年——庆祝改革开放40周年特展
	9	徽章、胸牌、笔、笔记本和公文包、明信片、冰箱贴、笔记本、陶瓷杯等、书签、口袋书	雨花台烈士纪念馆	信仰的力量——雨花英烈生平事迹展
浙江	1	围巾、文化衫、晴雨伞、文化衫、环保袋、首饰、骰子等	浙江省博物馆	越地宝藏——100件文物讲述浙江故事
	2	《家在钱塘——杭州市农村历史建筑综合保护工程成果汇编》图录一册、"家在钱塘"主题卡片式U盘	杭州博物馆	家在钱塘——杭州市农村历史建筑综合保护工程九年成果展
	3	描红本、书籍、摆件	宁波博物馆	国之祀典——清代宁波府孔庙祭祀礼乐器展

续表

省份（级别）	序号	产品名称	研发及销售单位	展览名称
浙江	4	馨宴系列文创产品：笔记本、纸胶带、明信片、日历、便笺等	浙江自然博物馆	馨宴——鸟类鸣声行为展
	5	倾城、阅珊、恋物语、织梦四个系列：团扇、伞、眼罩、金属书签、纸胶带、丝巾、方巾 手机壳、雨镜子、	杭州工艺美术博物馆（中国刀剪剑，扇业、伞业博物馆）	女神的装备——当代艺术@博物馆：时尚的神话
	6	良渚元素长巾、玉琮结构手链、玉鸟马克杯	良渚博物院	良渚遗址是实证中华五千年文明史的圣地
	7	饰品、文具、腰带等	宁波中国港口博物馆	金钩玉带——中国古代带钩展
	8	拓印小套组、内有木制拓板、宣纸、墨汁、拓包等，折片图案笔记本、书签、冰箱贴等	中国湿地博物馆	久远的记忆——宁夏岩画展
安徽	1	包括"鼎尺""喷雾杯"等在内的怀旧系列等25种文创产品	安徽博物院	向往——"我"与安徽改革开放四十年
	2	"红色记忆"系列文创产品：八月桂花遍地开T恤、红色记忆便签本、映山红花开抱枕、抗战纪念卡片U盘等	安徽博物院	红旗飘飘——中国共产党党旗诞生
	3	"画魂玉良"系列文创产品：丝巾、旗袍、红茶、茶点、发饰、马克杯、艺术笔记本、抱枕、日常用品等	安徽博物院	春之歌——潘玉良在巴黎
	4	"匠心独造"系列文创产品：仿"张成造"剔犀云纹漆盒、玉鹰、玉人冰箱贴、铸客大鼎尺子等	安徽博物院	匠心——文物背后的匠人精神
	5	"文房雅集"系列文创产品：包公墨、地球墨、特制"纪念毛主席视察55周年"红星宣纸等	安徽博物院	最美文房——安徽博物院典藏文房四宝特展
福建	1	情侣对表、笔记本、书信工具、便笺等	福建博物院	华侨旗帜 民族光辉——百国百侨百物展
	2	奥运纪念邮票、手腕带、徽章、吉祥物、橡皮擦、圆珠笔等	厦门奥林匹克博物馆	放飞梦想·快乐成长·助力冬奥——回顾北京奥运会10周年主题展览
江西	1	展览册页、书签、手提袋系列和石刻文化伞、石刻文化钥匙扣等	江西省庐山博物馆	山语——庐山历代石刻陈列
山东	1	青铜重器毛公鼎的复制品、古印玺的复制品和艺术衍生品，以及毛公鼎全形拓折的复制品等	潍坊市博物馆	潍坊地区出土青铜器特展
河南	1	雨伞、冰箱贴、纸胶带、杯垫、手机壳、化妆镜、笔记本等系列日常生活用品	郑州博物馆	长渠缀珍——南水北调中线工程河南段文物保护成果展
	2	朱仙镇木版年画系列产品、汴绣、玉器、官瓷、青铜器、服饰、图书等	开封市博物馆	八朝古都 千载京华——开封古代历史文化展

续表

省份（级别）	序号	产品名称	研发及销售单位	展览名称
河南	3	牡丹图案真丝纱巾、牡丹图案真丝手袋、刺绣牡丹图案手袋、三彩牡丹花瓷盘系列	洛阳博物馆	天下无双品 人间第一花——故宫博物院藏牡丹题材文物特展
	4	耐震建筑DIY学习包、安全的家、水宝奇幻之旅、沙瓶、神奇地下水流动滤水器、亚克力屋、制震结构、亚克力滤水器。	安阳博物馆	变天了——灾害防治教育展
	5	青铜器复制品、笔记本、扑克、手提袋、雨伞、水杯、战车模型、笔筒等	三门峡市虢国博物馆	周风虢韵——虢国历史文化陈列
湖北	1	玉质越王勾践剑	湖北省博物馆	凤舞九天
	2	《江汉揽胜图》精品卷轴图	武汉博物馆	天涯咫尺——武汉博物馆藏明清书画手卷精品展
	3	"中华第一青铜马"、陶楼、和田猪形玉握、瑞兽铜灯座纪念币	襄阳市博物馆	诸葛亮躬耕襄阳时期的历史记忆——襄阳樊城大型三国墓出土文物展
	4	图书、纪念邮品、纪念章、条幅、U盘、明信片、文具尺、纪念币、冰箱贴、帆布包、折扇、卡克牌、插画绘本等	辛亥革命武昌起义纪念馆	五色旗帜——馆藏共和纪念文物展
	5	书签、冰箱贴、帆布包、折扇、卡克牌、明信片、文具尺、纪念币、动物小夜灯、插画绘本等	长江文明馆（武汉自然博物馆）	大河之旅 生命之歌——武汉自然博物馆常设展览
湖南	1	名刺、木揭、木牍、简牍三件套	长沙简牍博物馆	文明之路——长沙走马楼三国吴简展
	2	主席肖像、瓷器、文化出版物、工艺品等	刘少奇同志纪念馆	共和国主席刘少奇
广东	1	金碧楼阁山水流沙手机壳、趣味便笺纸	广东省博物馆	解密中国传统山水画
	2	丝巾、金万年历、纪念银币、纪念徽章、明信片、首日封、玫瑰花茶、冰箱贴、移动电源、会议杯、书签、纸袋、T恤、金股票、手账本、火漆印章、帆布袋等	深圳博物馆	大潮起珠江——广东改革开放40周年展览
	3	唐代石鸟葡萄纹银香囊复制产品	深圳望野博物馆	煌煌•巨唐——七至九世纪唐代物质与器用
	4	"千秋、万岁"人偶手办1套（2件）	深圳市金石艺术博物馆	翟门生的世界——丝绸之路上的使者
广西	1	铜鼓纪念币、冰箱贴、明信片、小夜灯、磨皂（香囊）、文具、服饰等	广西民族博物馆	心仪广西六十国宝•广西壮族自治区成立60周年文物博物馆事业成果展
	2	最具壮族文化特色的木色木色山系列文创产品15种	崇左市壮族博物馆	瓯骆传家 壮家次歌——壮族历史文化展
	3	蝶踪魅影系列文创：蝴蝶明信片、蝴蝶便笺本、蝴蝶书签、蝴蝶形纸胶带、蝶翅耳环、蝶翅项链等	广西自然博物馆	生命之美——走进斑斓的蝴蝶世界

续表

省份(级别)	序号	产品名称	研发及销售单位	展览名称
海南	1	南海风情、华光礁Ⅰ号、南海礼物以及渔家文化等四个系列近百种的文创产品和海洋主题特色系列餐饮	中国(海南)南海博物馆	南海人文历史陈列
	2	织锦类、木器类、藤编类、提包、卡通类等文创产品、主要产品包括雨伞、茶布、枕套、壁挂、果盘、木勺、香盒、茶盘、杯垫、纸桶、茶罐、果篮、钥匙扣、文化衫、陶罐等	海南省民族博物馆	琼州民风——海南民族历史文化展
重庆	1	"尊"餐满堂餐垫、依托故国鸟形等"IP"形象开发的系列文创产品及"锦上添花""包罗万象"和"创意生活"系列	重庆中国三峡博物馆	盛筵——见证《史记》中的大西南
	2	图书、生活用品、文具、明信片等	重庆红岩革命历史博物馆	千秋红岩——中共中央南方局历史陈列
	3	"义渡往事"新年台历	重庆市大渡口区博物馆	大渡口城市影像三部曲系列作品"义渡往事"影像展
	4	石宝寨明信片、白居易诗词书签等	忠州博物馆	忠州博物馆"忠之魂•大地史书"基本陈列
四川	1	书签、冰箱贴、明信片、纪念币等	四川博物院	江口沉银——四川彭山江口古战场遗址考古成果展
贵州	1	光彩彩绘盘、书签、钥匙扣等	贵州省博物馆	海丝遗珍——清代广东外销艺术品展
云南	1	西南联大藏书票、西南联大笔记本、书签文化、文具类用品	云南师范大学西南联大博物馆	"印象西南联大"——全国文创产品设计大赛优秀作品展
	2	"世界自然遗产——澄江化石地"系列光碟、澄江古生物化石发现30周年纪念邮票珍藏册	云南民族博物馆	"生命圣地——古生物展"
	3	《红旗漫卷金沙暖》一书、红军主题卡片、信封	红军长征过丽江纪念馆	红军长征过丽江图片展览
陕西	1	生活用具、首饰、摆件、邮票、挂画等	陕西历史博物馆	陕西古代文明
甘肃	1	以范振绪的艺术作品集中春夏秋冬四幅绘画作品为设计蓝本推出的山水因缘手账本一套四本	甘肃省博物馆	山水姻缘——范振绪书画艺术
	2	博山炉、明信片、"龙纹铜镜"小镜子	金昌市博物馆	金光璀璨 世代昌明——金昌古代文明展
	3	"一带一路敦煌"系列涂色书、敦煌图案腕带U盘、创意魔方等	敦煌研究院	数码敦煌——天上人间的故事
青海	1	根据隋唐时期丝织文物图案研发的高原藏香系列产品 结合高原地域特色设计出的雪域高质围巾	青海省博物馆	唐蕃古道——七省区精品文物联展
	2	雨伞、抱枕、藏香	青海省博物馆	妙境梵音——青海藏传佛教艺术展
	3	香皂、藏香	青海藏文化博物院	藏医药陈列展

续表

省份（级别）	序号	产品名称	研发及销售单位	展览名称
青海	4	藏茶	青海藏文化博物院	丝绸之路与青藏高原文明史展览
宁夏	1	贺兰山岩画太阳神拓片、贺兰山岩画双人舞蹈拓片	宁夏博物馆	石刻史书——宁夏岩画陈列
	2	唐代葵边鸾兽铜镜手机支架、西夏风情金属书签、妙音金属书签、鎏金铜牛开瓶器钥匙链、回首卧式铜羊开瓶器钥匙链、"和睦团圆"萌仔书签	宁夏博物馆	朔色长天——宁夏通史陈列
	3	大力士环保袋、大力士钥匙扣、罗汉书签、西夏文"内宿待命"铜牌钥匙扣、西夏竹雕软胶U盘、王雕力士支座水晶冰箱贴、铜力士支座文具套装、铜牛、石马长杆书签、彩绘泥塑罗汉像手机指环支架、西夏文支座文具套装、石雕力士支座胶纸带、大美宁夏笔记本	沈阳故宫博物院、宁夏博物馆	丝绸之路上的神秘王国——西夏文物精品展
新疆	1	丝巾、鼠标垫、充电宝、T恤、眼镜布、杯垫、研学课程材料包等	新疆维吾尔自治区博物馆	尼雅·考古·故事——中日尼雅考古30周年成果展
	2	笔记本、化妆包、鼠标垫、旅行包、牙刷盒套装、毛巾套装、餐巾纸等	哈密博物馆	哈密古代文明展
	3	具有哈密文化底蕴和特色的笔记本、化妆包、鼠标垫、旅行包、牙刷盒套装、毛巾套装等	哈密博物馆	哈密古代文明展
	4	文物明信片、鼠标垫、共命鸟围巾、文物冰箱贴、书签、移动充电器、手机保护壳、钥匙包、旅行笔记本、白玉奔鹿茶杯、笔筒（树脂奔鹿）、骑马俑胶带、共命鸟筷子等	吐鲁番博物馆	吐鲁番通史陈列展

四、2018年度"弘扬中华优秀传统文化、培育社会主义核心价值观"重点推介展览名录

（按行政区划排序）

序号	展览名称	举办单位
1	"创新决胜未来"科普展	中国科学技术馆
2	大路文华——西藏历史文化展	首都博物馆
3	"回家过年"主题特展	南京博物院
4	通·融——中国大运河文化特展	扬州博物馆
5	向往——"我"与安徽改革开放四十年	安徽博物院
6	书于竹帛——中国简帛文化展	山东博物馆
7	万里茶道	湖北省博物馆
8	在最遥远的地方寻找故乡——13—16世纪中国与意大利的跨文化交流	湖南省博物馆
9	大潮起珠江——广东改革开放40周年展览	深圳博物馆
10	争创中国特色社会主义实践范例 建设美好新海南——海南建省办经济特区30周年成就展	海南省博物馆

五、第十六届（2018年度）全国博物馆十大陈列展览精品推介项目名录

特别奖

序号	陈列展览名称	申报单位
1	大潮起珠江——广东改革开放40周年展览	深圳博物馆
2	向往——"我"与安徽改革开放四十年	安徽博物院

精品奖

序号	陈列展览名称	申报单位
1	湖南省博物馆基本陈列	湖南省博物馆
2	花重锦官城——成都历史文化陈列·古代篇	成都博物馆
3	陕西古代文明陈列	陕西历史博物馆
4	"良渚遗址是实证中华五千年文明史的圣地"陈列	良渚博物院
5	上海市历史博物馆（上海革命历史博物馆）基本陈列	上海市历史博物馆
6	天骄蒙古——蒙古族历史文化陈列	内蒙古博物院
7	盛筵——见证《史记》中的大西南	重庆中国三峡博物馆
8	华侨旗帜 民族光辉——百国百侨百物展	福建博物院
9	山语——庐山历代石刻陈列	江西省庐山博物馆
10	南海人文历史陈列	中国（海南）南海博物馆

优胜奖

序号	陈列展览名称	申报单位
1	南京大屠杀史实展	侵华日军南京大屠杀遇难同胞纪念馆
2	大河之旅 生命之歌——武汉自然博物馆常设展览	武汉自然博物馆
3	八朝古都 千载京华——开封古代历史文化展	开封市博物馆
4	越地宝藏——100件文物讲述浙江故事展	浙江省博物馆
5	丹青宝筏——董其昌书画艺术大展	上海博物馆

续表

序号	陈列展览名称	申报单位
6	瓯骆传承　壮家欢歌——壮族历史文化展	崇左市壮族博物馆
7	人民总理周恩来陈列	周恩来纪念馆
8	天路文华——西藏历史文化展	首都博物馆
9	"太空探索"常设展览	中国科学技术馆
10	黑土英魂——东北抗日战争和解放战争时期烈士事迹陈列	东北烈士纪念馆
11	行山——中国传统文化的当代形塑展览	河北博物院
12	唤醒历史记忆　塑造科学精神——北疆博物院旧址（南楼）复原陈列	天津自然博物馆
13	旷世宏编　文献大成——国家图书馆藏《永乐大典》文献展	国家典籍博物馆

国际及港澳台合作奖

序号	陈列展览名称	申报单位
1	金字塔·不朽之宫展	河南博物院
2	《秦始皇和兵马俑》展	陕西省文物交流中心

国际及港澳台合作入围奖

序号	陈列展览名称	申报单位
1	金漆辉映：潮州木雕展览	广东省博物馆
2	平山郁夫的丝路世界——平山郁夫丝绸之路美术馆文物展	敦煌研究院

后 记

为反映2018年度中国博物馆陈列展览工作成果,讲好中国博物馆故事,提升博物馆公共服务能力,受国家文物局委托,中国文物报社组织编写了《全国博物馆重要展览解析与汇编(2018)》一书。

本书所涉博物馆名称,依照《2018年度博物馆名录》;所收录展览,均为2018年度开展的临时展览或2018年度改陈开放的固定陈列;排列次序上,参照国务院行政区划。在本书的编辑过程中,得到了国家文物局有关司室、各省级文物行政管理部门、各博物馆的大力支持,在此表示衷心的感谢!

希望本书的出版,能够促进博物馆间的合作与交流,提升博物馆展示宣传和社会服务水平,更好地满足广大人民群众的精神文化需求。同时,更希望本书能为公众打开一扇了解博物馆的窗口,让大家走进博物馆。

在本书的编辑过程中,我们对各地提供的材料进行了梳理加工,不妥之处,敬请谅解。

编者

2019年12月